#내신 대비서
#고득점 예약하기

영어전략

Chunjae
Makes
Chunjae

▼

[영어전략] 중학 3 구문

편집개발   고명희, 최미래, 정혜숙, 김미혜
영문 교열   Matthew D. Gunderman
제작   황성진, 조규영
디자인총괄   김희정
표지디자인   윤순미, 장미
내지디자인   디자인 톡톡

발행일   2022년 7월 15일 초판 2022년 7월 15일 1쇄
발행인   (주)천재교육
주소   서울시 금천구 가산로9길 54
신고번호   제2001-000018호
고객센터   1577-0902
교재 내용문의   (02)3282-8837

구문

영어전략
중학 3

BOOK 1

이 책의 구성과 활용

이 책은 3권으로 이루어져 있는데
본책인 BOOK1, 2의 구성은 아래와 같아.

주 도입

만화를 읽은 후 간단한 퀴즈를 풀며 한 주 동안 학습
할 구문을 익혀 봅니다.

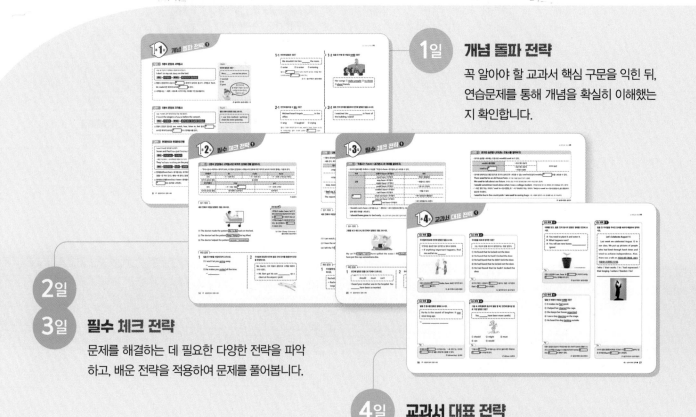

1일 개념 돌파 전략

꼭 알아야 할 교과서 핵심 구문을 익힌 뒤,
연습문제를 통해 개념을 확실히 이해했는
지 확인합니다.

2일
3일 필수 체크 전략

문제를 해결하는 데 필요한 다양한 전략을 파악
하고, 배운 전략을 적용하여 문제를 풀어봅니다.

4일 교과서 대표 전략

내신 기출 문제의 대표 유형을 풀어 보며 실제 학교 시험
유형을 익힙니다.

부록 **시험에 잘 나오는 개념 BOOK**

부록은 뜯어서 미니북으로 활용하세요!
시험 전에 개념을 확실하게 짚어 주세요.

주 마무리와 권 마무리의 특별 코너들로
영어 실력이 더 탄탄해질 거야!

주 마무리 코너

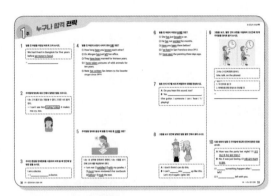

누구나 합격 전략

난이도가 낮은 문제들을 통해 앞서 학습한 내용에 대한 기초 이해력을 점검합니다.

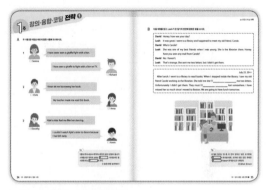

창의·융합·코딩 전략

융복합적 사고력과 문제 해결력을 키울 수 있는 재미있는 문제들을 풀어 봅니다.

권 마무리 코너

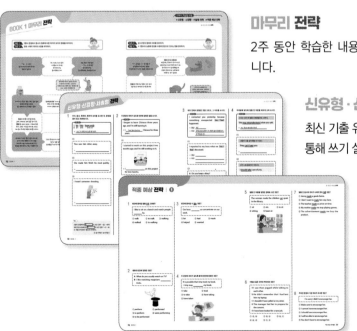

마무리 전략

2주 동안 학습한 내용을 이미지나 만화를 통해 총정리합니다.

신유형·신경향·서술형 전략

최신 기출 유형을 반영한 다양한 서술형 문제들을 통해 쓰기 실력을 키웁니다.

적중 예상 전략

실제 학교 시험 유형의 예상 문제를 풀며 실전에 대비합니다.

이 책의 차례

문장의 형식 / 완료 시제

1 5형식 문장의 사역동사와 지각동사

2 현재완료와 현재완료진행

3   조동사 + have + 과거분사

I don't see the key.
I must have dropped it
somewhere.

We can't have lost it.

대화 내용 중 추측이 아니라 사실인 것은?
a. 엄마는 자동차 열쇠를 찾지 못하고 있다.
b. 엄마는 자동차 열쇠를 어딘가에 떨어뜨렸다.

4   과거와 과거완료

I found it! I put it in my pocket
after I had locked the car.

Now we can go home.

다음 중 먼저 일어난 일은?
a. 자동차 열쇠를 주머니에 넣은 것
b. 자동차 문을 잠근 것

개념 1 5형식 문장의 사역동사

나는 내 고양이가 침대에서 자도록 두지 않는다.
I don't let my cat sleep on the bed.

주어 + 사역동사 + 목적어 + 목적격 보어: 동사원형

○ 5형식 문장(주어+동사+❶[____]+목적격 보어)의 동사가 사역동사 have, let, make이면 목적격 보어로 ❷[____]을 쓴다.

○ 사역동사는 '…에게 ~하도록 시키다'라는 의미를 가진 동사들이다.

Quiz

빈칸에 알맞은 것은?

> Mary _____ me use her phone.

① wanted
② let
③ gave

> 목적격 보어로 동사원형이 쓰였으니 동사로 사역동사가 와야 한다는 것을 알 수 있어.

📝 ❶ 목적어 ❷ 동사원형 / ②

개념 2 5형식 문장의 지각동사

나는 가수들이 공연 전에 리허설 하는 것을 들었다.
I heard the singers rehearse before the concert.

주어 + 지각동사 + 목적어 + 목적격 보어: 동사원형/현재분사

○ 5형식 문장의 동사로 see, watch, hear, listen to, feel 등의 ❶[____]가 쓰이면 목적격 보어로 ❷[____]이나 현재분사를 쓴다.

Quiz

괄호 안에서 알맞은 것을 고르시오.

> I saw him (walked / walking) down the street yesterday.

📝 ❶ 지각동사 ❷ 동사원형 / walking

개념 3 현재완료와 현재완료진행

Susan과 Paul은 발표를 막 끝냈다.
Susan and Paul have just finished their presentation.

주어 + have(has) + 과거분사

그들은 작년부터 그 프로젝트를 작업해 오고 있다.
They've been working on the project since last year.

주어 + have(has) + been + 현재분사

○ 현재완료(have(has)+과거분사)는 과거에서 ❶[____]까지의 완료(막 ~했다), 경험(~한 적이 있다), 계속(~해 왔다), 결과(~해 버렸다) 등을 나타낸다.

○ 현재완료진행(have(has)+been+현재분사)은 과거에서 현재의 특정 시점까지 ❷[____]되는 동작을 나타낸다.

Quiz

빈칸에 알맞은 것은?

> I _____ played the piano before.

① have
② has
③ will have

📝 ❶ 현재 ❷ 계속 / ①

1-1 빈칸에 알맞은 것은?

> We shouldn't let him _____ the room.

① enter　　② to enter　　③ entering

풀이 | [❶_____] let이 5형식 문장의 동사로 쓰였을 때는 목적격 보어로 [❷_____]을 써야 한다.

🔑 ① / ❶ 사역동사 ❷ 동사원형

1-2 밑줄 친 부분 중 어법상 어색한 것은?

> Her songs ① make people ② to think ③ about friends.

2-1 빈칸에 들어갈 수 없는 것은?

> Michael heard Angela _____ in the office.

① sing　　② laughed　　③ crying

풀이 | 5형식 문장의 동사가 see, watch, hear, listen to 등의 지각동사일 경우 목적격 보어는 [❶_____] 또는 [❷_____]를 쓴다.

🔑 ② / ❶ 동사원형 ❷ 현재분사

2-2 괄호 안의 단어를 활용하여 빈칸에 알맞은 말을 쓰시오.

> I watched Jim _____ in front of the building. (stand)

3-1 우리말에 맞도록 괄호 안의 표현을 활용하여 빈칸에 알맞은 말을 쓰시오.

> Phil은 버스를 타기 위해 막 떠났다.
> ➡ Phil _____ _____ _____ to take a bus. (just, leave)

풀이 | 현재완료를 사용하여 동작의 [❶_____]를 나타낸다. 부사 just는 대개 have와 과거분사 사이에 쓴다.

🔑 has just left / ❶ 완료

3-2 두 문장의 의미가 같도록 빈칸에 알맞은 말을 쓰시오.

> I started to study French two years ago, and I'm still studying it.
> ➡ I _____ _____ _____ French for two years.

개념 4 조동사+have+과거분사

나는 내 집을 청소했어야 했다.

I should have cleaned my house.

조동사 + have + 과거분사 ➔ 과거에 대한 추측이나 후회

○ 「조동사+have+과거분사」는 과거에 대한 추측이나 ❶ _____ 를 나타낸다.

○ 조동사의 종류에 따른 「조동사+have+ ❷ _____ 」의 의미는 다음과 같다.

	조동사+have+과거분사	의미
후회	should have+과거분사	~했어야 했다
	shouldn't have+과거분사	~하지 말았어야 했다
추측/의심	must have+과거분사	~했음이 틀림없다
	may(might) have+과거분사	~했을지도 모른다
	cannot have+과거분사	~했을 리가 없다
	could have+과거분사	~할 수도 있었다

Quiz

괄호 안에서 알맞은 것을 고르시오.

A: He (must / cannot) have been very frustrated.
B: Yes. He kept yelling.

B가 한 말을 보면 A가 어떤 추측을 했는지 알 수 있어.

개념 5 과거완료

우리가 그곳에 다시 갔을 때 그 고양이는 이미 떠나 버렸다.

The cat had already left when we went back there.

had + 과거분사 ➔ 과거완료: 특정 과거 시점보다 앞선 일

○ 과거완료는 「had+ ❶ _____ 」의 형태로 특정한 ❷ _____ 시점보다 앞서 일어난 일을 나타낸다.

○ 현재완료와 마찬가지로 경험, 완료, 결과, 계속의 의미를 나타낼 수 있다.

Quiz

우리말에 맞도록 괄호 안의 동사를 활용하여 빈칸에 알맞은 말을 쓰시오.

William은 결코 다른 사람들 앞에서 운 적이 없다고 말했다. (cry)
➔ William said he _____ never _____ in front of other people.

개념 6 과거와 과거완료

Amber는 Matt에게 편지를 썼다.

Amber wrote a letter to Matt.

나는 Amber가 Matt에게 편지를 썼다는 것을 알게 되었다.

I found that Amber had written a letter to Matt.

had written ➔ 과거 found보다 앞선 일

○ 단순히 과거 시점의 일을 나타낼 때 ❶ _____ 시제를 쓴다.

○ 특정한 ❷ _____ 시점을 기준으로 그 이전의 일을 나타낼 때 과거완료를 쓴다.

Quiz

둘 중 먼저 일어난 일은?

I had already finished my homework when my friend was doing hers.

① 내가 숙제를 끝낸 일
② 내 친구가 숙제를 한 일

4-1 빈칸에 알맞은 것은?

> He _____ have studied very hard. He got straight As.

① can't   ② should   ③ must

풀이 | '~했음이 틀림없다'라는 과거에 대한 강한 **❶** 을
나타낼 때 「must have+**❷** 」를 쓴다.

📋 ③ / ❶ 추측 ❷ 과거분사

4-2 우리말에 맞도록 빈칸에 알맞은 말을 쓰시오.

> Lydia는 George와 결혼하지 말았어야 했다.
> ➡ Lydia _____ have married George.

5-1 괄호 안의 동사를 활용하여 빈칸을 채우시오.

> Emily _____ already _____ the text message when her mom told her not to send it. (send)

풀이 | 특정 과거 시점보다 **❶** 일어난 일을 설명할 때
❷ 를 사용한다.

📋 had, sent / ❶ 먼저[앞서] ❷ 과거완료

5-2 괄호 안의 동사를 활용하여 빈칸을 채우시오.

> I had not _____ the food yet when my parents _____ to the restaurant. (order, come)

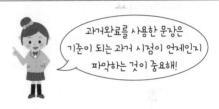

과거완료를 사용한 문장은
기준이 되는 과거 시점이 언제인지
파악하는 것이 중요해!

6-1 우리말에 맞도록 할 때 빈칸에 가장 알맞은 것은?

> 그 작가는 그녀가 첫 단어의 철자를 잘못 썼다는 걸
> 알았다.
> ➡ The writer learned that she _____
>   the first word.

① misspelled
② has misspelled
③ had misspelled

풀이 | 철자를 잘못 쓴 일이 그것을 알게 된 일보다 앞선
❶ 의 일이므로 과거완료로 쓴다.

📋 ③ / ❶ 과거

6-2 두 문장을 한 문장으로 쓸 때 빈칸에 알맞은 말을 쓰시오.

> Jane was upset. Charles called her to apologize.
> ➡ Jane _____ _____ upset when Charles called her to apologize.

CHECK UP

당신은 그들이 밖에서 놀도록 두어야 한다.
➡ You have to let them (play / to play) outside.

· 구문 5형식 문장에 ❶[　　　　] let이 쓰였으므로 목적격 보어 자리에 ❷[　　　　]이 온다.

🔑 play / ❶ 사역동사 ❷ 동사원형

1 밑줄 친 동사 made의 유형이 나머지 넷과 다른 것은?

① Peter made a funny bag for me.

② Jessica made her little sister do the dishes.

③ Dwight made his nephew go home.

④ They made us stay out of the room.

⑤ Mr. Goodman made his students read those books.

CHECK UP

A police officer (saw / let / had) a student crossing the street.

· 구문 5형식 문장에서 목적격 보어의 자리에 현재분사를 쓸 수 있는 동사는 ❶[　　　　]이다.
· 해석 경찰관은 학생이 길을 ❷[　　　　] 것을 봤다.

🔑 saw / ❶ 지각동사 ❷ 건너고 있는

2 어법상 어색한 부분을 찾아 밑줄을 긋고 바르게 고치시오.

I watched the poet written a poem on the spot.

➡ _____

CHECK UP

Tom has run a pizza business (since / at) 2018.

· 구문 현재완료 「have(has)+❶[　　　　]」는 과거의 일이 현재까지 영향을 미칠 때 쓰므로, 명확한 과거 시점을 나타내는 어구와 쓰지 않는다.
· 해석 Tom은 2018년부터 피자 사업을 ❷[　　　　].

🔑 since / ❶ 과거분사 ❷ 운영해 왔다

3 주어진 문장과 밑줄 친 부분의 쓰임이 같은 것은?

Dylan has tried *kimchi* before.

① Gloria has just had breakfast.

② Jay has never met Cameron before.

③ I've already had dinner.

④ We have known each other for ten years.

⑤ Lily has learned Korean since 2020.

4 두 문장의 의미가 같도록 할 때 빈칸에 알맞은 것은?

> I feel sorry that Luke didn't follow his dream.
> ➡ Luke _____ have followed his dream.

① must   ② may   ③ should

④ could   ⑤ might

5 우리말에 맞도록 괄호 안의 동사를 활용하여 빈칸에 알맞은 말을 쓰시오.

> 우리가 극장에 도착했을 때 연극은 이미 시작했다.
> ➡ When we _____ at the theater, the play _____ already _____ . (arrive, start)

6 대화의 빈칸에 괄호 안의 동사를 활용하여 알맞은 말을 쓰시오.

> A: She _____ the first Korean to win an Olympic gold medal in figure skating. (be)
> B: She _____ also _____ gold medals in other international games before she competed in the Olympics. (win)

전략 1 5형식 문장에서 사역동사의 목적격 보어에 대해 알아두자.

• 「주어+동사+목적어+목적격 보어」의 5형식 문장에서 사역동사의 종류에 따른 목적격 보어의 의미와 형태는 다음과 같다.

사역동사	let	make	have
의미	…가 ~하게 두다	…가 ~하게 하다	…가 ~하게 시키다(요구하다)
목적격 보어의 형태	동사원형		
준사역동사	help		get
의미	…가 ~하는 것을 ❶⬚		…가 ~하게 시키다
목적격 보어의 형태	동사원형 / to부정사		to부정사

답 ❶ 돕다

필수 예제

네모 안에서 어법상 알맞은 것을 고르시오.

(1) The doctor made the patient lie / to lie back on the bed.

(2) The doctor had the patient keep / keeps his leg lifted.

(3) The doctor helped the patient recover / recovering .

문제 해결 전략

사역동사 make, have, let이 5형식 문장의 동사일 때 목적격 보어는 ❶⬚ 이 되어야 하고, 준사역동사 help가 쓰일 때 목적격 보어는 동사원형이나 ❷⬚ 가 되어야 한다.

답 (1) lie (2) keep (3) recover / ❶ 동사원형 ❷ to부정사

확인 문제

1 밑줄 친 부분을 어법에 맞게 고치시오.

(1) I won't let you <u>going</u> away.

➡ _____

(2) He makes you <u>smiled</u> all the time.

➡ _____

2 우리말에 맞도록 빈칸에 괄호 안의 단어를 활용하여 문장을 완성하시오.

Mr. Bart는 그의 아들이 공항으로 고객을 데리러 가게 시켰다.

➡ Mr. Bart got his son _____ up a client at the airport. (pick)

전략 2 5형식 문장에서 목적어와 목적격 보어의 의미 관계에 따른 형태를 알아두자.

• 5형식 문장에서 목적어와 목적격 보어의 관계가 능동이면 목적격 보어로 동사원형을 쓰고, 진행의 의미를 강조할 때에는 현재분사를 쓴다. 목적어와 목적격 보어의 관계가 수동이면 과거분사를 쓴다.

동사	목적격 보어의 형태	목적어와 목적격 보어의 의미 관계
사역동사	동사+목적어+동사원형	능동
	동사+목적어+과거분사	수동
지각동사	동사+목적어+동사원형	❶
	동사+목적어+❷	능동·진행
keep, leave, find 등	동사+목적어+현재분사	능동·진행
	동사+목적어+과거분사	수동

I **had** my hair **cut** last week. 나는 지난주에 머리를 잘랐다.
사역동사 목적어 목적격 보어: 과거분사(수동의 의미)

The reporter **kept** me **waiting** for two hours. 그 기자는 나를 두 시간 동안 기다리게 했다.
동사 목적어 목적격 보어: 현재분사(능동·진행의 의미)

답 ❶능동 ❷현재분사

필수 예제

네모 안에서 어법상 알맞은 것을 고르시오.

문제 해결 전략

지각동사가 쓰인 5형식 문장에서 목적격 보어는 일반적으로 ❶으로 쓰지만 진행의 의미가 강조된 경우에는 ❷를 쓰기도 한다.

답 (1) climb (2) blowing (3) turned /
❶ 동사원형 ❷ 현재분사

(1) I can watch people climb / to climb the Himalayas on TV.

(2) I hear the wind blowing / blown strongly.

(3) I left the TV turned / turning on.

확인 문제

1 우리말에 맞도록 괄호 안의 동사를 활용하여 문장을 완성하시오.

Rachel은 그녀의 책들을 정리된 채로 둔다.
➡ Rachel keeps her books _____.
　(organize)

2 어법상 어색한 부분을 찾아 바르게 고쳐 쓰시오.

Vincent was so nervous. He felt his legs shaken.

_____ ➡ _____

전략 3 현재완료 / 현재완료진행과 함께 쓰이는 부사(구)를 알아두자.

- 현재완료 / 현재완료진행과 자주 함께 쓰이는 부사(구)는 다음과 같다.

현재완료	의미	함께 쓰이는 부사(구)
have(has)+과거분사	이미/막 ~했다 (완료)	just, already, yet 등
	~한 적이 있다 (❶)	ever, never, before, once 등
	죽 ~해 왔다 (계속)	since, for, so far, how long 등
현재완료진행	의미	함께 쓰이는 부사(구)
have(has) been+현재분사	(계속) ~해 오고 있다	since, for, so far, how long 등

- 현재완료와 현재완료진행은 과거에 일어난 일이 ❶   까지 영향을 미치고 있음을 나타낸다.

현재완료와 현재완료진행은 과거와 현재를 연관 짓기 때문에 ago, yesterday와 같은 명확한 과거 시점을 나타내는 표현과 함께 쓸 수 없다는 점에 주의해야 해!

답 ❶ 경험 ❷ 현재

필수 예제

네모 안에서 어법상 알맞은 것을 고르시오.

문제 해결 전략

현재완료의 형태는 「have(has) + ❶   」이고, 현재완료진행의 형태는 「have(has) been + ❷   」이다.

답 (1) been (2) been living / ❶ 과거분사 ❷ 현재분사

(1) We've being / been friends for five years.

(2) We've been living / been lived in the same town since 2018.

확인 문제

1 우리말에 맞도록 네모 안에서 알맞은 것을 고르시오.

(1) 너 Tina를 만난 적이 있어?

➡ Have you met / meet Tina?

(2) 나는 숙제를 막 끝냈어.

➡ I have / had just finished my homework.

2 밑줄 친 부분을 어법상 바르게 고쳐 쓰시오.

Max has seen Penelope a week ago.

➡ _____

전략 4 현재완료와 과거를 비교하여 알아보자.

- 과거의 일이 현재와 관련이 있을 때는 [❶   ]를 쓰고, 과거에 시작하여 과거에 끝난 일을 나타낼 때는 과거 시제를 쓴다.
- 명확한 [❷   ]시점을 나타내는 yesterday, last ~, ~ ago와 같은 부사(구)는 과거 시제와는 함께 쓰이지만 현재완료와는 함께 쓸 수 없다.

과거 시제 I **had** dinner with her *a year ago*. 나는 1년 전에 그녀와 저녁 식사를 했다.

→ 미래

과거 .... 현재

현재완료 I**'ve been** friends with her *for a year*.
나는 그녀와 1년 동안 친구로 지내 왔다.

답 ❶ 현재완료 ❷ 과거

필수 예제

네모 안에서 어법상 알맞은 것을 고르시오.

(1) He [filmed / has filmed] his first film 12 years ago.

(2) He [was / has been] a movie director for 12 years.

문제 해결 전략

과거에 끝난 일은 [❶   ] 시제로 나타내고, 과거에 시작해 [❷   ]까지 영향을 미치는 일은 현재완료로 나타낸다.

답 (1) filmed (2) has been /
❶ 과거 ❷ 현재

확인 문제

1 우리말에 맞도록 괄호 안의 단어를 활용하여 문장을 완성하시오.

(1) 나는 어젯밤 공원에서 곰을 보았다.

I _____ a bear at the park last night. (see)

(2) 그들은 이미 그들의 작업을 끝냈다.

They _____ their project already. (have, finish)

2 다음 대화의 빈칸에 알맞은 말을 쓰시오.

Kathy: How long have you lived in this neighborhood?

Nick: I've been living here (A)_____ five years.

Kathy: Oh, right. You moved here 5 years (B)_____.

(A) _____ (B) _____

1 빈칸에 들어갈 말이 순서대로 바르게 짝지어진 것은?

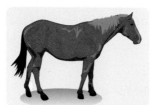

> You can take a horse to water, but you can't _____ him
> _____.

① make ····· drink　　② make ····· drinking

③ make ····· drank　　④ making ····· drink

⑤ making ····· drinking

2 대화를 요약할 때, 빈칸에 알맞은 말을 쓰시오.

> **A:** My parents told me to clean my room today. If I don't, I can't get any weekly allowance.
> **B:** Fiona, you must clean your room.
>
> ↓
>
> Fiona's parents _____ her clean her room.

3 밑줄 친 부분이 어법상 어색한 것은?

① We found the door <u>closed</u>.

② I felt my heart <u>beating</u> fast.

③ Adam saw the house <u>to burn</u>.

④ She heard someone <u>singing</u> loudly.

⑤ Gary watched his dog <u>sleep</u> on the couch.

[4~5] 다음 대화를 읽고, 물음에 답하시오.

> **Anne**: The talent show last night (A) was / has been really great.
>
> **Blair**: Yeah. By the way, did you decide on the afternoon program?
>
> **Anne**: No, I (B) am not / have not yet. Which do you think is better, hiking or swimming?
>
> **Blair**: I'll go hiking because we can see wild birds and insects in the woods.
>
> **Anne**: I'll join you. I like birds and insects, too.
>
> **Blair**: Great. I heard we'll have a hiking guide.
>
> **Anne**: Really? (C) <u>나는 그것에 대해서 들은 적이 없어.</u> Sounds good.

Words

by the way 그나저나, 그런데
go hiking 등산을 가다, 도보 여행을 가다
insect 곤충
woods 숲
guide 안내원

4 네모 (A), (B)에서 각각 알맞은 말을 골라 쓰시오.

(A) _____ (B) _____

문제 해결 전략

현재완료는 부사 yet, just, already 등과 자주 함께 쓰인다. 부사(구) yesterday, ago, last ~ 등은 과거 시제와 쓰이며 ❶[   ]와는 같이 쓸 수 없다.

🔑 ❶ 현재완료

5 밑줄 친 우리말 (C)를 〈조건〉에 맞게 영작하시오.

┌ 조건 ┐
1. 5단어의 현재완료 문장으로 쓸 것
2. have, hear, about, it을 포함하되, 필요할 경우 형태를 변형할 것

➡ _____

문제 해결 전략

'(지금까지) ~한 적이 있다'는 경험의 의미는 ❶[   ]를 사용해서 나타낸다. 현재완료의 부정은 ❷[   ] 뒤에 not을 써서 만든다.

🔑 ❶ 현재완료 ❷ have

전략 1 「조동사＋have＋과거분사」의 의미를 알아두자.

• 과거의 일에 대한 추측이나 의심을 「조동사＋have＋과거분사」로 나타낼 수 있다.

추측	조동사＋have＋과거분사	의미
긍정	must have＋과거분사	～했음이 틀림없다
	may have＋과거분사 might have＋과거분사	～했을지도 모른다
	could have＋과거분사	～할 수도 있었다
❶	couldn't have＋과거분사 can't have＋과거분사	～했을 리 없다
	must not have＋과거분사	～하지 않았음이 틀림없다
	may not have＋과거분사 ❷ ⃞ not have＋과거분사	～하지 않았을지도 모른다

• 「should(+not)+have+과거분사」는 '～했어야／～하지 말았어야 했다'는 의미로 과거의
일에 대한 후회를 나타낸다.

조동사에 따른 의미를
잘 기억해야 해!

I **should have gone** to bed early. 나는 일찍 자러 갔어야 했다. (일찍 자러 가지 못했음.)

답 ❶ 부정 ❷ might

필수 예제

그림을 보고 네모 (A), (B) 안에서 알맞은 것을 고르시오.

My cat (A) might / can't have spilled the water. I (B) should / shouldn't
have put the cup somewhere else.

문제 해결 전략

「might have＋과거분사」는
'～했을지도 ❶ ⃞ '는 의미
를 나타내고, 「can't have＋과거
분사」는 '～했을 리 ❷ ⃞ '
는 의미를 나타낸다.

답 (1) might (2) should /
❶ 모른다 ❷ 없다

확인 문제

1 빈칸에 알맞은 말을 〈보기〉에서 고르시오.

┌ 보기 ┐
should   must   can't
└────────┘

I heard your mother was in the hospital. You
_____ have been so worried.

2 우리말에 맞도록 빈칸에 알맞은 말을 쓰시오.

그녀는 신나 보였다. 그녀는 지루했을 리 없다.

➡ She looked excited. She _____ _____
been bored.

전략 2 과거의 습관을 나타내는 조동사를 알아두자.

• 과거의 습관을 나타내는 조동사로 would와 used to가 있다.

would+동사원형	~하고 했다 (동작)	과거의 습관
used to+❶ ☐	~하곤 했다 (동작) ~이었다 (상태)	

• 과거에 반복적으로 했던 동작과 과거의 상태 모두 나타낼 수 있는 used to와 달리 would는 ❷ ☐ 만을 나타낼 수 있다.

There used to be an old house here. 여기에 오래된 집이 있었다. (상태)

We used to talk about our future. 우리는 곧잘 우리의 장래에 관해서 이야기하곤 했다. (동작)

I would sometimes travel alone when I was a college student. 대학생이었을 때 나는 때때로 혼자 여행하곤 했다. (동작)

• '~하곤 했다'라는 의미의 「used to+동사원형」과 '~이 익숙하다'라는 의미의 「be동사+used to+명사{동명사}」를 혼동하지 않도록 주의한다.

I used to live in the countryside. I am used to seeing bugs. 나는 시골에 살았다. 나는 벌레를 보는 게 익숙하다.

🗒 ❶ 동사원형 ❷ 동작

필수 예제

밑줄 친 우리말에 맞도록 괄호 안의 말을 배열하여 문장을 완성하시오.

> A: Look! I took this picture at a ranch when I was little.
> B: A ranch? Do you know how to ride a horse?
> A: Yes. <u>나는 주말마다 아빠와 함께 말을 타곤 했어.</u>

문제 해결 전략

과거에 ❶ ☐ 적으로 했던 일을 나타내는 조동사는 used to 와 ❷ ☐ 가 있다. 조동사이므로 뒤에 동사원형이 쓰인다.

🗒 (1) I used to ride a horse /
❶ 반복 ❷ would

➡ _____ with my dad every weekend.

(a horse / I / to / ride / used)

확인 문제

1 네모 안에서 알맞은 것을 고르시오.

> There would / used to be a school here.
> Now there is a park.

2 빈칸에 들어갈 말로 알맞은 것은?

> A: Do you know how to play tennis?
> B: Yes, I _____ play tennis with friends
>   when I was young.

① used   ② would   ③ wouldn't

전략 3 과거완료 문장에서는 기준이 되는 과거 시점을 먼저 파악하자.

• 과거의 어떤 시점보다 더 [❶ _____] 일어난 일을 과거완료(「had+[❷ _____]」)로 나타낸다.
  기준이 되는 과거 시점은 when, by the time 등이 이끄는 절로 표현될 때가 많다.
  By the time Sam called me, I **had turned off** my phone.
  Sam이 나에게 전화했을 때 나는 휴대전화를 껐다. (Sam이 전화한 과거 시점 이전에 전화를 끔.)

• 과거완료의 부정문은 「had+not[never]+과거분사」로 쓰고, 의문문은 「Had+주어+과거분사 ~?」로 쓴다.
  I **had not finished** my homework when you came. 네가 왔을 때 나는 숙제를 끝내지 않았다.
  Had you **found** a solution to the problem when you called your father?
  너는 아버지에게 전화했을 때 그 문제에 대한 해결책을 찾았니?

> 과거완료는 기준이 되는 과거 시점을 파악하는 게 중요해.

답 ❶ 먼저 ❷ 과거분사

필수 예제

각 문장에서 먼저 일어난 일을 고르시오.

(1) When I arrived, Jack had already started working.
　　　　 ①　　　　　　　　　　 ②

(2) I had already found Jack when he waved his hand to me.
　　　 ①　　　　　　　　　　　　 ②

(3) Jack lent me those books because he had read them.
　　　 ①　　　　　　　　　　　 ②

문제 해결 전략

기준이 되는 [❶ _____] 시점보다 더 먼저 일어난 과거의 일을 [❷ _____](had+과거분사)로 나타낸다.

답 (1)② (2)① (3)② /
❶ 과거 ❷ 과거완료

확인 문제

1 괄호 안의 단어를 활용하여 빈칸에 알맞은 말을 쓰시오.

I discovered that I _____ _____ my wallet at home. (leave)

2 어법상 어색한 부분을 찾아 바르게 고치시오.

I have already heard about her before my friend introduced me to her.

_____ ➡ _____

| 전략 4 | 과거와 과거완료를 비교하여 알아두자. |

종류	형태	쓰임	함께 자주 쓰이는 표현
과거	동사의 과거형	과거에 시작해서 과거에 끝난 행동, 상태, 역사적 사실	yesterday, ago 등 (구체적 시점)
과거완료	had+❶☐	과거의 특정 시점보다 먼저 일어난 행동이나 지속되어 온 상태	by the time, when, until 등 (기준이 되는 특정 과거 시점)

I **brought** the book that I **had borrowed** from Sam.

나는 Sam에게서 빌린 책을 가져 왔다. (책을 빌린 일이 책을 가져 온 일보다 앞섬.)

My dog **had been** sick for days when I **visited** the vet.

나의 개는 수의사를 방문했을 때 며칠 동안 아픈 상태였다. (개가 아픈 상태가 지속된 뒤 수의사를 방문함.)

• 과거 시제가 쓰인 직접화법 문장을 다음과 같이 간접화법으로 바꾸어 말할 때 과거완료를 쓸 수 있다.

Charlotte said, "I designed the house."

→ Charlotte said that she **had designed** the house.

Charlotte은 "내가 그 집을 설계했어."라고 말했다. → Charlotte은 그녀가 그 집을 설계했다고 말했다. (말한 시점보다 그 집을 설계한 일이 앞섬.)

🔑 ❶ 과거분사

필수 예제

네모 안에서 어법상 알맞은 것을 고르시오.

(1) Harry had / has a sandwich an hour ago.

(2) Harry said that he had / has had a sandwich an hour ago.

(3) Harry had been hungry until he ate / had eaten the sandwich.

문제 해결 전략

과거 시제는 ago와 같은 구체적인 ❶☐ 시점을 나타내는 표현과 함께 쓰인다. 과거완료는 기준이 되는 특정 과거 시점보다 ❷☐ 일어난 일을 나타낼 때 사용한다.

🔑 (1)had (2)had (3)ate / ❶ 과거 ❷ 먼저〔앞서〕

확인 문제

1 우리말에 맞도록 괄호 안의 동사를 활용하여 문장을 완성하시오.

Bob은 그가 소설의 초고를 막 끝냈다고 말했다.

➡ Bob said that _____ _____ just _____ the first draft of his novel. (finish)

2 두 문장의 뜻이 같도록 할 때 빈칸에 알맞은 말을 쓰시오.

Ella recommended the movie to Nick, and he watched it.

➡ Nick watched the movie that Ella _____ _____ to him.

1 대화를 읽고, 빈칸에 알맞은 단어를 골라 쓰시오. (필요한 경우, 형태를 변형할 것)

> **A**: Wasn't our math test difficult?
> **B**: I thought it was easy.
> **A**: Really? You (A) _____ have studied hard.
> **B**: You (B) _____ have reviewed the worksheet.
> **A**: I forgot to do that.

> should   must   could   might

문제 해결 전략

「조동사+have+과거분사」는 조동사의 종류에 따라 과거의 일에 대한 ❶[   ]이나 ❷[   ]를 나타낸다.

🔑 ❶ 추측 ❷ 후회

2 밑줄 친 부분의 쓰임이 나머지 넷과 <u>다른</u> 것은?

① We <u>used to</u> eat out a lot.

② I <u>used to</u> be friends with him.

③ Mr. White <u>used to</u> be a pianist.

④ She was <u>used to</u> driving a big car.

⑤ Pamela <u>would</u> go swimming every month.

문제 해결 전략

과거에 ❶[   ]적으로 했던 일을 나타낼 때 조동사 ❷[   ]와 used to를 쓸 수 있다.

🔑 ❶ 반복 ❷ would

3 우리말에 맞도록 괄호 안의 동사를 활용하여 빈칸에 알맞은 말을 쓰시오.

> Sarah는 지갑을 가져오지 않았다는 것을 깨달았다.

➡ Sarah realized that she _____ _____ _____ her wallet.
(bring)

문제 해결 전략

기준이 되는 과거 시점보다 앞서는 과거의 일을 ❶[   ]로 나타낸다. 과거완료의 형태는 「❷[   ]+과거분사」이다.

🔑 ❶ 과거완료 ❷ had

[4~5] 대화를 읽고, 물음에 답하시오.

Words
stress ~ out ~이 스트레스를 받게 하다
helpful 도움이 되는
focus on ~에 집중하다
improve 향상되다
memory 기억력

> **Mom** : What are you doing, Oliver?
>
> **Oliver** : I'm studying for the test. Grades ⓐstress me out.
>
> **Mom** : I understand. (A)나도 그렇게 느끼곤 했어.
>
> **Oliver** : Really? I didn't know that.
>
> **Mom** : Yeah, but a little stress ⓑwas helpful for me.
>
> **Oliver** : What makes you ⓒsay that?
>
> **Mom** : It made me ⓓfocus on studying.
>
> **Oliver** : I see. Did stress help you in other ways?
>
> **Mom** : Yes, it ⓔhad helped improve my memory.

4 주어진 표현을 배열하여 밑줄 친 우리말 (A)를 영어로 쓰시오.

> to / way / I / used / that / feel

➡ _____, too.

문제 해결 전략

'~하곤 했다'라는 의미로 ❶[⬚] 에 반복한 일을 나타낼 때 used to를 쓸 수 있다. 조동사 ❷[⬚]도 같은 의미로 쓰인다.

🔎 ❶ 과거 ❷ would

5 밑줄 친 동사 ⓐ~ⓔ 중 어법상 어색한 것을 찾아 바르게 고쳐 쓰시오.

_____ ➡ _____

문제 해결 전략

과거완료는 기준이 되는 과거 시점보다 ❶[⬚] 일어난 일을 나타낸다.

🔎 ❶ 앞서(먼저)

대표 예제 1

우리말에 맞도록 빈칸에 알맞은 말을 쓰시오.

> 무엇이든 중요한 일이 생기면 날 찾아서 알려줘.
> ➡ If anything important happens, find
> me and let me _____.

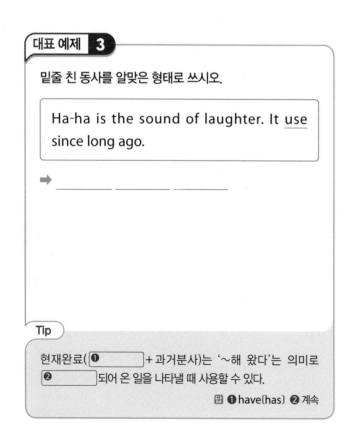

Tip

5형식 문장에서 ❶ _____ make, have, let은 목적격 보어로 ❷ _____ 을 쓴다.

🖪 ❶ 사역동사 ❷ 동사원형

대표 예제 2

우리말을 바르게 영작한 것은?

> 그는 자신이 문을 잠그지 않았었다는 것을 알았다.

① He found that he locked not the door.
② He found that he hadn't locked the door.
③ He had found that he didn't lock the door.
④ He had found that he locked not the door.
⑤ He had found that he hadn't locked the door.

Tip

과거의 특정 시점보다 ❶ _____ 일어난 일은 과거완료 (had +❶ _____)로 나타낸다.

🖪 ❶ 먼저(앞서) ❷ 과거분사

대표 예제 3

밑줄 친 동사를 알맞은 형태로 쓰시오.

> Ha-ha is the sound of laughter. It <u>use</u>
> since long ago.

➡ _____ _____ _____

Tip

현재완료(❶ _____ + 과거분사)는 '~해 왔다'는 의미로 ❷ _____ 되어 온 일을 나타낼 때 사용할 수 있다.

🖪 ❶ have(has) ❷ 계속

대표 예제 4

그림 속 여학생에게 충고의 말을 할 때, 빈칸에 들어갈 말로 가장 알맞은 것은?

> You _____ have been more careful.

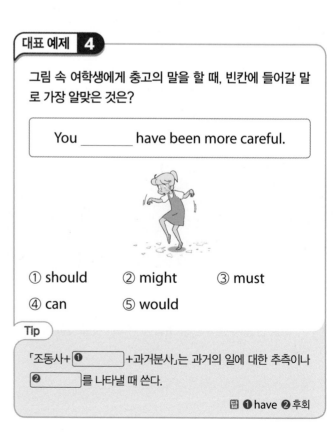

① should   ② might   ③ must
④ can   ⑤ would

Tip

「조동사+❶ _____ +과거분사」는 과거의 일에 대한 추측이나 ❷ _____ 를 나타낼 때 쓴다.

🖪 ❶ have ❷ 후회

대표 예제 **5**

대화를 읽고, 괄호 안의 동사의 알맞은 형태를 빈칸에 쓰시오.

> A: You need to plant it and water it.
> B: What happens next?
> A: You will see new leaves _____.
>   (grow)

© haru/shutterstock

Tip

5형식 문장에서 see, hear 등 **❶**[   ]의 목적격 보어는
❷[   ] 또는 현재분사로 쓴다.

🖉 ❶ 지각동사 ❷ 동사원형

대표 예제 **6**

밑줄 친 부분이 어법상 어색한 것은?

① It makes me feel good.

② I helped her cleaned the cage.

③ She keeps her house organized.

④ I saw a boy dancing on the stage.

⑤ He heard his dog barking outside.

Tip

5형식 문장의 동사가 무엇인지에 따라 목적격 보어의 형태가 다
르다. 준사역동사 help가 쓰였을 때 목적격 보어는 **❶**[   ]
또는 **❷**[   ]의 형태가 된다.

🖉 ❶ 동사원형 ❷ to부정사

대표 예제 **7**

밑줄 친 우리말을 주어진 단어를 바르게 배열하여 영작하시오.

> **Let's Celebrate August 15**
>
> Last week we celebrated August 15 in
> our class. We put up pictures of people
> who had lived through harsh times and
> tried to achieve independence. Also,
> there was a talk on 자유에 대한 열망을 그들의
> 작품에서 표현했던 작가들.

(who / their works / in / had expressed /
their longing / writers / freedom / for)

_____

Tip

과거의 일을 설명할 때 특정 사건보다 더 **❶**[   ] 일어난 일
은 과거완료(had+**❷**[   ])로 나타낸다.

🖉 ❶ 먼저[앞서] ❷ 과거분사

대표 예제 8

두 문장의 의미가 같도록 빈칸에 알맞은 말을 쓰시오.

> I started learning English when I was 10, and I'm still learning it.
>
> ➡ I have _____ _____ English since I was 10.

Tip

현재완료진행(have been+[❶_____])은 과거에 시작된 일이 [❷_____]에도 계속 진행되고 있을 때 사용한다.

🔒 ❶ 현재분사 ❷ 현재

대표 예제 9

빈칸에 알맞은 말을 괄호 안의 동사를 활용하여 쓰시오.

> He regretted that he _____ a hip-hop song. (choose)

Tip

특정 과거 시점보다 더 이전에 일어난 일을 설명할 때 [❶_____](had+과거분사)를 사용한다.

🔒 ❶ 과거완료

대표 예제 10

우리말에 맞도록 빈칸에 알맞은 말을 쓰시오.

> 그들 모두 기뻐 보인다. 그들은 파티에서 좋은 시간을 보낸 것이 틀림없다.

➡ They all look delighted. They _____ _____ had a good time at the party.

Tip

「조동사+have+과거분사」는 과거의 일에 대한 [❶_____]이나 후회를 나타낸다.

🔒 ❶ 추측

대표 예제 11

대화의 빈칸에 알맞은 말을 〈보기〉에서 골라 쓰시오.
(필요한 경우, 형태를 변형할 것)

> A: We have to decide on the T-shirt design.
> B: Let me _____ you some designs on the screen.
> A: The one with short sleeves is better.
> B: What makes you _____ that?
> A: It looks more comfortable.

┌─ 보기 ─────────────────────────┐
    show   see   say   refuse
└────────────────────────────────┘

Tip

사역동사 make, [❶_____], have가 5형식 문장에서 동사로 쓰일 때 목적격 보어는 [❷_____]의 형태로 쓴다.

🔒 ❶ let ❷ 동사원형

대표 예제 **12**

다음 글을 읽고, 물음에 답하시오.

My grandmother often tells me exciting stories about playing baseball back in the 1940s. She (A)<u>must love</u> the sport very much. She always says, "Go after what you want, Sarah. Don't be ashamed of failing." When she watches a baseball game on TV, she often says, "I (B)_____ _____ gone to Chicago. You know, I was going to be a player in Chicago. I gave up the chance because I was too scared. Never miss an opportunity even if you fail."

(1) 글의 흐름상 밑줄 친 (A)를 바르게 고쳐 쓰시오.

➡ _____ _____ _____

Tip

'~했음에 틀림없다'는 의미로 과거에 대한 강한 추측을 나타낼 때 「❶[ ] have+과거분사」를 쓴다.

(2) '후회'의 의미가 되도록 빈칸 (B)에 알맞은 말을 쓰시오.

➡ _____ _____

Tip

'~했어야 했다'는 의미의 과거에 대한 후회는 「❷[ ] have+과거분사」로 나타낸다.

답 ❶ must ❷ should

대표 예제 **13**

다음 글을 읽고, 〈조건〉에 맞게 밑줄 친 우리말을 영어로 옮기시오.

Jane Goodall was born in London, England, in 1934. <u>그녀는 20대부터 아프리카의 야생 침팬지들을 연구해 오고 있다.</u> She has also been working for the protection of chimpanzees. In 1995, she received the Hubbard Medal for protecting wild animals. Thanks to her life long study, we have come to know a lot about chimpanzees. Jane Goodall is one of the greatest scientists in history.

┌ 조건 ┐
1. 현재완료진행으로 쓸 것
2. study, wild chimpanzees, Africa를 포함해 8단어로 쓸 것 (필요한 경우 주어진 표현의 형태를 바꿀 것)

_____ _____ since her twenties.

Tip

현재완료진행(have〔has〕 ❶[ ] + 현재분사)은 ❷[ ]부터 현재까지 계속 진행되어 오고 있는 일을 나타낼 때 쓴다.

답 ❶ been ❷ 과거

1 밑줄 친 부분의 쓰임이 나머지 넷과 다른 것은?

① She has found out the truth.

② I have decided to do it on my own.

③ Many of my friends have lost their homes.

④ Have you ever had a meal on the water?

⑤ For the science project, our group has chosen very special insects.

> **Tip**
> 현재완료는 과거의 일이 ❶ 까지 영향을 미칠 때 쓰며 완료, ❷ , 계속, 결과 등의 의미를 나타낸다.
>
> 冒 ❶ 현재 ❷ 경험

2 빈칸에 들어갈 수 있는 것을 모두 고르면?

> We often see Fin _____ in the dark.

① to move   ② move   ③ to dance

④ dance   ⑤ dancing

> **Tip**
> 5형식 문장에 지각동사가 쓰이면 목적격 보어는 ❶ 또는 ❷ 를 쓴다.
>
> 冒 ❶ 동사원형 ❷ 현재분사

3 두 문장이 같은 뜻이 되도록 빈칸에 알맞은 말을 쓰시오.

> Two months ago I started to spend me time every Saturday, and I'm still doing it.

➡ I _____ _____ _____ me time every Saturday _____ two months.

> **Tip**
> 현재완료진행은 '~해 오고 있다'의 의미로 쓰이며, 형태는 「have(has) been+❶ 」이다. for, since, so far, how long 등과 자주 함께 쓰인다.
>
> 冒 ❶ 현재분사

4 빈칸에 들어갈 말로 가장 알맞은 것은?

> She thought that wearing a suit in the hot sun _____ have made him impatient.

① will   ② can't   ③ might

④ should   ⑤ used to

> **Tip**
> 과거의 일에 대해 추측을 할 때 「❶ +have+과거분사」를 쓴다.
>
> 冒 ❶ 조동사

5 밑줄 친 부분과 쓰임이 같은 것을 <u>모두</u> 고르면?

> We <u>have lived</u> here since last April.

① <u>Have</u> you <u>lost</u> your phone?

② How long <u>have</u> you <u>known</u> her?

③ Chuck <u>has</u> never <u>been</u> there before.

④ She <u>has</u> just <u>finished</u> her homework.

⑤ Lily <u>has written</u> a novel for years.

Tip

현재완료가 「since+과거 시점」, 「❶⬜⬜⬜+기간」 등의 표현과 함께 쓰이면 '… 이후로/… 동안 ~해 왔다'라는 뜻으로 ❷⬜⬜⬜의 의미를 나타낸다.

🔑 ❶ for ❷ 계속

6 괄호 안의 표현을 바르게 배열하여 다음 우리말을 영어로 쓰시오.

> 나는 늦게 잤었기 때문에 늦게 일어났다.
> (late / to bed / because / had / got up / gone / I / late)

➡ I _____ .

Tip

과거완료(❶⬜⬜⬜+과거분사)는 과거에 일어난 일 중 ❷⬜⬜⬜ 일어난 일을 표현할 때 쓴다.

🔑 ❶ had ❷ 먼저

7 밑줄 친 우리말을 괄호 안의 표현을 활용하여 영어로 바르게 옮기시오.

> I planted flower and vegetable seeds, and watered them. After about two weeks, <u>나는 식물이 나오기 시작했었다는 것을 발견했다!</u> They grew so fast.

➡ I found _____ popping up!
  (the plants, start)

Tip

특정한 과거 시점보다 더 먼저 일어난 일은 ❶⬜⬜⬜ (had+❷⬜⬜⬜)로 나타낸다.

🔑 ❶ 과거완료 ❷ 과거분사

8 괄호 안의 단어를 활용하여 빈칸을 채우시오.

> **A**: Minho always makes us _____ out loud. (laugh)
> **B**: Right. He's funny enough to make us _____ happy. (feel)

Tip

5형식 문장의 동사가 사역동사일 때 목적격 보어는 ❶⬜⬜⬜을 쓴다.

🔑 ❶ 동사원형

1 밑줄 친 부분을 어법상 바르게 고쳐 쓰시오.

> We had lived in Bangkok for five years before we move to Seoul.

➡ _____

2 우리말에 맞도록 네모 안에서 알맞은 말을 고르시오.

> 나는 그가 울고 있는 것을 볼 수 없다. 그것은 나도 울게 한다.
> ➡ I can't see him | crying / cries |. It makes me cry, too.

3 주어진 문장을 현재완료를 사용하여 바꿔 쓸 때 빈칸에 알맞은 말을 쓰시오.

> I am a doctor.
> ➡ I _____ _____ a doctor.

4 밑줄 친 부분의 쓰임이 나머지 넷과 <u>다른</u> 것은?

① How long <u>have</u> you <u>known</u> each other?

② Dr. Morgan <u>has</u> just <u>left</u> her office.

③ They <u>have been</u> married for thirteen years.

④ I <u>have taken</u> pictures of wild animals for ten years.

⑤ Nate <u>has written</u> fan letters to his favorite singer since 2019.

5 우리말을 영어로 옮길 때 밑줄 친 부분 중 <u>어색한</u> 것은?

> 나는 내 성적에 만족하지 못한다. 나는 시험을 보기 전에 교과서를 복습했어야 했다.
> ➡ I am not ①<u>satisfied</u> ②<u>with</u> my grades. I ③<u>must</u> have reviewed the textbook ④<u>before</u> I ⑤<u>took</u> the test.

6 밑줄 친 부분이 어법상 어색한 것은?

① She has just bought a car.

② He has not worked for months.

③ Have you been there before?

④ I've lived in San Francisco since 2012.

⑤ I have seen the painting three days ago.

7 괄호 안의 어구를 바르게 배열하여 대화를 완성하시오.

> A: Do you hear this sound, too?
> B: Yes, _____.
>
> (the guitar / someone / can / hear / I / playing)

8 그림을 보고 빈칸에 알맞은 말을 괄호 안에서 골라 쓰시오.

> A: I don't think I can do this.
> B: I can't _____ you _____ up like this.
>   Let's try it again. (give, let)

9 그림을 보고, 괄호 안의 표현을 이용하여 〈조건〉에 맞게 우리말을 영어로 옮겨 쓰시오.

> 그녀는 2시간째 통화 중이다.
> (she, talk, on the phone)

> ┌ 조건 ┐
> 1. 10 단어로 쓸 것
> 2. 현재완료진행 문장으로 완성할 것

➡ _____

10 다음 대화의 밑줄 친 우리말에 맞도록 빈칸에 알맞은 말을 쓰시오.

> A: How was the party last night? (1) <u>내가 떠난 후 무슨 일이 있었니?</u>
> B: No, it was just boring. (2) <u>너랑 같이 떠났어야 했어.</u>

(1) _____ something happen after I _____ left?

(2) I _____ _____ left with you.

A 두 사람 중 어법상 바르게 말한 사람에 표시하시오.

1

☐ Serena

I have never seen a giraffe fight with a lion.

I have seen a giraffe to fight with a lion on TV.

☐ Richard

2

☐ Chris

Vivian let me borrowing her book.

My teacher made me read this book.

☐ Anna

3

☐ Dorothy

Kyle's sister had me film her dancing.

I couldn't watch Kyle's sister to dance because I had left early.

☐ Kevin

> **Tip**
>
> 5형식(주어+동사+목적어+목적격 보어) 문장의 동사가 사역동사면 목적격 보어는 ❶ _____ , 지각동사면 동사원형 또는 ❷ _____ 로 쓴다.
>
> 🔑 ❶ 동사원형 ❷ 현재분사

B 다음 대화를 읽고, Leah가 쓴 일기의 빈칸에 알맞은 말을 쓰시오.

> **David**: Honey, how was your day?
>
> **Leah**: It was great. I went to a library and happened to meet my old friend, Carole.
>
> **David**: Who's Carole?
>
> **Leah**: She was one of my best friends when I was young. She is the librarian there. Honey, have you seen any mail from Carole?
>
> **David**: No, I haven't.
>
> **Leah**: That's strange. She sent me two letters, but I didn't get them.

July 22, 20××

  After lunch, I went to a library to read books. When I stepped inside the library, I saw my old friend Carole working as the librarian. She told me she (1)_____ _____ me two letters. Unfortunately I didn't get them. They must (2)_____ _____ lost somewhere. I have missed her so much since I moved to Boston. We are going to have lunch tomorrow.

Tip

과거에 일어난 일 중 더 먼저 일어난 일은 과거완료
(❶_____+과거분사)로, 과거에 대한 강한 추측은
「❷_____+have+과거분사」로 나타낸다.

답 ❶ had ❷ must

1주 창의·융합·코딩 전략 ❷

C 알맞은 단어 조각을 골라 문장을 완성하시오.

1 I — ☐ took / ☐ have just taken — that picture a minute ago.

2 They — ☐ knew / ☐ have known — each other for two years.

3 Mary — ☐ has lived / ☐ lived — in Spain since last year.

4 She — ☐ told me / ☐ has told me — this story last night.

Tip

현재완료는 경험, 계속, 완료, 결과 등의 의미를 나타내며 for, since, before 등의 표현과 함께 자주 쓰인다. 명확한 ❶ ______ 시점을 나타내는 어휘와는 쓰이지 않는다.

답 ❶ 과거

D 각 사람이 하는 말과 일치하도록 알맞은 카드를 두 개씩 골라 문장을 완성하시오.

1  내가 집에 없었을 때 남동생이 케이크를 먹었을지도 몰라.

➡ _____

2  친구가 전화했을 때 나는 숙제를 끝내지 못했다.

➡ _____

3  나는 저녁 식사를 하기 전 운동을 했다.

➡ _____

I had not finished my homework	when I was not home
I had worked out	before I had dinner
My brother might have had the cake	when my friend called me

Tip

과거의 일에 대한 강하지 않은 추측은 「❶ ⬜⬜⬜⬜ + have+과거분사」로 나타낸다. 과거에 일어난 일 중 먼저 일어난 일은 과거완료(「had+❷ ⬜⬜⬜⬜」)로 나타낸다.

🔑 ❶ might(may) ❷ 과거분사

분사 / to부정사 / 동명사 / 수동태

1 명사를 수식하는 분사

I need to fix my broken glasses.

I know someone running a glasses store.

대화에서 알 수 있는 것은?
a. 남자의 안경이 부서졌다.
b. 여자가 아는 사람이 안경을 부쉈다.

2 분사구문

The opera was too difficult to understand. _____ to the music, I fell asleep.

빈칸에 알맞은 것은?
a. Listened
b. Listening

3   to부정사·동명사의 쓰임

It must have been difficult for you to wait till the end. I'm sorry about your being bored.

I found it so boring to wait till the end.

오페라가 지루했던 사람은?
a. 여자
b. 남자

4   4·5형식의 수동태

The opera was good. It was written for a queen by a famous composer. He was called "the angel of music."

두 사람이 본 오페라에 대한 사실로 바른 것은?
a. The opera was written by a famous composer.
b. The opera was called "the angel of music."

개념 1 명사를 꾸미는 분사

> 나는 자신의 개와 놀고 있는 한 남자를 발견했다.
> I found a man playing with his dog. `명사` + `현재분사(구)`
>
> 나는 그에 의해 쓰인 책을 읽었다.
> I read a book written by him. `명사` + `과거분사(구)`

- 분사는 명사를 꾸밀 수 있다. 분사만 명사를 꾸밀 때에는 명사의 앞에서, 분사에 수식어구가 이어지면 [❶   ]에서 꾸민다.
- 현재분사는 능동·진행의 의미로, 과거분사는 수동·[❷   ]의 의미로 해석한다.

명사를 꾸미려면 분사를 써야겠구나!

🔑 ❶ 뒤 ❷ 완료 / standing

개념 2 분사구문

> 그녀는 TV를 켜면서 가방을 내려놓았다.
> As she turned on the TV, she put her bag down.
> ➡ Turning on the TV, she put her bag down.
> ① 접속사 생략 ② (주절의 주어와 같은) 주어 생략 ③ 동사를 현재분사로

- 부사절의 접속사와 주어를 생략하고 동사를 분사 형태로 바꾼 것을 분사구문이라 한다.
- Being으로 시작하는 분사구문은 대개 Being을 생략한다.
- 의미를 명확히 하기 위해 접속사를 남겨두기도 한다.

🔑 drinking

개념 3 가주어 / 가목적어와 to부정사

> 이 문제를 해결하는 것은 쉽지 않다.
> It is not easy to solve this problem.
> (← *To solve this problem* is not easy.)
>
> 나는 결정을 내리는 것이 어렵다는 것을 알았다.
> I found it difficult to make decisions.
> (← I found *to make decisions* difficult.)

- to부정사가 주어로 쓰인 경우, 가주어 it을 문장 맨 앞에 쓰고, 진주어인 to부정사를 [❶   ]로 보낼 수 있다.
- 5형식 문장에서 to부정사가 목적어로 쓰인 경우, [❷   ] it을 목적어 자리에 쓰고, 진목적어인 to부정사를 뒤로 보낼 수 있다.

🔑 ❶ 뒤 ❷ 가목적어 / to restore

1-1 우리말에 맞도록 빈칸에 알맞은 말을 쓰시오.

길을 건너고 있는 남자를 보아라.
➡ Look at the man _____ the street.

풀이 | 분사는 **❶** [   ]를 꾸밀 수 있으며, 위 문장에서는 현재분사 **❷** [   ]이 the man을 꾸민다.

📖 crossing / ❶ 명사 ❷ crossing

1-2 밑줄 친 부분이 꾸미는 것을 대상을 찾아 동그라미 하시오.

He was looking at his friends <u>playing soccer</u>.

2-1 밑줄 친 부분을 분사구문으로 바꿔 쓰시오.

<u>While I was singing a song</u>, I cleaned my room.
➡ _____

풀이 | 부사절을 분사구문으로 바꿀 때, 접속사와 주절의 **❶** [   ]와 같은 주어를 생략하고 동사를 분사 형태로 바꾼다. be동사의 형태를 바꿔 being을 쓸 때에는 대개 **❷** [   ]한다.

📖 Singing a song / ❶ 주어 ❷ 생략

2-2 drinking이 들어갈 위치로 알맞은 것은?

He (①) read (②) a report, (③) coffee (④) on the sofa (⑤).

3-1 주어를 찾아 밑줄을 치고, 가주어 it을 사용한 문장으로 바꿔 쓰시오.

To swim in this river is dangerous.
➡ It is _____ .

풀이 | to부정사가 문장의 주어일 때, 가주어 **❶** [   ]을 문장 맨 앞에 쓰고, 진주어인 **❷** [   ]를 뒤로 보낸다.

📖 To swim in this river, dangerous to swim in this river / ❶ It ❷ to부정사

3-2 진목적어를 찾아 밑줄을 치고, 해석하시오.

We made it easier to contact us.
➡ _____

개념 4 to부정사·동명사의 의미상 주어

나는 이 책을 읽는 것이 어렵다.

It is hard **for** **me** **to read** this book. ('I'가 'read'의 주체)

| for | + | 목적격 | + | to부정사 |

나는 네가 늦는 것에 대해 말하고 있는 거야.

I'm talking about **your** **being late**. ('you'가 'be late'의 주체)

| 소유격 | + | 동명사 |

○ to부정사의 의미상 주어를 따로 표시할 때 to부정사 바로 ❶ [　　　]에 「for+목적격」의 형태로 쓴다.

○ 동명사의 의미상 주어를 따로 표시할 때 동명사 바로 앞에 ❷ [　　　]으로 나타낸다.

Quiz

괄호 안에서 알맞은 것을 고르시오.

It is easy (to / for) me to fix the computer.

to fix라는 행위를 누가 하는지 나타내기 위해 의미상 주어가 쓰여.

답 ❶ 앞 ❷ 소유격 / for

개념 5 동명사의 관용 표현

나는 점심을 먹고 싶지 않아.

I don't feel like having lunch.

우유를 쏟고 나서 울어봐야 소용없다.

It is no use crying over spilt milk.

○ feel like+❶ [　　　] : ~하고 싶다　○ worth+동명사: ~할 가치가 있는

○ It is no use+동명사: ~해도 소용없다　○ be busy+동명사: ~하느라 바쁘다

Quiz

빈칸에 들어갈 말로 알맞은 것은?

The movie was worth _____.

① watch　② watched　③ watching

답 ❶ 동명사 / ③

개념 6 4·5형식의 수동태

그는 우리에게 책 몇 권을 주었다.

(4형식) He gave us some books.

➡ **We** were given some books by him. (간접목적어 → 주어)

| 간접목적어 | + | be동사+과거분사 | + | 직접목적어 | + | by+행위자 |

➡ Some books were given to us by him. (직접목적어 → 주어)

| 직접목적어 | + | be동사+과거분사 | + | to+간접목적어 | + | by+행위자 |

그들은 그녀를 Anna라고 불렀다.

(5형식) They called her Anna.

➡ **She** was called Anna by them.

| 목적어 | + | be동사+과거분사 | + | 목적격 보어 | + | by+행위자 |

○ 4형식 문장의 수동태는 간접목적어와 ❶ [　　　]를 각각 주어로 할 수 있다.

○ 5형식 문장의 수동태는 ❷ [　　　]를 주어로 하고 목적격 보어는 동사 뒤에 둔다.

Quiz

다음 문장을 수동태로 바꿀 때 빈칸에 알맞은 말을 고르시오.

They told me the truth.

➡ I was (telling / told) the truth by them.

간접목적어인 me를 주어로 하는 수동태 문장이야.

답 ❶ 직접목적어 ❷ 목적어 / told

4-1 밑줄 친 to부정사의 의미상 주어에 동그라미 하시오.

> It was strange for her <u>to say</u> such a thing.

풀이 | to부정사의 의미상의 주어를 나타낼 때에는 to부정사의
바로 **❶** 에 「**❷** +목적격」으로 쓴다.

🔑 for her / ❶ 앞 ❷ for

4-2 전치사 for의 위치로 알맞은 것은?

> It might be (①) possible (②) her
> (③) to (④) get (⑤) the license.

5-1 괄호 안의 단어를 활용하여 빈칸에 알맞은 말을 쓰시오.

> **A:** Do you feel like _____ home right
> now? (go)
> **B:** Yes, I'd love to.

풀이 | 「feel like+**❶** 」는 동명사의 관용 표현에서
'~하고 싶다'로 해석할 수 있다.

🔑 going / ❶ 동명사

5-2 괄호 안의 단어를 활용하여 남자의 말을 완성하시오.

It is no use _____ pills.
(take)

6-1 밑줄 친 부분을 어법에 맞게 고치시오.

> The chance <u>gave</u> to me, and I didn't
> want to miss it.

➡ _____

풀이 | 기회(the chance)가 나에게 '주어진' 상황이므로 동사를
❶ 형태로 써야 한다. 따라서 동사를 「be동사+
❷ 」형태로 바꿔 쓰고, 문장의 시제가 과거이므로 be
동사를 과거형으로 쓴다.

🔑 was given / ❶ 수동태 ❷ 과거분사

6-2 주어진 문장을 수동태 문장으로 바꿀 때 빈칸에 알맞은
말을 쓰시오.

> My friends often call me a trouble-
> shooter.
> ➡ I _____ often _____ a troubleshooter
> by my friends.

CHECK UP

I found a letter (write / written) in English.

· 구문 분사구는 명사의 뒤에서 명사를 꾸밀 수 있다. 과거분사는 ❶ [   ]·완료의 의미를 나타낸다.
· 해석 나는 영어로 ❷ [   ] 편지를 발견했다.

🔑 written / ❶수동 ❷쓰인

CHECK UP

The boy shouted, as he pointed at the door.
➡ The boy shouted, _____ at the door.

· 구문 부사절의 접속사와 ❶ [   ]를 생략하고 동사를 현재분사 형태로 고쳐 분사구문으로 쓸 수 있다.
· 해석 그는 문을 ❷ [   ] 소리쳤다.

🔑 pointing / ❶주어 ❷가리키며

CHECK UP

It is not easy (listen / to listen) to others.

· 구문 문장의 주어로 to부정사가 쓰인 경우, 문장 맨 앞에 가주어 ❶ [   ]을 쓰고, to부정사를 뒤에 쓴다.
· 해석 다른 사람의 말을 경청하는 것은 ❷ [   ] 않다.

🔑 to listen / ❶it ❷쉽지

1 밑줄 친 명사구를 꾸미는 분사구를 괄호로 묶고, 문장을 해석하시오.

(1) A man wearing a hat ordered a hamburger.

➡ _____

(2) The printer fixed by Molly yesterday is broken again.

➡ _____

2 그림에 맞게 보기에 주어진 표현을 활용하여 문장을 완성하시오. (필요한 경우, 단어 형태를 변형할 것)

┌ 보기 ┐
read a newspaper
└────┘

_____,
he is eating donuts.

3 〈보기〉의 밑줄 친 부분과 쓰임이 같은 부분에 밑줄을 치고, 문장을 해석하시오.

┌ 보기 ┐
It is unfair to give him another chance.
➡ 그에게 한 번 더 기회를 주는 것은 불공평하다.
└────┘

(1) It is impossible to live without water.

➡ _____

(2) It was interesting to talk about the topic.

➡ _____

CHECK UP

It is strange (at / for) him <u>to be late</u>.

- **구문** to부정사가 나타내는 행위를 누가 하는지 밝힐 때 to부정사의 바로 앞에 「❶   」+ 목적격」으로 의미상의 주어를 쓴다.
- **해석** 그가 늦다니 ❷   .

🔑 for / ❶ for ❷ 이상하다

CHECK UP

The children were busy (make / making) a big sand castle.

- **구문** 「be busy + 동명사」는 '~하느라 ❶   '라는 의미로 쓰인다.
- **해석** 그 아이들은 커다란 모래성을 ❷   바빴다.

🔑 making / ❶ 바쁘다 ❷ 만드느라(짓느라)

CHECK UP

An e-mail was sent to me yesterday.
➡ I _____ _____ an e-mail yesterday.

- **구문** 4형식 문장의 직접목적어와 간접목적어 모두 수동태 문장의 주어가 될 수 있으며, 직접목적어가 주어가 되는 경우 간접목적어 ❶   에 전치사 to를 쓴다.
- **해석** 이메일이 어제 나에게 ❷   .

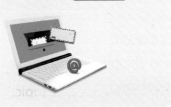

🔑 was sent / ❶ 앞 ❷ 보내졌다

---

4 밑줄 친 부분의 의미상 주어를 괄호로 묶고, 문장을 해석하시오.

(1) His class is too difficult for me <u>to understand</u>.

➡ _____

(2) Do you mind my <u>sitting</u> here?

➡ _____

5 네모 안에서 알맞은 표현을 고르고, 문장을 해석하시오.

(1) I don't feel like to eat / eating sweets.

➡ _____

(2) It's no use ask / asking me about it.

➡ _____

6 우리말에 맞도록 네모 안에서 알맞은 표현을 고르시오.

(1) 많은 보상이 그들에게 주어졌다.

➡ Many rewards gave / were given to them.

(2) Mark는 회장으로 선출되었다.

➡ Mark elected / was elected president.

전략 1 현재분사, 동명사, 과거분사의 차이를 알아두자.

• 분사는 명사 앞이나 뒤에서 명사를 꾸밀 수 있으며, 분사에 수식어구가 이어져 길어질 때에는 명사의 뒤에서 꾸민다.

I took a picture of the **sleeping** dog . 나는 자고 있는 개의 사진을 찍었다.

I took a picture of the dog **sleeping** on the carpet. 나는 카펫 위에서 자고 있는 개의 사진을 찍었다.

cf. I bought a **sleeping** bag. 나는 침낭을 샀다. (sleeping bag: '자는 것(sleeping)'을 위한 가방(bag))
　　　　　　　　동명사

• 현재분사 vs. 동명사 vs. 과거분사

	현재분사	동명사	과거분사
형태	동사원형+❶ ☐		동사원형+❷ ☐
역할	형용사 (명사를 꾸밈)	명사	형용사 (명사를 꾸밈)
의미	~하고 있는(능동, 진행)	~하는 것	~된 (수동, 완료)

> sleeping bag은 동명사 sleeping과 명사 bag이 결합한 복합명사야. 명사 앞의 -ing 형태가 '용도, 쓰임'을 나타내면 현재분사가 아니라 동명사라고 생각해야 해.

답 ❶ -ing ❷ ed

필수 예제

네모 안에서 어법상 알맞은 것을 고르시오.

(1) The boy swim / swimming over there is my brother.

(2) Be careful of the branches breaking / broken by the wind.

(3) Do you know the man driving / driven the bus?

문제 해결 전략

분사가 명사를 꾸밀 때 ❶ ☐ 는 '~하는'이라는 능동의 의미로 해석하고, ❷ ☐ 는 '~된'이라는 수동의 의미로 해석한다.

답 (1) swimming (2) broken
(3) driving / ❶ 현재분사 ❷ 과거분사

확인 문제

1 빈칸에 들어갈 말로 알맞은 것은?

> She was interested in paintings _____ by unknown artists.

① draw　　　② drawn　　　③ drawing

④ to draw　　⑤ to drawing

2 우리말에 맞도록 괄호 안의 표현을 활용하여 문장을 완성하시오.

> 많은 사람들이 어린 소녀에 의해 만들어진 모형 자동차를 보고 놀랐다.
> ➡ Many people were surprised to see a model car _____ by a young girl. (make)

전략 2 분사구문의 의미와 형태를 파악하자.

- 분사구문은 상황에 따라 동시동작(~하면서), 시간(~할 때), 연속상황(~하고 나서), 이유(~이므로), 조건(만약 ~라면), 양보(~일지라도) 등 다양한 의미를 나타낸다.
- 완료형 분사구문 「having+과거분사」은 주절보다 이전에 일어난 일을 나타낼 때 쓴다.
- 분사구문이 being으로 시작하는 경우, 대개 being을 생략한다. 수동태 분사구문에서도 보통 being이나 having been을 생략하고 과거분사로 시작한다.

	분사구문	완료 분사구문
능동태	현재분사 ~	having+❶
수동태	(being+) 현재분사 ~	(having been+) 과거분사 ~

> 분사구문의 의미를 명확히 하기 위해 접속사를 쓰기도 해.

Emma sang a song loudly **riding a bicycle.** Emma는 자전거를 ❷ 큰 소리로 노래를 불렀다. 〈동시동작〉

Having finished reading the book, I returned it to the library. 나는 책을 다 읽어서, 도서관에 반납했다. 〈이유〉
  └▶ 완료 분사구문: 주절(returned)보다 더 이전에 일어난 일

We had to wait outside, **kicked out of the building.** 우리는 건물에서 쫓겨나 밖에서 기다려야 했다.
  └▶ being이 생략된 수동태 분사구문: 주어와의 관계가 수동(we were kicked)

🗒 ❶과거분사 ❷타면서

필수 예제

네모 안에서 어법상 알맞은 것을 고르시오.

(1) [Hearing / Heard] the loud noise, everyone woke up.

(2) [Encouraging / Encouraged] by his teacher, he gained confidence.

> **문제 해결 전략**
> 분사구문의 의미상 주어(=주절의 주어)와 분사의 의미가 능동 관계이면 ❶ 를 쓰고, 수동 관계이면 ❷ 를 쓴다.

🗒 (1) Hearing (2) Encouraged / ❶ 현재분사 ❷ 과거분사

확인 문제

1 우리말에 맞도록 괄호 안의 표현을 활용하여 문장을 완성하시오.

(1) 아기를 구조하고 나서, 그 소년은 용감한 시민상을 받았다. (rescue)

➡ _____ _____ the baby, the boy was awarded the Brave Citizen Award.

(2) 그녀는 유리창을 닦다가 오래된 얼룩을 발견했다. (wipe)

➡ She found an old stain, _____ the window.

2 생략할 수 있는 표현을 찾아 괄호로 묶고, 해석을 완성하시오.

Despite being afraid, she didn't hesitate to challenge herself.
➡ 그녀는 _____ 도전하기를 망설이지 않았다.

전략 3 다양한 형태의 분사구문을 알아두자.

- 분사구문의 부정은 「not+분사」 형태로 쓴다.

  <u>As I didn't have</u> enough information, I couldn't make up my mind.

  ➡ **Not having** enough information, I couldn't make up my mind. 나는 충분한 정보가 없어서 결정을 내리지 못했다.

- 분사구문의 의미상 주어와 주절의 $\boxed{①}$ 가 다를 때, 분사구문에 주어를 쓸 수 있다. 이를 독립분사구문이라고 한다.

  My dad preparing lunch, I was taking an online lecture. 아빠는 점심을 준비하고, 나는 온라인 강의를 듣고 있었다.

  └➤ 분사구문의 주어 ≠ 주절의 주어 ◀┘

- 분사구문의 의미상 주어가 일반 사람(we, you, they 등)일 때 이것을 생략하는 관용적 표현들을 외워 둔다.

  이러한 분사구문을 비인칭 독립분사구문이라고 한다.

  Generally speaking, students should follow the school rules. 일반적으로 말해서, 학생들은 교칙을 따라야 한다.

  > 비인칭 독립분사구문
  >
  > judging from: ~으로 판단하건대   speaking of: ~에 대해 말하자면
  >
  > considering (that): ~을 고려하면   assuming (that): ~라고 가정하면

답 ❶ 주어

필수 예제

우리말에 맞도록 빈칸에 알맞은 것을 〈보기〉에서 골라 쓰시오.

┌ 보기 ┐
no   not   it   there

(1) 그 직원에 대해 몰라서, 나는 그를 오해했다.

  ➡ _____ knowing about the employee, I misunderstood him.

(2) 날이 좋아서 우리는 어제 산책하러 갔다.

  ➡ _____ being a nice day, we went for a walk yesterday.

> **문제 해결 전략**
>
> (1) 분사구문의 부정을 표현할 때 분사구문 앞에 ❶ _____ 을 쓴다.
> (2) 분사구문의 의미상 주어가 주절의 주어와 다를 때, 분사구문 ❷ _____ 에 쓴다.

답 (1) Not (2) It / ❶ not ❷ 앞

확인 문제

1 두 문장의 의미가 같도록 빈칸에 알맞은 말을 한 단어로 쓰시오.

> While Molly is painting, Sara will write a notice.
> ➡ Molly _____, Sara will write a notice.

2 밑줄 친 부분 중 어법상 어색한 것은?

> ① Judge from his accent, he ② must be ③ from this area.

전략 4 **가주어와 가목적어의 쓰임을 알아두자.**

• 주어에 to부정사구, 동명사구, 명사절 등 긴 어구가 오면 이를 뒤로 보내고, 주어 자리에는 가주어 it을 쓴다.

It is fun **to make a model airplane.** 모형 비행기를 만드는 것은 재미있다.
가주어 　　　　　　　　　진주어

It is said **that they are staying at a hotel in Ulsan.** 그들은 울산에 있는 호텔에 머무르고 있다고 한다.
가주어 　　　　　　　　　　　진주어

• 「주어+동사+목적어+목적격 보어」 구조의 5형식 문장에서 목적어 자리에 to부정사구, 동명사구, 명사절 등 긴 어구가 오면
이를 뒤로 보내고, 목적어 자리에는 가목적어 it을 쓴다.

동사	가목적어	목적격 보어	진목적어
make think find 등	+ ❶ +	easy difficult impossible 등	+ to부정사구 동명사구 명사절

이 형태의 문장에서
목적격 보어는 대개
형용사야.

Joe found it easy to solve the problem. Joe는 그 문제를 푸는 것이 ❷ 　　　　 것을 알았다.
　　　가주어　　　　진목적어

🔑 ❶ it ❷ 쉽다는

필수 예제

우리말에 맞도록 빈칸에 알맞은 말을 쓰시오.

(1) 비디오 게임을 하는 것은 재미있다.

➡ 　　　　　 is fun to play video games.

(2) 그 법이 피해자들을 보호하지 못하게 만들었다.

➡ The law made 　　　　　 impossible to protect the victims.

문제 해결 전략

주어나 5형식 문장의 목적어로 to
부정사구, 동명사구, 명사절 등이
쓰인 경우, 주어나 목적어 자리에
❶ 　　　 을 쓰고, 진주어와 진
목적어는 ❷ 　　　 로 보낼 수
있다.

🔑 (1) It (2) it / ❶ it ❷ 뒤

확인 문제

1 우리말을 영어로 쓸 때 어법상 <u>어색한</u> 곳을 찾아 바르게
고치시오.

> 시험에 합격하는 것은 중요하지 않다.
> ➡ It is not important pass the exam.

　　　　　 ➡ 　　　　　

2 우리말에 맞도록 빈칸에 주어진 표현을 바르게 배열하여
쓰시오.

> 나는 때때로 학생들에게 동기를 부여하는 것이 어렵
> 다고 느낀다.
> (it / to motivate / find / difficult)

➡ Sometimes I 　　　　　　　　　　
　　　　　 students.

1 네모 (A), (B) 안에서 알맞은 것을 고르시오.

> George brought a jar (A) filling / filled with honey. His friends came to him, (B) asking / asked, "What is it?"

2 우리말에 맞도록 주어진 표현이 들어갈 위치로 알맞은 것은?

> the magician

> 우리는 마술사가 공연에 앞서 리허설을 하는 동안 음향기기를 점검하고 있었다.
> ➡ ① We were ② checking ③ the sound equipment, ④ rehearsing ⑤ before the performance.

3 두 문장의 의미가 같도록 빈칸에 알맞은 말을 쓰시오.

> To value your family, friends, and health is important.
> ➡ _____ is important _____ your family, friends, and health.

[4~5] 다음 글을 읽고, 물음에 답하시오.

Some people are natural leaders, but anyone can develop the skill (A) <u>require</u> to become a good leader. (B) <u>Our Leadership Program will make it possible to develop your leadership skills.</u>

Words

natural 타고난
skill 기술
develop 개발하다
require 요구하다

4 밑줄 친 (A)를 어법상 알맞게 고쳐 쓰시오.

➡ _____

> **문제 해결 전략**
>
> 앞의 명사(the skill)를 수식하며, 기술은 '요구되는' 것이므로 ❶ [   ] 의 미 관계를 나타내는 ❷ [   ] 형태로 고쳐야 한다.
>
> 답 ❶ 수동 ❷ 과거분사

5 밑줄 친 문장 (B)에서 진목적어를 찾고 해석하시오.

진목적어: _____

해석: _____

> **문제 해결 전략**
>
> make가 5형식 문장에서 쓰인 상황이다. 「make+it+형용사+to부정사」의 형태가 이어지므로, it은 ❶ [   ], to부정사구가 ❷ [   ] 로 쓰였음을 알 수 있다.
>
> 답 ❶ 가목적어 ❷ 진목적어

전략 1 to부정사와 동명사의 의미상 주어를 파악하자.

- to부정사나 동명사의 주어가 일반인이거나 문장의 주어·목적어와 일치하면 따로 밝히지 않고 생략한다.

  She made a concrete plan <u>to process this work efficiently</u>.

  → 의미상 주어 = 문장의 주어(She)

  그녀는 이 일을 효율적으로 진행하기 위해 구체적인 계획을 세웠다.

> to부정사나 동명사의 의미상의 주어는 to부정사나 동명사가 나타내는 행위의 주체야.

- 의미상의 주어는 to부정사 앞에 「for+목적격」, 동명사 앞에 소유격으로 나타낸다.

to부정사의 의미상 주어	동명사의 의미상 주어
– for+❶□+to부정사 It won't be easy **for you** <u>to forgive</u> him. 네가 그를 용서하는 것은 쉽지 않을 것이다. – of+목적격+to부정사: 사람을 비난·칭찬하는 형용사 뒤에 쓰인 경우 (kind, stupid, smart 등) It was kind **of them** <u>to welcome</u> us. (= They were kind to welcome us.) 그들이 우리를 환영해 주다니 친절했다.	– 소유격+동명사 I'm worried about **his** <u>being</u> late all the time. 나는 ❷□ 항상 지각하는 것이 걱정된다. I'm worried about **him** <u>being</u> late all the time. → 구어체에서는 목적격을 쓰기도 한다. – 의미상 주어에 소유격 형태가 따로 없다면 그대로 쓴다. I have no doubt about **all** <u>enjoying</u> your movie. 나는 모두가 너의 영화를 즐긴다는 것을 의심치 않는다.

답 ❶ 목적격 ❷ 그가

필수 예제

네모 안에서 어법상 알맞은 것을 고르시오.

(1) I appreciate [his / for him] giving me this chance.

(2) It is important [for / of] you to remember who you are.

문제 해결 전략

동명사의 의미상 주어는 ❶□으로 나타내고, to부정사의 의미상의 주어는 대체로 「❷□+목적격」으로 나타낸다.

답 (1) his (2) for / ❶ 소유격 ❷ for

확인 문제

1 빈칸에 알맞은 말을 쓰시오.

> A: Amy, I can help you with this homework.
>
> B: Thanks. It's very kind _____ you to help me.

2 우리말을 영어로 쓸 때 괄호 안의 표현이 들어갈 곳으로 가장 알맞은 것은?

> 네가 너의 약점을 극복하는 것은 불가능하지 않다.
>
> ⇒ It is (①) not impossible (②) to overcome (③) your weaknesses. (for you)

전략 2 자주 쓰이는 동명사 관용 표현을 알아두자.

- feel like+동명사: ～하고 싶다

  I **feel like eating** a hamburger for lunch. 나는 점심으로 햄버거를 먹고 싶다.

- worth+동명사: ～할 가치가 있는

  Is the museum **worth visiting**? 그 박물관은 방문할 ❶[   ]가 있니?

- It is no use+동명사: ～해도 소용없다

  It's **no use trying** to persuade him. 그를 설득하려고 노력해도 소용없다.

- be busy (in)+동명사: ～하느라 바쁘다

  Everyone **is busy answering** phone calls. 모두가 전화를 받느라 ❷[   ].

- be used to+동명사: ～하는 데 익숙하다

  No one will **be used to being** hated. 아무도 미움 받는 것에 익숙해지지 않을 것이다.

  주의 used와 to부정사와 함께 쓰이는 표현과 헷갈리지 않도록 유의한다.

  - used+to부정사: ～하곤 했다   · be used+to부정사: ～하는 데 사용되다

📂 ❶ 가치 ❷ 바쁘다

필수 예제

우리말에 맞도록 네모 안에서 알맞은 것을 고르시오.

(1) 나는 열심히 일하는 것에 익숙하지 않다.

  ➡ I'm not used to | work / working | hard.

(2) 그녀는 새로운 사업을 시작하느라 바빴다.

  ➡ She has been busy | starting / to start | a new business.

문제 해결 전략

동명사를 활용한 관용 표현을 잘 알아두어야 한다. 또한 동명사는 문장 안에서 ❶[   ] 역할을 한다는 것을 기억한다.

📂 (1) working (2) starting / ❶ 명사

확인 문제

1 밑줄 친 부분의 형태로 알맞은 것끼리 짝지어진 것은?

- Do you feel like <u>go</u> back home early?
- They are used to <u>travel</u> by bus.

  ① going — traveled

  ② to go — traveling

  ③ going — traveling

2 밑줄 친 부분 중 어색한 것은?

If you <u>don't change</u>, it's no use <u>to go</u>
           ①   ②

back <u>to yesterday</u>.
           ③

전략 3 4형식 문장을 수동태 문장으로 만드는 두 가지 방법을 알아두자.

- 4형식 문장의 간접목적어와 직접목적어는 둘 다 각각 수동태 문장의 주어가 될 수 있다.

She **gave** | me | | a few books | . 그녀는 내게 책 몇 권을 주었다.

　　　　　간접목적어 ←　　　　└→ 직접목적어

➡ | A few books | **were given** to me by her. (수동태 문장의 주어 = ❶ [　　　　　])

➡ | I | **was given** a few books by her. (수동태 문장의 주어 = ❷ [　　　　　])

- 4형식 문장의 직접목적어가 수동태의 주어가 될 때 동사에 따라 간접목적어 앞에 전치사 to, for, of를 붙인다.

be동사	given, sent, passed, written 등	to	간접목적어
	made, got, bought, cooked 등	for	
	asked, inquired, required 등	of	

전치사의 종류에 따라 동사를 기억하는 게 좋아.

🔑 ❶ 직접목적어 ❷ 간접목적어

필수 예제

다음 문장을 수동태 문장으로 바꿀 때, 빈칸에 알맞은 말을 쓰시오.

(1) The principal gave the winner of the game a prize.

　➡ The winner of the game was given ＿＿＿＿＿＿＿ by the principal.

(2) My brother bought me this red bike.

　➡ ＿＿＿＿＿＿＿ was bought for me by my brother.

문제 해결 전략

4형식 문장을 수동태 문장으로 고쳐 쓸 때, 직접목적어를 주어로 하면 간접목적어 앞에는 ❶ [　　　]를 써야 한다. 간접목적어를 주어로 할 때에는 ❷ [　　　]를 수동태 뒤에 그대로 쓴다.

🔑 (1) a prize (2) This red bike /
❶ 전치사 ❷ 직접목적어

확인 문제

1 괄호 안의 단어가 들어갈 곳으로 가장 알맞은 것은?

The pancakes (①) were (②) made
(③) us by Mr. Howard. (for)

2 두 문장의 뜻이 같도록 빈칸에 알맞은 말을 쓰시오.

She sent me a bunch of flowers.
➡ A bunch of flowers ＿＿＿＿ ＿＿＿
　＿＿＿＿ me by her.

전략 4 5형식 문장을 수동태 문장으로 바꿀 때 목적격 보어의 형태에 주의하자.

- 5형식 문장을 수동태 문장으로 바꿀 때, 목적어가 수동태 문장의 [❶_____]가 되고, 목적격 보어는 수동태 동사 뒤에 그대로 쓴다.

> 주어 + 동사 + 목적어 + 목적격 보어 (5형식)
>   └→ 명사, 형용사, 분사, to부정사, 동사원형 등

She **asked** [him] to be quiet. 그녀는 그에게 조용히 해 달라고 부탁했다.

➡ [He] **was asked** to be quiet by her.

They **found** [the house] **burnt** down. 그들은 그 집이 불타버린 것을 발견했다.

➡ [The house] **was found** burnt down by them.

- 목적격 보어로 동사원형이 쓰인 경우, 수동태 문장에서 [❷_____]로 바꿔 쓴다.

My boss **made** [me] **come** to work early. 나의 상사는 내가 일찍 출근하도록 했다.

➡ [I] was made **to come** to work early by my boss.

답 ❶ 주어 ❷ to부정사

필수 예제

다음 문장을 수동태 문장으로 바꿀 때, 빈칸에 알맞은 말을 쓰시오.

(1) My family calls this tree The Golden Crown.

  ➡ This tree is called _____ by my family.

(2) Some people saw the girl swim in the pond.

  ➡ The girl was seen _____ in the pond by some people.

문제 해결 전략

5형식 문장을 수동태 문장으로 바꿀 때, 목적어가 주어가 되고 목적격 보어는 수동태 동사 뒤에 [❶_____] 쓴다. 단, 목적격 보어가 동사원형일 때에는 [❷_____]로 바꿔 쓴다.

답 (1) The Golden Crown (2) to swim /
❶ 그대로 ❷ to부정사

확인 문제

1 우리말에 맞도록 주어진 표현을 배열하여 문장을 완성하시오.

> to give / was / asked

그녀는 새로운 계획에 대해 발표하도록 요구받았다.

➡ She _____ a presentation
  on a new project.

2 다음 문장을 'I'로 시작하는 문장으로 바꿔 쓰시오.

> My parents allowed me to do what I wanted.

➡ I _____ what I wanted
  by my parents.

1 주어진 문장을 수동태 문장으로 바꿀 때, 틀린 부분을 찾아 바르게 고치시오.

> Your gifts made me feel much better.
> ➡ I was made feel much better by your gifts.

_____ ➡ _____

2 밑줄 친 부분 중 어색한 것은?

① I'm <u>not used to fixing</u> the computer.

② Do you <u>feel like eating</u> some dessert?

③ I am <u>busy practicing</u> skating these days.

④ It's <u>no use complaining</u> about this problem.

⑤ He <u>used to playing</u> the violin in the local orchestra.

3 우리말을 영어로 바르게 옮긴 것을 모두 고르면?

> 공연에서 중요한 역할이 나에게 주어졌다.

① I gave an important role in the performance.

② An important role gave me in the performance.

③ I was given an important role in the performance.

④ The performance was given an important role to me.

⑤ An important role was given to me in the performance.

Words

move away 이사 가다
video chat 화상 채팅

[4~5] 다음 대화를 읽고, 물음에 답하시오.

> B: Yena, how are you feeling?
>
> G: I'm feeling very sad, Seho. My best friend Jihun is moving away.
>
> B: Really? I'm sorry. But don't be so sad. You two can have video chats online.
>
> G: You're right.
>
> B: Why don't you make him a photo book as a goodbye gift?
>
> G: <u>내가 그에게 의미 있는 무언가를 주다니 좋은 생각이야.</u>

4 대화문의 내용과 일치하도록 빈칸에 알맞은 말을 쓰시오.
(단, make를 활용할 것)

> ➡ A photo book will ＿＿＿＿＿＿＿＿＿＿＿＿ Jihun as a goodbye gift.

문제 해결 전략

4형식 동사 make를 활용하여 수동태 문장으로 만들 때, **❶**＿＿＿＿를 주어로 한다면, 간접목적어 앞에는 전치사 **❷**＿＿＿＿를 써야 한다.

🈸 **❶** 직접목적어 **❷** for

5 밑줄 친 우리말에 맞도록 빈칸에 알맞은 말을 쓰시오.

> 내가 그에게 의미 있는 무언가를 주다니 좋은 생각이야.

> ➡ It is a good idea ＿＿＿＿＿＿＿ to give him something meaningful.

문제 해결 전략

to부정사가 나타내는 행위의 주체, 즉 의미상의 **❶**＿＿＿＿를 밝힐 때에는 대개 '**❷**＿＿＿＿+목적격'의 형태로 쓴다.

🈸 **❶** 주어 **❷** for

대표 예제 1

네모 안에서 알맞은 것을 고르시오.

Look at the girl taking / taken her dog for a walk. She is my sister.

Tip

현재분사와 과거분사는 명사의 앞이나 ❶ [   ]에서 명사를 꾸밀 수 있다. 현재분사는 '~하는, ~하고 있는'의 뜻으로 능동·진행의 의미를 나타내고, ❷ [   ]는 '~된'의 뜻으로 수동·완료의 의미를 나타낸다.

🔑 ❶ 뒤 ❷ 과거분사

대표 예제 2

우리말에 맞도록 괄호 안의 단어를 활용하여 빈칸에 알맞은 말을 쓰시오.

나는 음악을 들으면서, 강을 따라 조깅하는 것을 좋아한다.

➡ I like jogging along the river, _____ to music. (listen)

Tip

동시에 일어나는 일을 나타낼 때 분사구문을 쓸 수 있다. 분사구문의 생략된 주어는 대개 주절의 ❶ [   ]와 같으므로, 능동 관계이면 ❷ [   ]를, 수동 관계이면 과거분사를 쓴다.

🔑 ❶ 주어 ❷ 현재분사

대표 예제 3

빈칸 (A)와 (B)에 들어갈 말이 바르게 짝지어진 것은?

A: Did you expect your team to win?
B: Not really. Actually, ___(A)___ was a miracle ___(B)___ our team to win.

① it — to   ② it — for   ③ it — that
④ this — for ⑤ this — that

Tip

주어가 to부정사일 때에는 대개 문장의 ❶ [   ]에 쓰고 주어 자리에 가주어 it을 쓴다. 그리고 to부정사의 의미상 주어를 밝힐 때에는 to부정사 바로 ❷ [   ]에 「for+목적격」으로 나타낸다.

🔑 ❶ 뒤 ❷ 앞

대표 예제 4

우리말에 맞도록 괄호 안의 표현을 바르게 배열하여 쓰시오.

사람들은 솔직해지는 것이 어렵다고 여긴다.
(to be / find / people / difficult / it / honest)

➡ _____

Tip

5형식 문장에서 목적어가 to부정사인 경우, 목적어 자리에 가목적어인 ❶ [   ]를 쓰고, 진목적어인 to부정사구를 문장 ❷ [   ]로 보낼 수 있다.

🔑 ❶ it ❷ 뒤

대표 예제 5

두 문장의 의미가 같도록 할 때 빈칸에 알맞은 것은?

I'd like to have rice noodles for lunch.
→ I _____ like having rice noodles for lunch.

① make   ② take   ③ feel
④ look   ⑤ show

Tip

「would like+to부정사」는 '~하고 ❶ [싶다]'라는 의미로, 「feel like+ ❷ [동명사]」와 비슷한 의미이다.

답 ❶ 싶다 ❷ 동명사

대표 예제 6

빈칸에 들어갈 말로 알맞은 것은?

I'm worried about _____ getting lost.

① he   ② his   ③ to him
④ of him   ⑤ for him

Tip

동명사의 의미상 주어를 나타낼 때, 동명사 앞에 ❶ [소유격]을 쓴다.

답 ❶ 소유격

대표 예제 7

주어진 문장을 수동태 문장으로 바꿔 쓰시오.

(1) We saw a group of ducks floating on the water.
   → A group of ducks _____ on the water.

(2) They allowed the children to play outside.
   → The children _____ outside.

Tip

「주어+동사+ ❶ [목적어]+목적격 보어」형태의 5형식 문장을 수동태 문장으로 바꿀 때, 목적어를 문장의 ❷ [주어] 자리에 쓰고, 수동태 뒤에 목적격 보어가 오도록 한다.

답 ❶ 목적어 ❷ 주어

대표 예제 8

두 문장이 같은 의미가 되도록 빈칸에 알맞은 말을 한 단어로 쓰시오.

Lynn is watching soccer. At the same time, she is eating a hamburger.

➡ Lynn is watching soccer, _____ a hamburger.

Tip

주절과 동시에 일어나는 상황을 ❶ _____ 으로 나타낼 수 있다. 분사구문의 생략된 주어와 동사가 능동 관계이므로 ❷ _____ 로 쓴다.

답 ❶ 분사구문 ❷ 현재분사

대표 예제 9

빈칸에 공통으로 알맞은 것은?

· In fact, _____ cannot be true that he quit his job.
· I found _____ necessary to set specific goals.

① he   ② it   ③ that
④ this   ⑤ there

Tip

문장의 주어가 that절일 때, 이것을 문장 뒤로 보내고 ❶ _____ 자리에 가주어를 쓸 수 있다. 5형식 문장에서 목적어로 to부정사구가 쓰였을 때에도 이것을 문장 뒤로 보내고 ❷ _____ 자리에 가목적어를 쓸 수 있다.

답 ❶ 주어 ❷ 목적어

대표 예제 10

우리말에 맞도록 괄호 안의 표현을 바르게 배열하시오.

너에게 날아오는 공을 조심해라.
(for / the ball / flying / watch out / at you)

➡ _____

Tip

명사를 꾸미는 분사는 명사의 앞이나 뒤에 올 수 있다. 분사만으로 명사를 꾸밀 때에는 ❶ _____ 에 오고, 분사에 수식어구가 붙어 길어질 때에는 명사의 ❷ _____ 에 온다.

답 ❶ 앞 ❷ 뒤

대표 예제 11

우리말에 맞도록 한 단어를 추가하여 주어진 문장을 고쳐 쓰시오.

나는 네가 최선을 다하는 것이 자랑스럽다.

I'm proud of doing your best.

➡ _____

Tip

동명사의 의미상 주어를 표시할 때, ❶ _____ 바로 앞에 ❷ _____ 형태로 쓴다.

답 ❶ 동명사 ❷ 소유격

대표 예제 12

밑줄 친 부분 중 어색한 것을 찾아 바르게 고쳐 쓰시오.

The U.K. Navy ① won the Ig Nobel Prize for Peace in 2000. ② To save money, its sailors were made ③ shout, "Bang!" instead of ④ using real bombs. Is that funny enough ⑤ for you to laugh out loud?

➡ _____

Tip

5형식 문장에서 목적격 보어로 동사원형이 쓰인 경우 수동태 문장에서는 ❶ [   ] 형태로 바꿔야 한다.

❶to부정사

대표 예제 13

밑줄 친 부분을 'It'으로 시작하도록 고쳐 쓰시오.

Let me tell you what my mother does about her stress. She feels stressed by all the things. When she's under stress, she writes "Me Time" on her calendar. This means she takes some time out for herself. She reads a book, watches a movie, or talks with her friends. She says, "What I do doesn't really matter, as long as it's something I like. I've been writing 'Me Time' on my calendar for two months, and I feel much better."

➡ _____

Tip

명사절이나 to부정사구 등 긴 어구가 주어일 경우, 주어 자리에 가주어 ❶ [   ] 를 쓰고, 명사절이나 to부정사구를 ❷ [   ] 로 보낼 수 있다.

❶it ❷뒤

1 밑줄 친 It의 쓰임이 나머지 넷과 다른 것은?

① It is hard to keep your faith.

② It is too dark to play outside.

③ It's your job to consult people.

④ It's not easy to make true friends.

⑤ It was my mistake to leave the door open.

Tip

문장의 주어로 to부정사가 쓰이면, 주어 자리에 가주어 | ❶ |를 쓰고, to부정사를 문장 뒤로 보낼 수 있다. It은 가주어 외에도 날씨, 시간, 명암 등을 나타내는 | ❷ | 주어로 쓰일 수 있다.

답 ❶ 가주어 ❷ 비인칭

2 빈칸에 들어갈 말로 알맞은 것은?

> The detective is looking for works of art
> _____ by someone.

① steal   ② stole   ③ stolen

④ to steal   ⑤ stealing

Tip

명사의 뒤에 | ❶ |를 꾸미는 분사를 쓸 수 있으며, 명사와 수동의 의미 관계일 때에는 | ❷ |를 써야 한다.

답 ❶ 명사 ❷ 과거분사

3 밑줄 친 부분이 어법상 어색한 것은?

① He wrote a report, watching a movie.

② Painting the wall, I looked up at the sky.

③ Sleeping soundly, he had a strange dream.

④ Falling to the floor, she dropped the bucket.

⑤ Damaging by the storm, the house needs to be repaired.

Tip

분사구문에서 분사와 생략된 주어가 의미상 능동 관계일 때는 | ❶ |를 쓰고, 수동 관계일 때는 Being을 생략하고 | ❷ |를 쓴다.

답 ❶ 현재분사 ❷ 과거분사

4 괄호 안의 단어가 들어갈 위치로 알맞은 것은?

> His efforts ① eventually ② made ③ possible ④ to achieve ⑤ his dream. (it)

Tip

5형식 문장에서 목적어로 to부정사가 쓰인 경우 목적어 자리에 가목적어인 | ❶ |을 쓰고 to부정사는 | ❷ |로 보낸다.

답 ❶ it ❷ (문장) 뒤

5 빈칸에 알맞은 말을 보기에서 골라 쓰시오.

┌ 보기 ┐
with   at   for   of

There are many jobs in the world, so it was hard (1) _____ me to choose one. It was kind (2) _____ you to advise me.

Tip

to부정사의 의미상 주어로는 보통 「❶ _____ +목적격」을 쓰지만, 앞에 사람을 칭찬·비난하는 형용사가 있으면 「❷ _____ +목적격」을 쓴다.

📋 ❶ for ❷ of

6 우리말에 맞도록 주어진 표현을 바르게 배열하시오.

그들은 우리가 그들의 시설을 이용하는 것을 좋아하지 않는다.
(don't / they / our / their / like / using / facility)

➡ _____

Tip

동명사의 의미상 주어는 동명사 ❶ _____ 에 ❷ _____ 형태로 나타낸다.

📋 ❶ 앞 ❷ 소유격

7 주어진 문장을 수동태 문장으로 바꿀 때 빈칸에 알맞은 말을 쓰시오.

(1) The committee gave me another chance.

➡ Another chance was given _____ by the committee.

(2) This scenery makes me feel comfortable.

➡ I am made _____ by this scenery.

Tip

4형식 문장을 수동태 문장으로 바꿀 때 직접목적어가 주어 자리에 오면 간접목적어 앞에는 ❶ _____ 를 쓴다. 또한 5형식 문장의 목적격 보어가 동사원형인 경우 수동태 문장으로 바꿀 때 ❷ _____ 로 바꿔야 한다.

📋 ❶ 전치사 ❷ to부정사

8 우리말에 맞도록 빈칸에 알맞은 말을 쓰시오.

이미 너무 늦었어. 지금 서둘러도 소용없어.

➡ It's already too late. It's _____ _____ _____ now.

Tip

'~해도 소용 ❶ _____ '라는 의미는 「It is no use+ ❷ _____ 」로 쓴다.

📋 ❶ 없다 ❷ 동명사

1 밑줄 친 부분의 쓰임이 나머지 넷과 다른 것은?

① We have the ability to make choices.

② It is not easy to change people's minds.

③ I must say that it's his job to consult clients.

④ It is smart to talk with your child before a big day.

⑤ It is important to accept cultural differences.

2 우리말을 영어로 쓸 때 밑줄 친 부분을 고쳐 문장을 다시 쓰시오.

> 너는 벽에 붙은 포스터를 봤니?
> ➡ Did you see the poster putting on the wall?
>
> ➡ _____

3 두 문장의 의미가 같도록 빈칸에 알맞은 말을 두 단어로 쓰시오.

> As I had finished my homework, I went out to meet my friends.
> ➡ _____ my homework, I went out to meet my friends.

4 빈칸에 들어갈 말로 가장 알맞은 것은?

> It was funny _____ the puppy to get into a paper bag.

① of   ② at   ③ for

④ like   ⑤ toward

5 우리말에 맞도록 빈칸에 알맞은 말을 쓰시오.

> 우리는 아무것도 하고 싶지 않을 때가 있다.
> ➡ There are times when we don't feel _____ doing anything.

6 밑줄 친 부분이 어법상 어색한 것은?

① Look at the woman <u>dancing</u> on the stage.

② Can you see someone <u>waiting</u> over there?

③ Watch out for the <u>fallen</u> trees on the floor.

④ I approached the people <u>sitting</u> on the bench.

⑤ Let's check the list of guests <u>inviting</u> to the party.

7 빈칸에 공통으로 들어갈 말로 알맞은 것은?

> This sweater was made _____ my son, so it's too small _____ me to wear.

① to　　　　② at　　　　③ on

④ by　　　　⑤ for

8 괄호 안의 단어를 바르게 배열하여 문장을 완성하시오.

> I'm not sure _____.
> (being / his / of / guilty)

9 괄호 안의 표현을 활용하여 우리말을 영어로 바르게 옮기시오. (단, 조건에 맞게 쓸 것)

> 그들은 규칙을 따르도록 되어 있었다.
> (make, follow the rule)

> 〈조건〉
> 1. 일곱 단어로 쓸 것
> 2. 수동태를 사용할 것

➡ _____

_____

10 다음 대화의 밑줄 친 우리말을 주어진 표현을 활용하여 영어로 바르게 옮기시오. (단, 분사구문으로 쓸 것)

> A: What did you do last weekend?
> B: I stayed home, <u>음악을 들으면서</u>. (listen to)

➡ _____

A 짝지어진 두 사람 중 어법상 바르게 말한 사람에 표시하시오.

1

☐ Jenny

There was a sound coming from behind the closed door.

There was a sound came from behind the closed door.

☐ Paul

2

☐ Chris

It is diligent of him to clean the house regularly.

It is diligent for him to clean the house regularly.

☐ Emily

3

☐ Betty

Enjoy the scenery, ridden a bicycle.

Enjoy the scenery, riding a bicycle.

☐ Ron

> **Tip**
>
> to부정사의 의미상 주어는 보통 「❶⬚⬚⬚⬚⬚+목적격」의 형태로 나타내며, 앞에 사람을 칭찬·비난하는 형용사가 있을 때에는 「❷⬚⬚⬚⬚⬚+목적격」을 쓴다.
>
> 립 ❶ for ❷ of

>> 정답과 해설 18쪽

B 구조에 맞게 주어진 표현을 바르게 배열하여 문장을 완성하시오.

1

가주어	동사 + 보어	진주어
(X)	위험하다	지붕 위에 올라가는 것은

.

it / onto / climb / to / the roof / is dangerous

2

주어	동사	가목적어	목적격 보어	진목적어
숙면은	만든다	(X)	더 효과적으로	질병을 예방하는 것을

.

to prevent diseases / it / a good night's sleep / makes / more effective

3

주어	동사	명사 + 수식어구
우리는	발견했다	범인을 쫓는 경찰을

.

found / chasing / the criminal / the police / we

Tip

길이가 긴 to부정사구 형태의 주어나 목적어 대신 사용
하는 **①** 나 **②** 는 해석하지 않는다.

답 ❶ 가주어 ❷ 가목적어

C 알맞은 표현 조각을 골라 문장을 완성하시오.

1 I

- [ ] gave
- [ ] was given

a new backpack by the school.

2 The box

- [ ] will send
- [ ] will be sent

to him on time.

3 No one

- [ ] can make
- [ ] can be made

to act in this way.

4 Ted

- [ ] doesn't consider
- [ ] is not considered

honest or responsible.

> 수동태의 기본 형태는 「be동사 + 과거분사」야.

Tip

주어와 ❶ _____ 의 관계를 생각하여 능동태와 수동태 중 어느 것을 써야 할지 결정한다. 또한 동사와 그 뒤에 나오는 어구와의 관계에도 유의한다.

답 ❶ 동사

D 각 사람이 하는 말과 일치하도록 알맞은 카드를 두 개씩 골라 문장을 완성하시오.

1

그가 화를 내는 것은 나와 상관이 없다.

➡ _____ doesn't have anything to do with me.

2

나는 네가 이 그림을 완성해서 자랑스럽다.

➡ I'm proud of _____ .

3

우리는 그녀가 또 늦는다고 불평했다.

➡ We complained of _____ .

his	completing this painting
her	being angry
your	being late again

Tip

동명사의 의미상 주어는 ❶ [   ] 앞에 ❷ [   ] 으로 나타낸다.

답 ❶ 동명사 ❷ 소유격

BOOK 1 마무리 전략

적중 1 | 5형식 문장에서 동사의 종류에 따른 목적격 보어의 형태를 파악하자.
적중 2 | 완료 시제의 의미와 쓰임을 파악하자.

5형식 문장에서 동사에 따라 목적격 보어의 형태가 달라져.

let, make, have 등의 사역동사가 쓰이면 목적격 보어는 동사원형으로 써.

see, hear, feel 등의 지각동사가 쓰이면 목적격 보어는 동사원형 또는 현재분사로 써.

목적어와 목적격 보어의 관계가 수동이면 과거분사, 능동이나 진행이면 동사원형 또는 현재분사를 쓰는 경우를 주의해야 해.

현재완료는 완료, 경험, 계속, 결과 등의 의미를 나타낼 수 있고, 주로 함께 쓰이는 표현들이 달라.

현재완료진행 「have been+현재분사」 또한 과거와 현재를 연결하는데, 여기에 진행의 의미가 더해지지.

현재완료 「have+과거분사」는 과거와 현재의 두 시점을 연결해서 말할 때 써.

완료의 의미를 나타낼 때에는 just, already, yet 등을 같이 쓰고, 경험에는 ever, never, ~ times 등을 쓰지. 그리고 기간을 나타내는 since, for 등이 쓰이면 계속의 의미를 나타내.

조동사 used to와 would로 과거의 상태나 습관을 나타낼 수 있으니 알아두도록!

과거에 시작되고 끝난 일을 나타내는 과거 시제는 명확한 과거 시점을 나타내는 ago, yesterday와 같은 표현과 함께 쓴다는 것도 기억해야 해.

그리고 특정 과거 시점보다 더 과거에 일어난 일을 설명할 때 과거완료 「had+과거분사」를 사용해.

「조동사 have+과거분사」는 과거의 일에 대한 추측이나 후회를 나타내. 일반적인 현재완료와 착각하지 않도록 주의해야 해.

적중 3 분사구문의 형태와 의미를 알아두자.

적중 4 4·5형식의 능동태 문장을 수동태 문장으로 만드는 법을 알아두자.

4형식 문장을 **수동태**로 만들 때 간접목적어가 주어인 경우와 직접목적어가 주어인 경우를 구분해야 해.

5형식 문장을 **수동태**로 바꿀 때는 목적어가 주어가 되고 수동태 동사 뒤에 목적격 보어가 와. 목적격 보어가 동사원형일 때 수동태 문장에서는 to부정사로 바뀐다는 점이 중요해.

동명사의 경우에는 동명사 바로 앞에 소유격으로 의미상의 주어를 표시해.

무적어가 to부정사인 경우도 마찬가지야. 가목적어 it을 목적어 자리에 쓰고 to부정사를 뒤로 보내지.

의미상 주어를 「of+목적격」으로 나타낼 때는 그 앞에 칭찬이나 비난을 나타내는 형용사가 올 때야.

to부정사 바로 앞에는 「for(of)+목적격」을 써서 의미상 주어를 따로 표시할 수 있어.

주어가 to부정사일 때 it을 가주어로 쓰고 진주어인 to부정사를 뒤로 보내는 형태의 문장이 많이 쓰이니 기억해 두자.

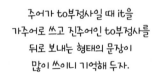

명사를 꾸미는 분사와 동명사를 혼동하지 않도록 주의해야 해.

현재분사는 능동, 진행의 의미를 담아 '~하고 있는'으로 해석하고, **과거분사**는 수동 완료의 의미로 '~된'이라고 해석해.

분사를 이용해서 부사구를 만든 게 분사구문이야. 원인, 동시에 일어나는 일, 연속적인 상황 등 여러 의미를 나타낼 수 있어.

© Kaliaha Volha/shutterstock

신유형·신경향·서술형 전략

1 주어, 동사, 목적어, 목적격 보어를 표시한 뒤, 문장을 끊어 읽고 해석하시오.

sample

I / let / him / leave early.
주어 동사 목적어   목적격 보어

➡ 나는 그가 일찍 떠나도록 해 주었다.

(1)

Tina saw him drive away.

➡ _____

(2)

She made him finish his meal quickly.

➡ _____

(3)

I heard someone shouting.

➡ _____

Tip

5형식 문장에서 **❶**[   ]가 쓰인 경우 '～을 …하게 하다'라고 해석하고, **❷**[   ]가 쓰인 경우 '～가 …하는 것을 보다/듣다' 등으로 해석한다.

답 ❶ 사역동사 ❷ 지각동사

2 두 문장의 의미가 같도록 빈칸에 알맞은 말을 쓰시오.

sample

I began to learn Chinese three years ago, and I'm still learning it.

➡ I ___have been learning___ Chinese for three years.

(1)

I started to work on this project two months ago, and I'm still working on it.

OOO 프로젝트

➡ I _____ on this project for two months.

(2)

My brother started to play computer games two hours ago, and he's still doing it.

➡ My brother _____ computer games for two hours.

Tip

과거부터 **❶**[   ]까지 계속 진행되고 있는 일을 나타낼 때 현재완료진행을 쓰며, 형태는 「have(has) been+**❷**[   ]」이다.

답 ❶ 현재 ❷ 현재분사

3 네모 안에서 알맞은 것을 고르고, 그 이유를 쓰시오.

sample

I contacted you yesterday because something unexpected has / had happened.

➡ 정답: had

➡ 이유: 과거(contacted)보다 더 이전에 일이 발생했으므로 과거완료를 쓴다.

(1)

I reported to my boss what we has / had discussed.

➡ 정답: _____

➡ 이유: _____

_____

(2)

A: Do you keep a diary?
B: Yes, I have / had kept diaries for ten years.

➡ 정답: _____

➡ 이유: _____

_____

Tip

현재완료는 과거의 특정 시점에 시작된 일이 ❶ [_____] 까지 영향을 미칠 때 쓰고, 과거완료는 ❷ [_____]의 특정 시점보다 더 이전에 일어난 일을 나타낼 때 쓴다.

답 ❶ 현재 ❷ 과거

4 우리말에 맞도록 밑줄 친 부분을 바르게 고쳐 쓰시오.

sample

그녀는 네가 한 말을 오해했을지도 모른다.

She may misunderstand what you said.

➡ may have misunderstood

(1)

그들이 너를 싫어했을 리가 없다.

They can't hate you.

➡ _____

(2)

내가 너를 돌봤어야 했는데.

I should take care of you.

➡ _____

Tip

과거에 대한 추측, 후회 등을 나타낼 때 「❶ [_____]+ have+과거분사」를 쓰며, 조동사에 따라 의미가 달라진다.

답 ❶ 조동사

5 밑줄 친 부분이 꾸미는 대상에 네모 표시를 하고, 우리말 해석을 완성하시오.

sample

He called the boy crossing the street.

➡ 그는 <u>길을 건너는 소년</u> 을(를) 불렀다.

(1)

What is the title of the song <u>being played now</u>?

➡ _____의 제목이 뭐니?

(2)

I didn't understand the role <u>given to me</u>.

➡ 나는 _____을(를) 이해하지 못했다.

(3)

Who is the man <u>climbing that ladder</u>?

➡ _____은(는) 누구니?

Tip

명사를 꾸미는 분사와 명사의 의미 관계가 능동이면 ❶_____를 쓰고, 수동이면 ❷_____를 쓴다.

🔑 ❶ 현재분사 ❷ 과거분사

6 주어진 표현을 바르게 배열하여 예시와 같은 구조의 문장을 완성하시오.

sample

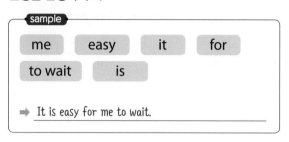

| me | easy | it | for |
| to wait | is | | |

➡ It is easy for me to wait.

(1)

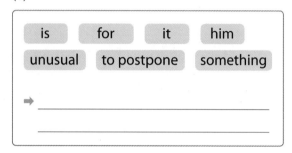

| is | for | it | him |
| unusual | to postpone | something | |

➡ _____
_____

(2)

| it | of | is not | kind |
| you | to criticize | work | his |

➡ _____
_____

Tip

문장에서 to부정사가 ❶_____인 경우, 주어 자리에 가주어 it을 쓰고, 진주어인 to부정사는 문장 ❷_____(으)로 보낼 수 있다.

🔑 ❶ 주어 ❷ 뒤

>> 정답과 해설 **19쪽**

7 다음 문장을 주어진 단어로 시작하도록 바꿔 쓰시오.

sample

She made me come back soon.

➡ I ___was made to come back soon___ by her.

(나는 그녀에 의해 곧 돌아와야 했다.)

(1)

We saw many people walking on the beach.

➡ Many people _____

_____ .

(많은 사람들이 해변에서 걷는 것이 보였다.)

(2)

People gave the actor a big hand.

➡ The actor _____

_____ .

(그 배우는 큰 박수를 받았다.)

8 밑줄 친 부사절을 분사구문으로 고쳐 쓴 뒤, 문장을 해석하시오.

sample

After we made the plan, we made it known to everyone.

➡ ___Making___ the ___plan___

➡ 해석: 계획을 세운 뒤, 우리는 그것이 모두에게 알려지도록 했다.

(1)

As he was invited to a party, Andy decided to buy some new clothes.

➡ _____

➡ 해석: _____

_____

(2)

I took notes while I was listening to her answer.

➡ _____

➡ 해석: _____

_____

Tip

5형식 문장의 목적격 보어로 **❶** [   ]이 쓰인 경우, 수동태 문장에서는 to부정사 형태로 바꿔야 한다. 4형식 문장의 간접목적어와 직접목적어는 모두 수동태 문장의 **❷** [   ]가 될 수 있다.

目 ❶ 동사원형 ❷ 주어

Tip

부사절의 주어가 주절의 주어와 같을 때, 접속사와 **❶** [   ]를 생략하고 동사를 **❷** [   ] 형태로 바꿔 부사구인 분사구문으로 쓸 수 있다. 단, 의미를 명확히 하기 위해 접속사를 남겨 둘 수도 있다.

目 ❶ 주어 ❷ 현재분사

1

빈칸에 들어갈 말을 <u>모두</u> 고르면?

> I like to sit on a bench and watch people _____ by.

① walk   ② to walk   ③ walking

④ walked   ⑤ to walking

2

대화의 빈칸에 알맞은 것은?

> **A**: What do you usually watch on TV?
> **B**: I like watching magicians _____ tricks.

① perform   ② performed

③ to perform   ④ were performing

⑤ to be performed

3

빈칸에 들어갈 수 <u>없는</u> 것은?

> Our boss _____ us concentrate on our work.

① let   ② had   ③ made

④ helped   ⑤ wanted

4

두 문장의 의미가 같도록 할 때 빈칸에 알맞은 것은?

> It is possible that Amy took my book.
> = Amy may _____ my book.

① take   ② took

③ to take   ④ have taking

⑤ have taken

5 밑줄 친 부분을 알맞은 형태로 고친 것은?

> The woman made the children <u>sat</u> quiet in the library.

① sit   ② sits   ③ to sit

④ sitting   ⑤ been sit

6 어법상 옳은 것끼리 짝지어진 것은?

> ⓐ I saw them jogged while talking to each other.
> ⓑ He didn't remember that I had lent him my laptop.
> ⓒ I shouldn't have yelled at my sister.
> ⓓ The manager had her to prepare for the concert.
> ⓔ I have been looked for a new job.

① ⓐ, ⓑ   ② ⓐ, ⓓ   ③ ⓑ, ⓒ

④ ⓑ, ⓓ   ⑤ ⓒ, ⓔ

7 밑줄 친 동사의 의미가 나머지 넷과 다른 것은?

① Jenny <u>made</u> a good choice.

② I don't want to <u>make</u> him stay here.

③ The teacher <u>made</u> us arrive on time.

④ My mother <u>made</u> me stop playing games.

⑤ The advertisement <u>made</u> me buy the product.

8 주어진 문장과 가장 의미가 유사한 것은?

> I'm sorry I didn't encourage her.

① Make sure to encourage her.

② I cannot have encouraged her.

③ I should have encouraged her.

④ I will be able to encourage her.

⑤ You don't have to encourage her.

9 우리말에 맞도록 주어진 표현을 바르게 배열하시오.

> 그는 내가 약속을 어겼다고 오해했다.
> (misunderstood / he / I / that / broken / had / my promise)

➡ _____

10 우리말에 맞도록 괄호 안의 단어를 알맞은 형태로 쓰시오.

> 나는 그 카메라를 살 수도 있었는데.
> I could (buy) that camera.

➡ _____

11 어법상 어색한 곳을 찾아 바르게 고치고, 그 이유를 쓰시오.

> When we arrived, the sled have already disappeared.

정답: _____ ➡ _____

이유: _____

_____

12 우리말에 맞도록 괄호 안의 단어를 활용하여 빈칸에 알맞은 말을 쓰시오.

> 나는 사람들이 밖에서 대화하는 것을 들었다.
> ➡ I heard people _____ outside.
> (talk)

13 주어진 표현을 바르게 배열하여 문장을 완성하시오.

> shouldn't / everything / you / him / let / decide

➡ _____

14 괄호 안의 단어를 배열하여 문장을 완성하시오. (단, 하나는 사용하지 말 것)

> Over the past few decades, I _____
> _____ on this issue.
> (of / hundreds / have / will / suggestions / made)

[15~16] 다음 글을 읽고, 물음에 답하시오.

Not only the winners' fun studies but also the ceremony for the Ig Nobel Prizes (A)<u>사람들을 웃게 한다</u>. There are a number of interesting things that keep people from getting bored. The opening and closing speeches are just two words each: "Welcome. Welcome." and "Goodbye. Goodbye." If someone talks for too long, an eight-year-old girl (B)_____(call) Miss Sweetie Poo shouts repeatedly, "Please stop! I'm bored."

15 (A)의 우리말과 같도록 괄호 안의 단어를 바르게 배열하시오. (단, 필요할 경우 형태를 변형할 것)

➡ _____

(laugh, people, make)

16 빈칸 (B)에 알맞은 말을 괄호 안의 단어를 변형하여 쓰시오.

➡ _____

[17~18] 다음 글을 읽고, 물음에 답하시오.

Katherine Johnson worked hard and showed a talent in math, and her manager Al Harrison recognized her ability. One day, he got upset when Katherine was missing from her desk for too long. (A)<u>Al asked where Katherine have been, and she answered.</u> "The bathroom. There are no COLORED bathrooms in this building. I have to run half a mile away just to use the bathroom." Hearing this, Al Harrison (B)<u>breaks</u> down the "Colored Ladies Room" sign.

17 밑줄 친 (A)에서 어법상 어색한 부분을 찾아 고치시오.

_____ ➡ _____

18 밑줄 친 (B)를 글의 흐름에 맞게 고치시오.

➡ _____

적중 예상 전략 ❷

1 빈칸에 들어갈 말로 <u>어색한</u> 것은?

> The man _____ on the bench doesn't look familiar.

① sitting   ② lying

③ standing   ④ sleeping

⑤ stopped

2 빈칸에 알맞은 말이 순서대로 짝지어진 것은?

> I remember that we had a great time in the field, _____ at the shooting star. I knocked the olives down and my two sons helped me, _____ them up from the ground. I think we saved 27,000 lire by doing this work for ourselves.

     (A)   (B)

① look   – pick

② look   – picking

③ looked – pick

④ looking – pick

⑤ looking – picking

© Olga Khabarova/shutterstock

3 주어진 우리말을 영어로 바르게 옮긴 것은?

> 수단과 목적을 혼동하는 것은 어리석다.

① It is foolish mistake means for ends.

② It is foolish mistaken means for ends.

③ It is foolish to mistake means for ends.

④ That is foolish mistaken means for ends.

⑤ That is foolish to mistake means for ends.

4 밑줄 친 부분의 쓰임이 나머지 넷과 <u>다른</u> 것은?

① Do you remember <u>going</u> camping?

② The people <u>waiting</u> in line began to complain.

③ The man <u>eating</u> spaghetti called the waiter.

④ I looked at the girl <u>riding</u> a bicycle on the street.

⑤ The man <u>reading</u> a book dropped his wallet.

5 밑줄 친 부분이 어법상 어색한 것은?

① The letter written in Korean came from Amy.

② Many consumers buy products made in other countries.

③ The organization helps people suffering from hunger.

④ The blue pill swallowed by my dog is a painkiller.

⑤ I'm producing a new drama series consist of 15 episodes.

6 두 문장의 의미가 같도록 할 때 빈칸에 알맞은 것은?

The doctor answered my questions, but he had no knowledge on that subject.

➡ The doctor _____ my questions had no knowledge on that subject.

① answered

② to answer

③ answering

④ had answered

⑤ have answered

7 빈칸에 공통으로 들어갈 말은?

· I think _____ would be impossible to live without water.

· You may find _____ easy to apologize to others.

① it   ② that   ③ this

④ they   ⑤ what

8 밑줄 친 부분 중 어색한 것은?

My parents' dream was of me to get a
   ①   ②   ③
good education. So I ended up becoming
                        ④   ⑤
a professor.

9 다음 문장을 수동태 문장으로 바꿔 쓰시오.

His lecture often inspires us to think beyond the obvious.

➡ We _____

_____ .

10 밑줄 친 decorate를 알맞은 형태로 바꿔 쓰시오.

My professor used to wear a black vest top decorate with silver buttons.

➡ _____

11 우리말에 맞도록 괄호 안의 단어를 활용하여 빈칸에 알맞은 말을 쓰시오.

그의 잘못들을 덮으려고 해도 소용없었다.
➡ It was no use _____ to cover up his mistakes. (try)

12 두 문장의 의미가 같도록 빈칸에 알맞은 말을 쓰시오.

I participated in the festival, and I couldn't forget it.
➡ It was unforgettable _____ me _____ in the festival.

13 빈칸 (A), (B)에 주어진 동사의 알맞은 형태를 쓰시오.

I've been busy (A) _____ (study) for an exam recently, but I'm going to go skiing with my friends after the exam. It will be great (B) _____ (hang) out with my friends.

14 두 문장의 의미가 같도록 빈칸에 알맞은 말을 쓰시오.

The English teacher made me memorize the list of words.
➡ I was made _____ the list of words by the English teacher.

[15~16] 다음 글을 읽고, 물음에 답하시오.

Though ants do not speak like humans, they actually have a "language." (A) Ants produce a chemical to communicate with one another. By using the chemical, they can exchange information about food or danger. Ants also use touch for communication. For example, if an ant finds food, it passes on the good news by rubbing its body on its neighbor. Since an ant has (B) 매우 민감한 털로 덮인 다리를, it can sense even the smallest touch.

15 밑줄 친 (A)가 우리말에 맞도록 괄호 안의 표현을 포함하여 다시 쓰시오.

> 개미는 서로 의사소통을 하기 위해 페로몬이라고 불리는 화학물질을 생산한다.
> (called a pheromone)

➡ _____

_____

16 밑줄 친 (B)의 우리말과 같은 뜻이 되도록 주어진 단어들을 알맞은 순서로 배열하시오.

> sensitive / covered / legs / very / with / hairs

➡ _____

[17~18] 다음 글을 읽고, 물음에 답하시오.

(A) We call this tiny book "the Drinkable Book." You cannot actually drink the book, but you can use it as a filter. Simply tear out a page and pour dirty water on it. (B) Gone through the page, the water changes into clean drinking water. This is possible because the book is made of special filter paper. This amazing book saves the lives of many children from diseases that come from dirty water.

17 밑줄 친 (A)를 수동태 문장으로 바꿔 쓰시오.

➡ _____

18 밑줄 친 (B)를 어법에 맞게 고쳐 쓰시오.

➡ _____

단기간 고득점을 위한 2주

전략 질주

중학 전략

내신 전략 시리즈

국어/영어/수학

필수 개념을 꽉~ 잡아 주는 초단기 내신 대비서!

일등전략 시리즈

국어/영어/수학/사회/과학 (국어는 3주 1권 완성)

철저한 기출 분석으로 상위권 도약을 돕는 고득점 전략서!

book.chunjae.co.kr

교재 내용 문의 ························· 교재 홈페이지 ▶ 중학 ▶ 교재상담
교재 내용 외 문의 ····················· 교재 홈페이지 ▶ 고객센터 ▶ 1:1문의
발간 후 발견되는 오류 ·············· 교재 홈페이지 ▶ 중학 ▶ 학습지원 ▶ 학습자료실

실력 향상 필수학습!
고득점을 예약하자!

구문

영어전략

중학 3

BOOK 2

천재교육

영어전략

구문

영어전략
중학 3

BOOK 2

이 책의 구성과 활용

이 책은 3권으로 이루어져 있는데
본책인 BOOK1, 2의 구성은 아래와 같아.

주 도입

만화를 읽은 후 간단한 퀴즈를 풀며 한 주 동안 학습
할 구문을 익혀 봅니다.

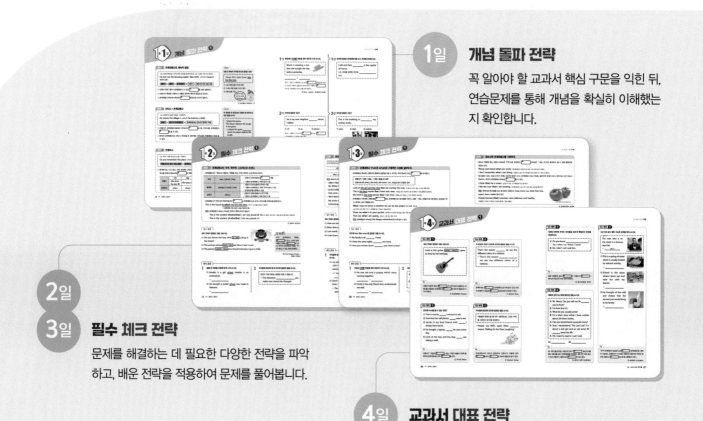

1일

개념 돌파 전략

꼭 알아야 할 교과서 핵심 구문을 익힌 뒤,
연습문제를 통해 개념을 확실히 이해했는
지 확인합니다.

2일

3일

필수 체크 전략

문제를 해결하는 데 필요한 다양한 전략을 파악
하고, 배운 전략을 적용하여 문제를 풀어봅니다.

4일

교과서 대표 전략

내신 기출 문제의 대표 유형을 풀어 보며 실제 학교 시험
유형을 익힙니다.

부록 | **시험에 잘 나오는 개념 BOOK**

부록은 뜯어서 미니북으로 활용하세요!
시험 전에 개념을 확실하게 짚어 주세요.

주 마무리와 권 마무리의 특별 코너들로
영어 실력이 더 탄탄해질 거야!

주 마무리 코너

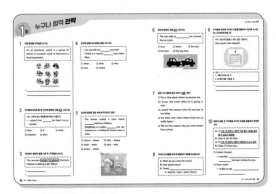

누구나 합격 전략

난이도가 낮은 문제들을 통해 앞서 학습한 내용에 대한 기초 이해력을 점검합니다.

창의·융합·코딩 전략

융복합적 사고력과 문제 해결력을 키울 수 있는 재미 있는 문제들을 풀어 봅니다.

권 마무리 코너

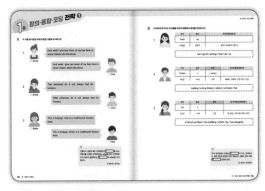

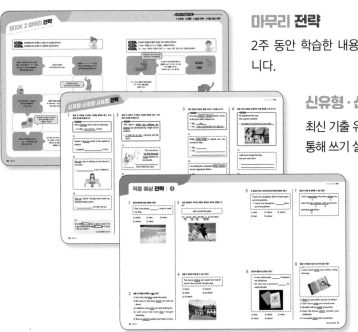

마무리 전략

2주 동안 학습한 내용을 이미지나 만화를 통해 총정리합니다.

신유형·신경향·서술형 전략

최신 기출 유형을 반영한 다양한 서술형 문제들을 통해 쓰기 실력을 키웁니다.

적중 예상 전략

실제 학교 시험 유형의 예상 문제를 풀며 실전에 대비합니다.

이 책의 차례

관계사 / 접속사

1 관계대명사의 계속적 용법

> I made a lemon cake decorated with lemon slices, which my mom loves.

대화에서 알 수 있는 사실은?
a. He loves the lemon cake decorated with lemon slices.
b. His mom loves the lemon cake decorated with lemon slices.

2 전치사 + 관계대명사

> My mom's birthday is the reason for which I made the lemon cake.

남자가 레몬 케이크를 만든 이유는?
a. 엄마의 생신이라서
b. 남자의 생일이라서

3 관계부사

This is the place _____ we are going to celebrate Mom's birthday.

대화의 빈칸에 알맞은 것은?
a. where
b. when

4 관계대명사·관계부사의 생략

Are we having another guest? The table is set for four.

It's for aunt Mary, who is coming here soon.

위 대화에서 생략할 수 있는 부분을 찾아 쓰시오.

개념 1 관계대명사의 계속적 용법

> 그는 내게 〈어메이징 스파이더맨〉 DVD를 빌려주었는데, 나는 그것을 아직 보지 않았다.
>
> He lent me *The Amazing Spider-Man* DVD, which I haven't seen yet.
>
> 선행사 + ,(콤마) + 관계대명사 ➡ 선행사 , 선행사에 대한 보충 설명

○ 선행사 뒤에 「콤마+관계대명사」가 오면 <u>❶   </u>를 보충 설명한다.

○ 선행사가 특정한 사람이나 사물인 경우에 계속적 용법으로 쓰인다.

○ 관계대명사 that과 what은 <u>❷   </u> 용법으로 쓰이지 않는다.

개념 2 전치사 + 관계대명사

> 그는 어렸을 때 살았던 마을을 그리워한다.
>
> He misses the village in which he lived as a child.
>
> 선행사 + 전치사+관계대명사 ➡ 관계대명사는 전치사의 목적어 역할

○ 선행사가 관계대명사절에서 전치사의 <u>❶   </u>일 때, 전치사를 관계대명사 <u>❷   </u>에 쓸 수 있다.

○ 목적격 관계대명사로 who나 that을 쓴 경우에는 전치사를 관계대명사 앞에 쓸 수 없다.

개념 3 관계부사

> 너는 우리가 처음 만났던 장소를 기억하니?
>
> Do you remember the place where we first met?
>
> 선행사(시간, 장소, 이유, 방법) + 관계부사 ➡ 관계부사는 절 안에서 부사 역할

○ 관계부사는 시간, 장소, 이유, 방법을 나타내는 선행사를 수식하는 절을 이끌며, 관계사절 안에서 접속사와 <u>❶   </u>의 역할을 한다.

선행사	시간	장소	이유	방법
	(the time, the day 등)	(the place 등)	(the reason)	(the way)
관계부사	when	where	why	❷

1-1 문장에서 <u>어색한</u> 부분을 찾아 바르게 고쳐 쓰시오.

Marie is wearing a hat, that she bought the day before yesterday.

_____ ➡ _____

풀이 | 「콤마+관계대명사」로 보아 **①**[____] 용법으로 쓰였다. that은 계속적 용법으로 쓰이지 않고 선행사가 **②**[____]이므로 관계대명사 which를 써야 알맞다.

🅰 that ➡ which / **①** 계속적 **②** 사물

1-2 빈칸에 알맞은 관계대명사를 쓰고, 해석을 완성하시오.

I will visit Paris, _____ is the capital of France.
나는 파리를 방문할 것인데, _____ 이다.

2-1 빈칸에 알맞은 것은?

He is my new neighbor _____ whom I talked.

① of   ② as   ③ about

풀이 | 선행사가 전치사의 **①**[____]이므로 「**②**[____] +관계대명사」의 형태로 써야 한다.

🅰 ③ / **①** 목적어 **②** 전치사

2-2 빈칸에 알맞은 것은?

This is the building in _____ my mother works.

① who   ② that   ③ which

© imtmphoto/shutterstock

3-1 빈칸에 알맞은 말을 〈보기〉에서 골라 쓰시오.

┌ 보기 ┐
how   when   where

2020 was the year _____ they got married.

풀이 | the year는 **①**[____]을 나타내는 선행사이므로 관계부사 **②**[____]을 써야 한다.

🅰 when / **①** 시간 **②** when

3-2 빈칸에 알맞은 말을 〈보기〉에서 골라 쓰시오.

┌ 보기 ┐
when   where   why   how

(1) Imagine the grocery store _____ you shop the most.

(2) I don't know the reason _____ he didn't attend the meeting.

개념 4 관계대명사 vs. 관계부사

내면의 아름다움이 내가 소중히 여기는 것이다.
Inner beauty is what I cherish.

`관계대명사` + `불완전한 문장` ➡ 목적어 필요

금요일은 모든 사람이 행복해하는 날이다.
Friday is the day when everybody is happy.

`관계부사` + `완전한 문장`

○ 관계대명사 뒤에는 ❶ [ ] 문장이 오고, 관계부사 뒤에는 ❷ [ ] 문장이 온다.

Quiz

괄호 안에서 알맞은 말을 고르시오.

It's normal to have some days (when / which) you feel down.

관계부사 뒤에는 완전한 문장이 온다는 것을 명심해!

🗝 ❶ 불완전한 ❷ 완전한 / when

개념 5 관계대명사 vs. 접속사

학생들은 선생님이 말씀하신 것을 따라 말했다.
The students repeated what the teacher said.

`관계대명사` + `불완전한 문장` ➡ what절이 목적어로 쓰임

사람들은 Tiger Woods가 세계 최고의 골프 선수라고 말한다.
People say that Tiger Woods is the world's greatest golfer.

`접속사` + `완전한 문장` ➡ that절이 목적어로 쓰임

○ 관계대명사 뒤에는 불완전한 문장이 오고, 접속사 뒤에는 ❶ [ ] 문장이 온다.

○ 명사절을 이끄는 접속사는 that, '~인지 (아닌지)'라는 뜻의 if / whether, 간접의문문을 만드는 ❷ [ ] 등이 있다.

Quiz

괄호 안에서 알맞은 말을 고르시오.

We thought (what / that) we could continue our project.

🗝 ❶ 완전한 ❷ 의문사 / that

개념 6 관계대명사·관계부사의 생략

무대 위에 있는 남자는 유명한 가수이다.
The man (who is) on the stage is a famous singer.

`주격 관계대명사` + `be동사` ➡ 생략

나는 맨홀 뚜껑이 둥근 이유를 안다.
I know the reason (why) manhole covers are round.

`일반적인 의미의 선행사` + `관계부사` ➡ 선행사나 관계부사 중 하나 생략

○ 「❶ [ ] 관계대명사+be동사」나 목적격 관계대명사는 생략이 가능하다.

○ 일반적인 의미의 the place, the time, the reason 등이 선행사로 오면 선행사와 관계부사 중 ❷ [ ] 를 생략할 수 있다.

Quiz

두 문장의 뜻이 같도록 빈칸에 알맞은 말을 쓰시오.

The book I'm reading is interesting.
➡ The book _____ I'm reading is interesting.

🗝 ❶ 주격 ❷ 하나 / which(that)

4-1 괄호 안에서 알맞은 것을 고르시오.

(1) That's the reason (why / what) you got fired.

(2) That's (why / what) I have been looking for.

풀이 | (1) 선행사가 the reason이고 괄호 뒤에 ❶ [　　　] 문장이 오므로 관계부사 why가 알맞다. (2) 전치사 for의 목적어가 없는 ❷ [　　　] 문장이 괄호 뒤에 나오므로 선행사를 포함하고 있는 관계대명사 what이 알맞다.

🔑 (1) why (2) what / ❶ 완전한 ❷ 불완전한

4-2 빈칸에 알맞은 관계대명사나 관계부사를 쓰시오.

(1) Unfortunately, it is a problem _____ no one expected.

➡ _____

(2) There's no place _____ I can hide.

➡ _____

5-1 빈칸에 알맞은 말을 〈보기〉에서 골라 쓰시오.

┌ 보기 ──────────────────┐
　　　　that　　　　what
└──────────────────────┘

(1) The problem is _____ I forgot my password.

(2) We could not understand _____ the teacher explained.

풀이 | (1) 빈칸 뒤에 ❶ [　　　] 문장이 오므로 접속사 that이 알맞다. (2) explained 뒤에 목적어가 없는 ❷ [　　　] 문장이 오고 선행사가 없으므로 선행사를 포함한 관계대명사 what을 써야 한다.

🔑 (1) that (2) what / ❶ 완전한 ❷ 불완전한

5-2 우리말에 맞도록 주어진 표현을 바르게 배열하여 문장을 완성하시오.

┌──────────────────────────────┐
박물관이 오늘 문을 여는지를 알 방법이 있나요?

(the museum / whether / is)

➡ Is there a way to know _____
_____ open today?
└──────────────────────────────┘

© Valikdjan/shutterstock

6-1 ①~③ 중 생략 가능한 것은?

┌──────────────────────────────┐
I know the reason why she left.
　　　　　　①　　　　②　　　③
└──────────────────────────────┘

풀이 | 일반적인 의미의 선행사가 오면 선행사나 관계부사 중 하나를 생략할 수 있다. 따라서 선행사 ❶ [　　　]이나 관계부사 ❷ [　　　]를 생략할 수 있다.

🔑 ② / ❶ the reason ❷ why

6-2 ①~③ 중 생략 가능한 것을 고르고, 그 이유를 쓰시오.

┌──────────────────────────────┐
It was my father's old cell phone which
　　　　　　①　　　　　　②　　　　　③
he had lost at the theater.
└──────────────────────────────┘

➡ _____

➡ _____

CHECK UP

> I have two bags, (that / which) are purple and pink.

- **구문** 관계대명사의 ❶ [　　　] 용법은 선행사에 대한 보충 설명이므로 글의 순서대로 해석하고, ❷ [　　　] 은 계속적 용법으로 쓰지 않는다.
- **해석** 나는 가방이 두 개 있는데, 그것들은 자주색과 분홍색이다.

답 which / ❶ 계속적 ❷ that

CHECK UP

> I hate some people (whom / with whom) I worked.

- **구문** 선행사가 관계대명사 절에서 전치사의 ❶ [　　　] 일 때, 전치사를 관계대명사 ❷ [　　　] 에 쓸 수 있다.
- **해석** 나는 함께 일했던 몇 명의 사람들을 싫어한다.

답 with whom / ❶ 목적어 ❷ 앞

CHECK UP

© ballmanshow368/shutterstcok

> I can't remember the date (when / why) we took a trip to Rome.

- **구문** 시간을 나타내는 선행사 the date를 수식하는 절을 이끄는 ❶ [　　　] when은 관계사 절 안에서 접속사와 ❷ [　　　] 의 역할을 한다.
- **해석** 나는 우리가 로마를 여행했던 날짜를 기억할 수가 없다.

답 when / ❶ 관계부사 ❷ 부사

---

1 빈칸에 알맞은 것을 〈보기〉에서 골라 쓰시오.

> ┌ 보기 ┐
> that　　　which　　　who

(1) Teddy Roosevelt had four sons, _____ served in World War I.

(2) I bought a new fan, _____ was not as cool as I expected.

2 우리말에 맞도록 할 때 빈칸에 알맞은 것은?

> 우리가 목표를 이룰 수 있는 여러 가지 방법이 있다.
> ➡ There are many ways _____ we can achieve our goals.

① who　　　　② which　　　　③ in which
④ what　　　　⑤ in that

3 관계부사에 밑줄을 긋고, 문장을 우리말로 쓰시오.

(1) The reason why Jisu is always tired is lack of sleep.

　➡ _____

(2) This is the hotel where my favorite actor stayed.

　➡ _____

CHECK UP

(1) The store doesn't have the backpack (which / what) I want.

(2) Tell me (the way / the way how) he won an award.

· 구문 **❶** [　　　] 뒤에는 불완전한 문장이 오고, **❷** [　　　] 뒤에는 완전한 문장이 온다.

· 해석 (1) 그 상점은 내가 원하는 배낭이 없다.
(2) 그가 상을 받은 방법을 내게 말해 봐.

📋 (1) which (2) the way / ❶ 관계대명사 ❷ 관계부사

CHECK UP

(1) I can't believe (that / what) I heard yesterday.

(2) You should ask (if / that) he knows the truth or not.

· 구문 관계대명사 뒤에는 **❶** [　　　] 문장이 오고, 접속사 뒤에는 **❷** [　　　] 문장이 온다.

· 해석 (1) 나는 어제 내가 들었던 것을 믿을 수가 없다.
(2) 그가 진실을 알고 있는지 아닌지를 너는 물어 봐야 한다.

📋 (1) what (2) if / ❶ 불완전한 ❷ 완전한

CHECK UP

(1) The bag (　　　) you are looking at is my favorite.

(2) I don't know the reason (　　　) he decided to resign.

· 구문 「주격 관계대명사+be동사」나 **❶** [　　　] 관계대명사는 생략이 가능하고, 일반적인 의미의 선행사와 관계부사 중 하나를 **❷** [　　　] 할 수 있다.

· 해석 (1) 당신이 보고 있는 그 가방이 내가 가장 좋아하는 것이다.
(2) 나는 그가 사임을 결정했던 그 이유를 모르겠다.

📋 (1) which(that) (2) why / ❶ 목적격 ❷ 생략

4 우리말에 맞도록 알맞은 관계대명사나 관계부사를 추가하여 괄호 안의 말을 배열하시오.

(1) Timothy는 애완동물들이 훈련받는 특별학교로 갔다.
　(get trained / pets)

　➡ Timothy went to a special school _____
　_____.

(2) 산책하고 있는 저 소년과 개를 봐라. (are / a walk / taking)

　➡ Look at the boy and his dog _____
　_____.

5 빈칸에 알맞은 말을 쓰고, 접속사인지 관계대명사인지 표시하시오.

(1) She remembered _____ she had seen the actor before.

　☐ 접속사　　　　　☐ 관계대명사

(2) This is all the money _____ I have.

　☐ 접속사　　　　　☐ 관계대명사

6 문장에서 생략할 수 있는 부분을 찾아 밑줄을 긋고 이유를 쓰시오.

(1) Do you know the man who is talking to Mary?

　➡ _____

(2) This is the place where we used to play hide-and-seek.

　➡ _____

전략 1 관계대명사는 주격, 목적격, 소유격으로 쓰인다.

- 관계대명사는 「접속사+대명사」 역할을 하고, 주격, 목적격, 소유격으로 쓰인다.

주격	who / which / that	• 선행사가 관계사절에서 ❶ [　　] 역할 • 「선행사+관계대명사」 뒤에 '동사'가 옴
목적격	who(m) / which / that	• 선행사가 관계사절에서 목적어 역할 • 「선행사+관계대명사」 뒤에 「주어+동사」가 옴 • 관계대명사를 생략할 수 있음
소유격	whose	• 선행사가 관계사절에서 소유격 역할 • 「선행사+관계대명사」 뒤에 '명사'가 옴

- 관계대명사가 전치사의 목적어일 때 「❷ [　　]+관계대명사」로 쓰거나 전치사를 관계사절 끝에 쓴다.

This is the house **in which** my son was born. 여기가 내 아들이 태어난 집이다.

= **which** my son was born **in**.

주의 관계대명사 who나 that은 전치사 뒤에 쓰이지 않는다.

This is the student **who(m)〔that〕** I am very proud **of**. (O) 이 사람은 내가 매우 자랑스럽게 생각하는 학생이다.

This is the student **of who〔that〕** I am very proud. (×)

답 ❶ 주어 ❷ 전치사

필수 예제

네모 안에서 알맞은 것을 고르시오.

(1) Do you know the boy who is / are crying in the street?

(2) The woman whose eyes / you are blue is Sam's aunt.

(3) The person which / who you should interview is just a child.

문제 해결 전략

주격 관계대명사 뒤에는 ❶ [　　]가 오고, 소유격 관계대명사 뒤에는 ❷ [　　]가 온다. 목적격 관계대명사 뒤에는 「주어+동사」가 오는 것에 유의한다.

답 (1) is (2) eyes (3) who /
❶ 동사 ❷ 명사

확인 문제

1 밑줄 친 부분을 어법에 맞게 고쳐 쓰시오.

(1) Amelia is a girl <u>whom</u> mother is an entertainer.

➡ ＿＿＿＿＿＿＿

(2) Jim bought a jacket <u>whose</u> was made in Vietnam.

➡ ＿＿＿＿＿＿＿

2 우리말에 맞도록 할 때 빈칸에 알맞은 말을 쓰시오.

> 당신이 지금 내리는 결정은 바꿀 수 없습니다.

➡ The decisions ＿＿＿＿＿＿ you make now cannot be changed.

전략 2 관계대명사는 한정적 용법과 계속적 용법이 있다.

한정적 용법	계속적 용법
선행사를 직접 수식	특정한 사람이나 사물의 선행사를 보충 설명
관계대명사 앞에 콤마(,) 없음	관계대명사 앞에 콤마(,) 있음
관계대명사 생략 가능	관계대명사 생략 불가
who, which, whose, what, that	who, which, whose

주의 that과 what은 계속적 용법으로 쓸 수 없다.

• 선행사가 특정한 사람이나 사물인 경우에 계속적 용법을 쓸 수 있고, ❶[＿＿＿＿]를 보충 설명한다.

Mr. White has two sons, **who** are lawyers. White 씨는 아들이 둘인데, 그들은 변호사이다.

• 앞 문장 전체를 선행사로 할 때는 계속적 용법의 관계대명사 which를 쓴다.

Dad came early, **which** made me happy. 아빠가 일찍 오셨는데, 그것은 나를 기쁘게 했다.

• 계속적 용법의 관계대명사는 「❷[＿＿＿＿](and, but 등)+대명사」로 바꿔 쓸 수 있다.

My uncle recommended *Sherlock Holmes*, **which**(=**and it**) was very interesting. 삼촌은 〈셜록 홈스〉를 추천해 주셨고, 그것은 정말 흥미진진했다.

© Leo_Travelling/shutterstock

🔑 ❶ 선행사 ❷ 접속사

필수 예제

네모 안에서 알맞은 것을 고르시오.

(1) Here are some tips [who / which] may help you.

(2) Brian does a lot of walking, [that / which] keeps his healthy.

(3) Last month, my sister bought a skirt, [and it / and she] doesn't fit anymore.

(4) I met Grace, [who / what] I hadn't seen for ages.

문제 해결 전략

계속적 용법의 관계대명사는 「❶[＿＿＿＿]+대명사」로 바꿔 쓸 수 있고, that과 what은 ❷[＿＿＿＿] 용법으로 쓸 수 없다.

🔑 (1) which (2) which (3) and it (4) who / ❶ 접속사 ❷ 계속적

확인 문제

1 우리말에 맞도록 주어진 단어들을 활용하여 문장을 완성하시오.

(1) 나는 트렁크를 잃어버렸고, 그것이 여행을 망쳤다.

(which / ruin / trip)

➡ I lost my trunk, ＿＿＿＿＿＿＿＿.

© Danny Smythe/shutterstcok

(2) Sam이 내게 보여주었던 그림들은 아름다웠다.

(that / show)

➡ The paintings ＿＿＿＿＿＿＿ were beautiful.

2 두 문장의 의미가 같도록 빈칸을 완성하시오.

(1) Brian was named after his grandfather, who died a year ago.

➡ Brian was named after his grandfather, ＿＿＿＿＿ ＿＿＿＿＿ died a year ago.

(2) We recommend this model, and it looks like a bear.

➡ We recommend this model, ＿＿＿＿＿ looks like a bear.

전략 3 관계부사는 「전치사+관계대명사」로 바꿔 쓸 수 있다.

- 관계부사는 시간, 장소, 이유, 방법을 나타내는 선행사를 수식하며, 문장 내에서 「접속사+부사」의 역할을 한다. 관계부사는 「❶＿＿＿＿＿＿+관계대명사」로 바꿔 쓸 수 있다.

선행사	시간	장소	이유	방법
관계부사	where	when	why	how
전치사+관계대명사	at / on / in which		❷＿＿＿ which	in which

This is the city, **and** my parents are traveling **in the city**. 〈접속사+부사(구)〉

➡ This is the city **in which** my parents are traveling. 〈전치사+관계대명사〉

➡ This is the city **where** my parents are traveling. 〈관계부사〉 이곳은 부모님이 여행 중이신 도시이다.

주의 계속적 용법일 때에는 「전치사+관계대명사」로 바꿔 쓰지 않는다.

답 ❶ 전치사 ❷ for

필수 예제

밑줄 친 부분을 관계부사로 고쳐 쓰시오.

(1) Wednesday is the day <u>on which</u> I'm busiest.

➡ ＿＿＿＿＿＿＿＿

(2) Tell me the reason <u>for which</u> you didn't read my letter to the end.

➡ ＿＿＿＿＿＿＿＿

(3) My friends and I went to the park <u>at which</u> we first met.

➡ ＿＿＿＿＿＿＿＿

문제 해결 전략

접속사와 ❶＿＿＿의 역할을 하는 관계부사는 앞에 있는 선행사를 수식한다. 관계부사는 「❷＿＿＿+관계대명사」로 바꿔 쓸 수 있다.

답 (1) when (2) why (3) where / ❶ 부사 ❷ 전치사

확인 문제

1 두 문장을 한 문장으로 연결할 때 빈칸에 알맞은 말을 쓰시오.

She told us the way.

She raised money in the way.

➡ She told us ＿＿＿＿＿ she raised money.

➡ She told us the way ＿＿＿＿ ＿＿＿＿ she raised money.

© kckate16/shutterstcok

2 어법상 어색한 부분을 찾아 바르게 고쳐 쓰시오.

The house in where Mozart was born is now one of the most popular museums in the world.

＿＿＿＿＿＿ ➡ ＿＿＿＿＿＿

전략 **4** 선행사와 함께 쓰이지 않는 관계부사에 유의한다.

- the time, the place, the reason과 같이 선행사가 일반적인 의미일 때 선행사와 관계부사 중 하나를 [❶   ]할 수 있다.

Spring is **(the time) when** the garden is most beautiful.
봄은 정원이 가장 아름다운 때이다.

- 선행사 the way와 [❷   ]을 나타내는 관계부사 how는 함께 쓸 수 없고, 둘 중 하나만 쓴다.

This is **the way(how)** the accident happened. 그 사고는 이렇게 해서 일어난 것이다.

답 ❶ 생략 ❷ 방법

필수 예제

빈칸에 알맞은 말을 〈보기〉에서 골라 한 번만 사용하여 쓰시오.

┌ 보기 ┐
| when | town | way | where |

(1) This is the _____ he invented a robotic firefighter.

(2) This is the _____ I spent my childhood.

(3) Today is _____ we will start a new semester.

(4) My parents live in a village _____ there are no hospitals.

확인 문제

1 우리말에 맞도록 주어진 단어들을 바르게 배열하시오.

┌─────────────────────┐
9월은 나의 학교가 개학하는 달이다.
➡ September is _____.
(my school / the month / starts / when)
└─────────────────────┘

© Getty Images Korea

2 문장에서 어색한 부분을 찾아 바르게 고쳐 쓰시오.

(1) You need to learn the way how animals think and act.

_____ ➡ _____

(2) 1876 was the year why A. G. Bell invented the telephone.

_____ ➡ _____

1 네모 안에서 알맞은 표현을 골라 쓰시오.

> The soccer ball (A) who / which is on the desk is from Messi, (B) who / which Amy met after a big soccer game.

(A) _____ (B) _____

2 밑줄 친 부분의 쓰임이 어법상 어색한 것은?

① Susan ate a sandwich <u>which</u> her son made.

② This is the staff <u>who</u> will take charge of this project.

③ I have to visit the place <u>which</u> the exhibition is held.

④ I know a girl <u>whose</u> sister is a famous singer.

⑤ She talked about parents <u>who</u> force their children to try a new food.

3 우리말을 영어로 바르게 옮긴 것을 모두 고르시오.

> 파리는 당신이 에펠탑을 볼 수 있는 도시이다.

① Paris is the city you can see the Eiffel Tower.

② Paris is the city when you can see the Eiffel Tower.

③ Paris is the city where you can see the Eiffel Tower.

④ Paris is the city why you can see the Eiffel Tower.

⑤ Paris is the city in which you can see the Eiffel Tower.

[4~5] 다음 글을 읽고, 물음에 답하시오.

Words

century 세기
near and far 사방에서
quickly 재빨리, 빠르게
at any time 언제든지
flat 납작한, 평평한
slice 조각

In the 18th century, (A) <u>Naples was a large city that there were many jobs.</u> Workers from near and far came to the city, and (B) <u>what they needed in their busy lives was food they could eat quickly at any time.</u> Cooks in Naples began to put tomato and other toppings on flat bread and sold slices of pizza on the street. The street food was so cheap and delicious that workers ate it for breakfast, lunch, and dinner.

© Nail Bikbaev/shutterstock

4 밑줄 친 (A)에서 어색한 표현을 찾아 바르게 고쳐 쓰시오.

_____ ➡ _____

5 밑줄 친 (B)에서 생략된 내용을 넣어 문장을 다시 쓰시오.

➡ _____

_____

전략 1 관계대명사 that과 what의 구체적인 쓰임을 알아두자.

- 관계대명사 that은 선행사의 종류에 상관없이 쓸 수 있지만, 주로 that만 쓰는 ❶ [　　　]에 유의한다.

> 선행사가 「사람＋사물」, 「사람＋동물」인 경우
> 선행사에 all, every, the only, the same, 서수, 최상급 등이 포함된 경우

Look at the girl and the dog **that** are coming this way. 이 쪽으로 오고 있는 소녀와 개를 봐라.

This is the best movie **that** I have ever seen. 이것은 내가 지금까지 본 것 중에서 가장 훌륭한 영화이다.

My mom is the only person **that** I can trust. 엄마는 내가 믿을 수 있는 유일한 사람이다.

- 관계대명사 what은 선행사를 ❷ [　　　]하는 관계대명사로 명사절을 이끈다. 보통 '~하는 것(들)'으로 해석하며, 문장에서 주어, 목적어, 보어 역할을 한다.

What I want to know is whether he can do the project or not. 〈주어〉
내가 알고 싶은 것은 그가 그 과제를 할 수 있는지 없는지이다.

Show me **what** is in your pocket. 〈목적어〉 네 주머니에 있는 것을 내게 보여 줘.

That was **what** I am saying. 〈보어〉 그게 내가 말한 거야.

주의 관계대명사 what은 the thing(s) which(that)로 바꿔 쓸 수 있다.

답 ❶ 선행사 ❷ 포함

필수 예제

빈칸에 that 또는 what 중 알맞은 것을 쓰시오.

(1) My family is all _____ I have.

(2) I have the same rights _____ you have.

(3) Have you written down _____ you need to buy?

문제 해결 전략

선행사에 all, every, the only, the same, 서수, 최상급 등이 포함된 경우 관계대명사는 ❶ [　　　]을 주로 쓴다. 관계대명사 what은 ❷ [　　　]를 포함하며, 문장에서 주어, 목적어, 보어로 쓰인다.

답 (1) that (2) that (3) what /
❶ that ❷ 선행사

확인 문제

1 어법상 어색한 부분을 찾아 바르게 고쳐 쓰시오.

(1) He saw me and a puppy which were running together.

_____ ➡ _____

(2) Cindy is the only friend who understands me well.

_____ ➡ _____

2 대화의 빈칸에 알맞은 말을 쓰시오.

> A: Who can remember _____ we learned?
> B: Last time we learned how to introduce ourselves.

➡ _____

전략 2 접속사와 관계대명사를 구분하자.

- 접속사 역할을 하는 의문사 what은 '무엇'으로 해석하고, ❶_____ what은 '~하는 것'으로 해석한다. 둘 다 뒤에 불완전한 문장이 온다.

  Please read aloud **what** you wrote. 〈관계대명사〉 당신이 쓴 것을 소리 내어 읽어 주세요.

  I don't remember **what** I was doing. 〈의문사〉 나는 내가 무엇을 하고 있었는지 기억나지 않는다.

- 명사절을 이끄는 접속사 that 뒤에는 완전한 문장이 오고, 관계대명사 that 뒤에는 불완전한 문장이 온다. 목적어로 쓰인 접속사 that이나 목적격 관계대명사 that은 ❷_____ 할 수 있다.

  I think (**that**) he is smart. 〈접속사〉 나는 그가 똑똑하다고 생각한다.

  I like the coat (**that**) I am wearing. 〈관계대명사〉 나는 내가 입고 있는 코트를 좋아한다.

  주의 목적어로 that절을 쓰는 동사로는 believe, hope, know, say, think, find, hear, expect, learn, realize 등이 있다.

  People learned (**that**) tomatoes were delicious and healthy.

  사람들은 토마토가 맛있고 건강에 좋다는 것을 배웠다.

© Nik Merkulov/shutterstcok

답 ❶ 관계대명사 ❷ 생략

필수 예제

네모 안에서 어법상 알맞은 것을 고르시오.

(1) He thought that / what nobody would notice his mistake.

(2) I want to know that / what I should do next.

문제 해결 전략

관계대명사 뒤에는 ❶_____ 문장이 오고, 접속사 뒤에는 ❷_____ 문장이 온다.

답 (1) that (2) what /
❶ 불완전한 ❷ 완전한

© ANURAK PONGPATIMET/shutterstcok

확인 문제

1 밑줄 친 부분의 역할을 고르시오.

(1) Some people just don't value <u>what</u> they have.

☐ 관계대명사　　☐ 접속사

(2) I wonder <u>what</u> her phone number is.

☐ 관계대명사　　☐ 접속사

2 빈칸에 공통으로 알맞은 단어를 쓰고 관계대명사인지 접속사인지 고르시오.

(1) I realized _____ I was listening to music with my earphones.

☐ 관계대명사　　☐ 접속사

(2) Music is the subject _____ I love the most.

☐ 관계대명사　　☐ 접속사

전략 3 **간접의문문은 명사절을 이끌며 주어, 목적어, 보어 역할을 한다.**

· 의문사로 시작하는 간접의문문은 접속사 역할을 하는 명사절로 주어, 목적어, 보어로 쓰인다.

의문사가 있는 간접의문문: 의문사+주어+동사 ~	· what(무엇), who(누가), when(언제), where(어디에), why(왜), how(어떻게) 등의 의문사 명사절을 ❶ [_____]이라고 한다. · 주절의 동사가 think, believe, guess, imagine, suppose가 올 때에는 「의문사+do you think+주어+동사 ~?」의 형태로 쓴다.

The woman told me **why** she was crying. 그 여자는 자기가 왜 울고 있는지 내게 말해 주었다.

What do you think this is? 당신은 이게 뭐라고 생각해요?

· 의문사가 없는 간접의문문에 쓰이는 접속사 if, whether는 '~인지 (아닌지)'라는 의미로 쓰인다.

의문사가 없는 간접의문문: if / whether+주어+동사 ~	· 의문사가 없는 간접의문문은 if나 ❷ [_____]를 쓰고 ask, tell, wonder 뒤에 온다. · if절은 보통 목적어로만 쓰임에 유의한다.

Whether he leaves or not is not important. 그가 떠나든 안 떠나든 중요하지 않다.

I want to know **if** Susan liked the musical *Aida*. 나는 Susan이 뮤지컬 〈아이다〉를 좋아했는지 알고 싶다.

답 ❶ 간접의문문 ❷ whether

필수 예제

네모 안에서 알맞은 것을 고르시오.

(1) Santa Claus knows if / that you've been bad or good.

(2) Can you guess what / why Mira is smiling?

문제 해결 전략

의문사가 없는 간접의문문에 쓰인 if나 ❶ [_____]는 '~인지 아닌지'의 의미이다. 의문사가 있는 간접의문문은 주어와 동사의 ❷ [_____]에 유의해야 한다.

답 (1) if (2) why / ❶ whether ❷ 어순

확인 문제

1 빈칸에 알맞은 것을 <u>모두</u> 고르시오.

> You may wonder _____ you can buy just a few flowers at the Aalsmeer Flower Market.

① if
② who
③ which
④ what
⑤ whether

2 두 문장을 한 문장으로 연결할 때 빈칸에 알맞은 말을 쓰시오.

> Could you tell me?
> When will the next bus come?

➡ Could you tell me _____

_____?

전략 4 문장에서 생략된 관계대명사나 관계부사를 찾아보자.

- 「주격 관계대명사+be동사」나 목적격 관계대명사는 ❶[____]할 수 있다.

  The boy **(who is)** sitting next to Jihee is my best friend, Junsu.

  지희 옆에 앉아 있는 소년이 나의 가장 친한 친구인 준수이다.

  Mary Jackson was the character **(who)** I liked the most of the three.

  Mary Jackson은 셋 중에 내가 가장 좋아하는 인물이었다.

- the day, the place, the reason 등과 같이 일반적 의미의 ❷[____]가 올 때 선행사나 관계부사 중 하나를 생략할 수 있다.

  I remember **(the day) when** I got a letter from a girl living in England.

  난 영국에 살고 있는 한 소녀로부터 편지를 받았던 그 날을 기억한다.

- 방법의 관계부사 how는 선행사 the way와 함께 쓰지 않고 둘 중 하나만 쓸 수 있다.

  I want to know **the way**〔**how**〕 you solved the problem.

  나는 네가 그 문제를 해결한 방법을 알고 싶다.

© Yurchenko Yulia/shutterstock

🔒 ❶ 생략 ❷ 선행사

필수 예제

다음 문장에서 생략할 수 있는 부분을 찾아 괄호로 표시하시오.

(1) This is a small picture which is called an *emoji*.

(2) At the end of the day, I had to admit that the lot looked much better.

(3) Lake Park is the place where my family likes to go for a walk.

문제 해결 전략

「주격 관계대명사+be동사」나 ❶[____] 관계대명사, 목적어로 쓰인 접속사 that 등은 생략할 수 있다. 일반적 의미의 선행사를 수식하는 관계부사는 선행사나 ❷[____] 중 하나를 생략할 수 있다.

🔒 (1) which is (2) that
(3) the place 또는 where /
❶ 목적격 ❷ 관계부사

확인 문제

1 우리말에 맞도록 빈칸에 알맞은 말을 쓰시오.

> 3월 14일은 전 세계 사람들이 파이데이를 기념하는 날이다.

➡ March 14 is _____ _____ people around the world celebrate Pi Day.

2 빈칸에 생략된 부분을 쓰고 해석하시오.

(1) The bag _____ she bought is expensive.

➡ _____

(2) I like the restaurant _____ famous for pizza.

➡ _____

1 대화를 읽고, 빈칸에 알맞은 말을 보기에서 골라 쓰시오.

> **A**: Can you tell me (A) _____ your best friend is?
> **B**: Sure. Jim is my best friend.
> **A**: Do you know (B) _____ he lives?
> **B**: No, I don't. He recently moved.
> **A**: Then please tell me (C) _____ you usually do with him after school.
> **B**: We usually play basketball.

> where   when   what   why   who   how

문제 해결 전략

의문사절이 목적어로 사용되는 **❶**_____이 쓰였다. 의문문과 달리 간접의문문은 「의문사＋주어＋동사」의 **❷**_____으로 쓰이므로 순서에 유의한다.

답 ❶ 간접의문문 ❷ 어순

2 밑줄 친 부분의 쓰임이 <u>다른</u> 하나는?

① Don't care <u>what</u> others think.

② Can you guess <u>what</u> my dad is cooking?

③ That's <u>what</u> I need to learn from her.

④ Check carefully <u>what</u> is real and what is fake.

⑤ Please tell me <u>what</u> you ate for lunch yesterday.

문제 해결 전략

간접의문문으로 쓰인 what은 '**❶**_____'의 의미이고, 관계대명사로 쓰인 what은 '～한 **❷**_____'의 의미이다.

답 ❶ 무엇 ❷ 것

3 우리말과 같도록 알맞은 관계대명사와 주어진 말을 활용하여 문장을 완성하시오.

> 그 남자는 경찰에게 그가 알고 있는 모든 것을 말하지 않았다.
> (everything, know)

➡ The man didn't tell the police _____

_____.

문제 해결 전략

선행사가 「**❶**_____＋사물/동물」이거나, 선행사에 all, every, the only, the same, 서수, 최상급 등이 포함된 경우 관계대명사는 **❷**_____을 써야 한다.

답 ❶ 사람 ❷ that

[4~5] 다음 글을 읽고, 물음에 답하시오.

Words

mean 의미하다
traffic light 신호등
uniform 유니폼, 교복
cheer 응원하다
meaning 의미
passionate 열정적인

Do you know (A)_____ the color red means?

* Red on a traffic light means "Stop."

* This is the uniform of the Reds, who cheer for the Korean soccer team. Red means "power" on this uniform.

* Of all the meanings of red, "love" is my favorite. (B)These red roses I like mean passionate love.

4 (A)의 빈칸에 알맞은 것은?

① what   ② which   ③ that

④ who   ⑤ whom

문제 해결 전략

"빨강 색이 무엇을 의미하는지 아니?"라는 의미이므로 간접의문문의 의문사 [❶_____]이 와야 하고, 「의문사+주어+[❷_____]」의 어순으로 써야 한다.

답 ❶ what ❷ 동사

5 밑줄 친 (B)에서 생략된 관계대명사를 넣어서 문장을 다시 쓰고 해석하시오.

➡ _____

➡ _____

문제 해결 전략

[❶_____] 관계대명사는 생략할 수 있으므로 선행사가 사물일 때 쓰는 목적격 관계대명사 which나 [❷_____]이 생략되었다.

답 ❶ 목적격 ❷ that

대표 예제 1

네모 안에서 알맞은 것을 고르시오.

Look at this guitar, what / which I gave to Amy for her birthday.

Tip

선행사 다음에 「콤마+❶   」가 오면 계속적 용법이고, 선행사를 포함하는 관계대명사 ❷   은 계속적 용법으로 쓰이지 않는다.

답 ❶ 관계대명사 ❷ what

대표 예제 2

두 문장의 의미가 같도록 빈칸에 알맞은 말을 쓰시오.

That's the reason _____ we see the different colors of a rainbow.

➡ That's the reason _____ _____ we see the different colors of a rainbow.

Tip

관계부사는 「❶   +관계대명사」로 바꿔 쓸 수 있고, 이유의 관계부사 why는 ❷   which로 바꿔 쓸 수 있다.

답 ❶ 전치사 ❷ for

대표 예제 3

빈칸에 that을 쓸 수 있는 것은?

① That is exactly _____ I wanted to ask.
② Sumi lost her cell phone, _____ case is red.
③ James is my best friend with _____ I always have lunch.
④ He bought a laptop, _____ he uses every day.
⑤ Look at the boy and the dog _____ are taking a walk.

Tip

선행사가 「사람과 ❶   」 또는 「사람과 동물」이 함께 올 경우에 관계대명사는 주로 ❷   을 쓴다.

답 ❶ 사물 ❷ that

대표 예제 4

우리말에 맞도록 빈칸에 알맞은 말을 쓰시오.

사람들은 ROFL을 꽤 자주 사용하는데, 그것은 '바닥을 구르면서 웃기'를 의미한다.

➡ People use ROFL quite often, _____ means "Rolling On the Floor Laughing."

Tip

관계대명사의 계속적 용법에서 선행사가 사물일 경우 ❶   를 쓴다. ❷   은 계속적 용법으로 쓸 수 없다.

답 ❶ which ❷ that

대표 예제 5

대화의 빈칸에 주어진 단어들을 바르게 배열하여 문장을 완성하시오.

> A: Do you know _____?
>   (he / when / to / Korea / came)
> B: No, I don't. Let's ask him.

Tip

일반 의문문과 달리 [①____]은 「의문사+[②____]+동사」의 어순으로 쓰는 것에 유의한다.

🔖 ❶ 간접의문문 ❷ 주어

대표 예제 6

대화의 빈칸 (A), (B)에 들어갈 말을 쓰시오.

> A: Mr. Henry. Can you tell me (A) _____ you're from?
> B: I'm from the U.S.
> A: What do you usually write?
> B: I'm a short story writer. I have written about 300 short stories.
> A: Can you recommend a popular story?
> B: Sure. I recommend "The Last Leaf." It's about a sick girl and an old artist (B) _____ saves her life.
> A: Oh, I want to read it. I can't wait.

(A) _____   (B) _____

Tip

(A) 미국 출신이라는 대답으로 보아 '[①____]' 출신인지를 묻는 의문사를 넣어 간접의문문을 완성한다. (B) 빈칸 뒤에 동사가 오고 선행사가 사람이므로 [②____]가 와야 한다.

🔖 ❶ 어디 ❷ 주격 관계대명사

대표 예제 7

〈보기〉와 같이 생략 가능한 표현을 찾아 쓰시오.

> ⌐ 보기 ¬
> The man who is on the street is a famous reporter.
> ➡ ___who is___

© michaeljung /shutterstock

(1) This is a spring of water which is usually heated by volcanic activity.

➡ _____

© iamnong/shutterstcok

(2) School is the place where I learn, eat, and have fun with my friends.

➡ _____

(3) He thought of the milk and cheese that the second cow would bring to his family.

➡ _____

Tip

「주격 관계대명사+be동사」와 [①____] 관계대명사는 생략이 가능하고, 관계부사가 수식하는 선행사가 일반적인 의미인 경우에 선행사나 [②____] 중 하나는 생략할 수 있다.

🔖 ❶ 목적격 ❷ 관계부사

대표 예제 8

대화의 빈칸에 주어진 단어들을 배열하여 문장을 완성하시오.

A: I want to know what your favorite subject is.
B: It's P.E., _____.
(energy / gives / me / lots of / which)

Tip

관계대명사 앞에 [❶　　　]가 오면 계속적 용법이므로 순서대로 해석한다. 관계대명사의 계속적 용법은 선행사를 [❷　　　]한다.

답 ❶콤마 ❷보충 설명

대표 예제 9

빈칸에 들어갈 말로 알맞은 것은?

This is the problem _____ we are interested.

① what　　② which　　③ that
④ who　　⑤ in which

Tip

선행사가 전치사의 [❶　　　]일 때 전치사는 [❷　　　] 앞에 쓸 수 있다.

답 ❶목적어 ❷관계대명사

대표 예제 10

우리말을 괄호 안의 조건에 맞도록 영어로 쓰시오.

나는 컴퓨터가 어떻게 작동하는지 설명할 수 있다.

(1) I can explain _____.
　　(the way 사용)

(2) I can explain _____.
　　(관계부사 how 사용)

© Getty Images Bank

Tip

방법을 나타내는 선행사 [❶　　　]와 관계부사 [❷　　　]는 함께 쓸 수 없고 둘 중에 하나만 써야 한다.

답 ❶the way ❷how

대표 예제 11

밑줄 친 부분의 쓰임이 다른 하나는?

① I got stressed when I had an exam.
② This is how you wash your hands.
③ There are many reasons why you should study.
④ I remember the day when I got my first cell phone.
⑤ ABC Pizza is the restaurant where I like to go with my friends.

Tip

접속사 [❶　　　]은 때를 나타내는 부사절이고, 관계부사 [❷　　　]은 시간의 선행사를 수식하는 형용사절이다. 관계부사는 관계사절 안에서 부사 역할을 한다.

답 ❶when ❷when

대표 예제 12

밑줄 친 ①~⑤ 중 <u>어색한</u> 것을 찾아 바르게 고쳐 쓰시오.

 I am Leah. I have been writing a travel blog ① since I was 18. I go places and share my experiences with my readers.

July 15, 20**

Visiting markets ② is a good way to learn about the culture of a country. Markets are places ③ in where you can meet people, ④ learn history, and taste local food. I wonder ⑤ whether there is any better way to discover another culture.

_____ ➡ _____

Tip

places는 ⓪[　　　　]를 나타내는 선행사이므로 관계부사로 ②[　　　　]를 써야 한다. 관계부사는 「전치사+관계대명사」로 바꿔 쓸 수 있다.

📋 ❶장소 ❷where

대표 예제 13

주어진 문장의 밑줄 친 부분과 쓰임이 같은 것을 본문의 ①~⑤ 중에서 각각 고르시오.

Antonio was greatly surprised ① that there were rats in the palace. He asked, "Are there no cats on this island?" The queen looked puzzled. "② What is a cat?" she asked.

The merchant said to himself, "③ What the islanders here need is not tools or books, but cats." He brought two cats from his ship and let them run free. "④ What amazing animals!" cried the queen when she saw all the rats run away. She gave Antonio a chest ⑤ that was filled with jewels.

(1) He is the first person <u>that</u> came to my mind. _____

(2) <u>What</u> I like to do is reading books. _____

Tip

(1) the first처럼 서수가 선행사일 경우에는 관계대명사는 주로 ⓪[　　　　]을 쓴다. (2) ②[　　　　]를 포함하고 있는 관계대명사 what은 문장에서 주어, 목적어, 보어 역할을 한다.

📋 ❶that ❷선행사

1 밑줄 친 부분의 쓰임이 다른 하나는?

① I don't believe what he says.

② It doesn't really matter what I do.

③ I think it's what someone threw into the sea.

④ Thanks to sound effects, I can forget about what bothers me.

⑤ I want to share with you what I have learned about these insects.

Tip

what은 ❶[   ]를 포함하고 있는 관계대명사와 '❷[   ]'이라는 의미로 간접의문문에서 쓰이는 의문사가 있다.

🖩 ❶ 선행사 ❷ 무엇

2 빈칸 (A)와 (B)에 들어갈 말이 바르게 짝지어진 것은?

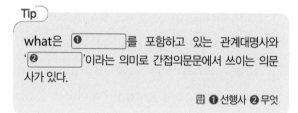

Can you guess ___(A)___ my brother got for his birthday? He got a drone from our grandpa, ___(B)___ lives in Busan.

© Getty Images Bank

① what – who   ② what – that

③ that – that   ④ which – who

⑤ when – which

Tip

간접의문문으로 쓰인 의문사 ❶[   ]은 '무엇'으로 해석하고, 선행사를 포함하는 관계대명사 what은 '~하는 것'으로 해석한다. 선행사가 사람이고 계속적 용법의 주격 관계대명사는 ❷[   ]를 쓴다.

🖩 ❶ what ❷ who

3 밑줄 친 that의 쓰임이 〈보기〉와 같은 것을 모두 고르시오.

┌─ 보기 ─────────────────┐
I learned that natural disasters like storms can be very dangerous.
└────────────────────────┘

① It was literature that he loved most.

② Find someone that is feeling happy around you.

③ You will agree that pizza is now a global food.

④ He was surprised that he hadn't locked the door.

⑤ Last time, I talked about foods that are good for your health.

Tip

접속사 that 뒤에는 ❶[   ] 문장이 오고, 관계대명사 that 뒤에는 ❷[   ]이 온다.

🖩 ❶ 완전한 ❷ 불완전한

4 밑줄 친 부분과 바꿔 쓸 수 있는 것은?

┌────────────────────────┐
Dorothy was only 17 when she first played in the All-American Girls Professional Baseball League.
└────────────────────────┘

① as   ② what   ③ the time

④ at which   ⑤ for which

Tip

관계부사는 at, on, in, for와 같은 ❶[   ]를 사용하여 「전치사+❷[   ]」로 바꿔 쓸 수 있다.

🖩 ❶ 전치사 ❷ 관계대명사

5 밑줄 친 우리말에 맞도록 주어진 단어들을 배열하여 쓰시오.

> If you spend all your time and energy on the small things, you will never have room for <u>여러분에게 진정으로 중요한 것</u>. Take care of the balls first — the things that really matter.

really / what / you / is / important / to

➡ _____

Tip

have room for는 '~할 여유를 갖다'의 뜻으로 전치사 ❶[   ] 뒤에는 명사, 명사구, 명사절 등이 온다. ❷[   ]를 포함한 관계대명사 what이 명사절을 이끌고 있다.

🔖 ❶for ❷선행사

6 그림을 보고, 소년의 말을 이용해 문장을 완성하시오.

말풍선ⓒ Getty Images Bank / 로봇ⓒ Chesky/shutterstcok

➡ I wonder if _____

_____.

Tip

의문사가 없는 간접의문문을 만들 때는 명사절을 이끄는 접속사 ❶[   ]나 if를 이용하고, 「접속사 + ❷[   ]+동사」의 어순으로 쓴다.

🔖 ❶whether ❷주어

7 그림에 맞도록 빈칸에 알맞은 말을 쓰시오.

(1)  Lala is the girl _____ dog wants a hot dog.

(2)  The boy _____ is singing on the tree is my cousin.

(3)  He lent me the magazines _____ I wanted to read.

Tip

관계대명사는 ❶[   ] 역할을 하고, 주격, 목적격, 소유격으로 쓰인다. ❷[   ] 관계대명사 뒤에는 명사가 온다.

🔖 ❶명사 ❷소유격

8 우리말에 맞도록 주어진 단어들을 활용하여 영어로 쓰시오.

> 소셜 미디어는 사람들이 서로 의사소통하는 방법을 바꾸어 놓았다.
> (the way, communicate with)

➡ Social media has changed _____

_____.

Tip

방법을 나타내는 선행사 ❶[   ]를 쓰거나 관계부사 ❷[   ]를 써서 표현할 수 있고, 관계부사 뒤에는 완전한 문장이 온다.

🔖 ❶the way ❷how

1 다음 문장을 우리말로 쓰시오.

> It's an emoticon, which is a group of letters or symbols used to represent a facial expression.

© Viktoria Kazakova/shutterstock

➡ _____

_____

2 우리말에 맞도록 할 때, 빈칸에 알맞은 것을 <u>모두</u> 고르시오.

> 나는 그에게 공포 영화를 좋아하는지 물었다.
> ➡ I asked him _____ he liked horror movies.

① that   ② if   ③ what

④ whether   ⑤ who

3 네모에서 알맞은 말을 고른 후, 우리말로 쓰시오.

> The woman [whom / to whom] Sherlock Holmes is talking is Ms. Wilson.

➡ _____

➡ _____

4 빈칸에 공통으로 알맞은 말을 고르시오.

> • Can you tell me _____ you live?
> • Turkey is a country _____ East meets West.

① when   ② what   ③ why

④ how   ⑤ where

5 빈칸에 알맞은 말로 바르게 짝지어진 것은?

> • The farmer visited a close friend _____ had four children.
> • *Jjimjilbang* is a place _____ you can experience a traditional Korean way to relax.

① whom − where   ② who − where

③ what − when   ④ who − who

⑤ where − where

6 빈칸에 알맞은 것을 <u>모두</u> 고르시오.

The man told us _____ he survived the car crash.

① how   ② when   ③ the way
④ the time   ⑤ the way how

© happymay/shutterstcok

7 괄호 안의 생략된 말이 바르지 <u>않은</u> 것은?

① This is (the place) where my parents live.
② I know (the time) when he is going to start.
③ I asked (the reason) why she had lied to her father.
④ Are there (any cities) where there are no traffic lights?
⑤ Tell me (the reason) why you were absent from school.

8 주어진 단어들을 바르게 배열하여 대화를 완성하시오.

A: What do you want for lunch?
B: How about tacos?
A: Great! _____
 (I / exactly / want / what / that's)

9 우리말에 맞도록 주어진 표현을 활용하여 영어로 쓰시오.
(단, 조건에 맞게 쓸 것)

내가 가장 편안함을 느끼는 달은 1월이다.
(the month, feel relaxed)

1						
1	2	3	4	5	6	7
8	9	10	11	12	13	14
15	16	17	18	19	20	21
22	23	24	25	26	27	28
29	30	31				

┌ 조건 ┐
1. 아홉 단어로 쓸 것
2. 관계부사를 사용할 것

➡ _____
 _____

10 대화의 밑줄 친 우리말을 주어진 표현을 활용하여 완성하시오.

A: (1) <u>나는 네 로봇이 너에게 가장 좋은 의상을 골라 줄 수 있는지 궁금해.</u>
B: Sure. It can do that.
A: (2) <u>나는 네 로봇이 어떻게 작동하는지 보고 싶어.</u>
B: Okay, I'll show you.

(1) (robot, choose)
 ➡ I wonder _____
 _____ the best clothes for you.

(2) (how, work)
 ➡ I'd like to see _____
 _____.

A 두 사람 중 어법상 바르게 말한 사람에 표시하시오.

1

☐ Jenny

Each week I give two hours of my free time to senior citizens who live alone.

Each week I give two hours of my free time to senior citizens which live alone.

☐ Paul

2

☐ Emily

That volcanoes do is not always bad for humans.

What volcanoes do is not always bad for humans.

☐ Chris

3

☐ Betty

This is *bulgogi*, that is a traditional Korean food.

This is *bulgogi*, which is a traditional Korean food.

☐ Ron

Tip

선행사가 사람일 때는 관계대명사 ❶[   ]를 쓰고, 선행사를 포함한 관계대명사는 **what**을 쓴다. 관계대명사의 계속적 용법에서는 ❷[   ]과 **what**을 쓰지 않는다.

🔑 ❶ who ❷ that

B 구조에 맞게 주어진 단어들을 바르게 배열하여 문장을 완성하시오.

1

주어	동사	목적어절(접속사)
People	say	
사람들은	말한다	온천이 우리에게 이롭다고

.

hot / good / springs / that / do / us

2

주어	동사	보어	수식어절(관계부사)
Thailand	is	a country	
태국은	~이다	나라	배에서 거래하는 오랜 역사가 있는

.

trading / a long history / where / on boats / has

3

주어	동사	보어	(수식어절)관계대명사
This	is		
이것은	~이다	건물	한 프랑스 건축가에 의해 지어진

.

a French architect / the building / which / by / was designed

Tip

주격 관계대명사 뒤에는 [❶]가 오고, 관계부사
는 뒤에 완전한 문장이 온다. 접속사는 선행사 없이 뒤에
[❷] 문장이 온다.

답 ❶동사 ❷완전한

C 알맞은 단어 조각을 골라 문장을 완성하시오.

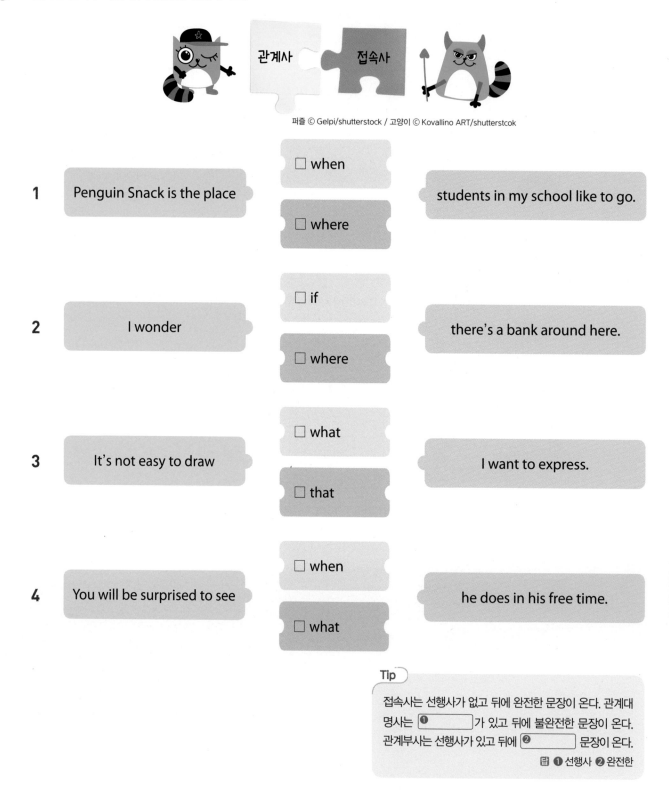

퍼즐 ⓒ Gelpi/shutterstock / 고양이 ⓒ Kovallino ART/shutterstcok

1 Penguin Snack is the place

☐ when

☐ where

students in my school like to go.

2 I wonder

☐ if

☐ where

there's a bank around here.

3 It's not easy to draw

☐ what

☐ that

I want to express.

4 You will be surprised to see

☐ when

☐ what

he does in his free time.

> **Tip**
>
> 접속사는 선행사가 없고 뒤에 완전한 문장이 온다. 관계대명사는 ❶ [   ]가 있고 뒤에 불완전한 문장이 온다. 관계부사는 선행사가 있고 뒤에 ❷ [   ] 문장이 온다.
>
> 🔑 ❶ 선행사 ❷ 완전한

D 밑줄 친 부분과 바꿔 쓸 수 있는 카드를 골라 문장을 다시 쓰시오.

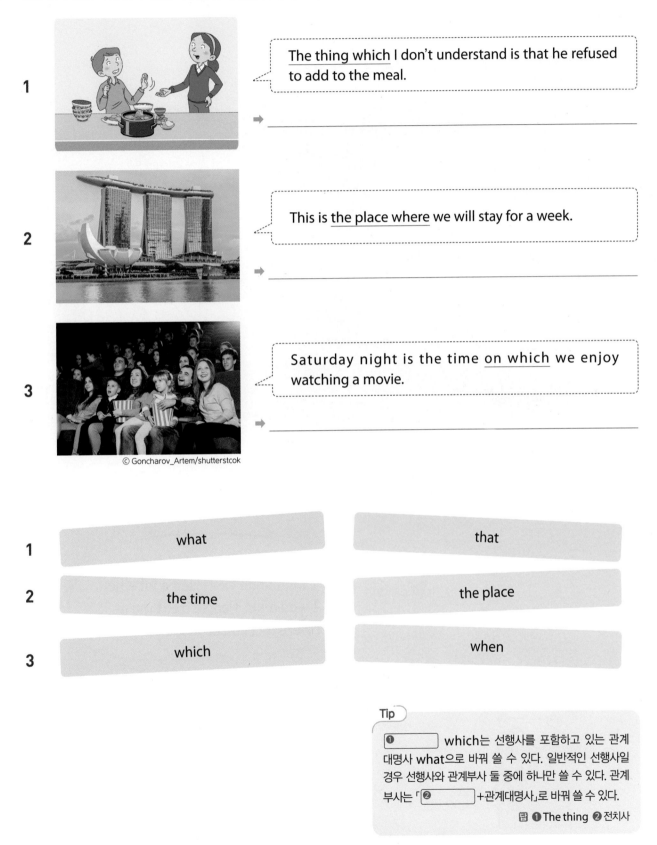

1

The thing which I don't understand is that he refused to add to the meal.

➡ _____

2

This is the place where we will stay for a week.

➡ _____

3

Saturday night is the time on which we enjoy watching a movie.

➡ _____

© Goncharov_Artem/shutterstcok

1 | what | that |

2 | the time | the place |

3 | which | when |

비교 / 가정법 / 특수 구문

1 원급과 비교급을 이용한 최상급 표현

I used to be as tall as you.
I'm now taller than any
other friend in my class.
No one is taller than I am.

여자의 말에서 알 수 있는 사실은?
a. 그녀는 그녀의 반에서 가장 컸었다.
b. 그녀는 그녀의 반에서 가장 크다.

2 I wish 가정법 / as if 가정법

I wish I were tall too.
I wish I had exercised a lot when
I was a kid. People treat me as if
I were a child because I am short.

여자의 말에서 알 수 있는 사실이 <u>아닌</u> 것은?
a. 그녀는 현재 키가 크다.
b. 그녀는 어린아이였을 때 운동을 열심히 하지 않았다.

3   「It ~ that」 가주어-진주어 구문 / 「It ~ that」 강조 구문

4   「So/Neither+동사+주어.」 도치

개념 돌파 전략 ①

개념 1 원급과 비교급을 이용한 최상급 표현

> 어떤 누구도 Max만큼 컴퓨터에 대해 많이 알지 못한다.
> No one knows as much about computers as Max.
>
> | 부정주어 | ~ | as | + | 형용사·부사(원급) | + | as | ➡ | 최상급 |
>
> 한국에서 어떤 섬도 제주도보다 더 크지 않다.
> No island in Korea is bigger than Jejudo.
>
> | 부정주어 | ~ | 형용사·부사의 비교급 | + | than | ➡ | 최상급 |

○ 「부정주어 ~ as+형용사·부사(❶ [   ])+as」는 '어떤 ~도 −만큼 …하지 않은'의 뜻이다.

○ 「부정주어 ~ ❷ [   ]+than」은 '어떤 ~도 −보다 더 …하지 않은'의 뜻이다.

Quiz

괄호 안에서 알맞은 것을 고르시오.

> Nothing is as important (as / than) health.

앞에 as가 있으니까 「as+형용사·부사+as」 형태가 되어야 해!

답 ❶ 원급 ❷ 비교급 / as

개념 2 I wish 가정법

> 네가 여기 있으면 좋을 텐데.
> I wish you were here.
>
> | I wish | + | 과거시제 | ➡ | 현재의 이루기 힘든 소망 | (I wish 가정법 ❶ [   ])
>
> 네가 우리 팀을 떠나지 않았다면 좋았을 텐데.
> I wish you hadn't left our team.
>
> | I wish | + | 과거완료 시제 | ➡ | 과거의 일에 대한 아쉬움 | (I wish 가정법 ❷ [   ])

Quiz

빈칸에 알맞은 것은?

> I _____ I were an artist.

① wish   ② want   ③ become

답 ❶ 과거 ❷ 과거완료 / ①

개념 3 as if 가정법

> 그녀는 마치 아이인 것처럼 행동한다.
> She acts as if she were a child.
>
> | as if | + | 과거시제 | ➡ | 현재의 사실과 반대 |
>
> 그녀는 마치 의사였던 것처럼 행동했다.
> She acted as if she had been a doctor.
>
> | as if | + | 과거완료 시제 | ➡ | 과거의 사실과 반대 |

○ 「as if 가정법 과거」는 ❶ [   ]의 사실과 반대되는 내용을 가정한다.

○ 「as if 가정법 과거완료」는 ❷ [   ]의 사실과 반대되는 내용을 가정한다.

Quiz

괄호 안에서 알맞은 것을 고르시오.

> Jake hates playing the piano, but he acts as if he (is / were) enjoying it.

© Monkey Business Images/shutterstcok

답 ❶ 현재 ❷ 과거 / were

1-1 빈칸에 들어갈 말로 알맞은 것은?

Nothing is more precious _____ time.

① as   ② to   ③ than

풀이 | 「부정주어 ~ ❶_____+than」의 형태로 '어떤 ~도 –보다 더 …하지 않다.'라는 뜻의 ❷_____ 의미를 나타낸다.

冒 ③ / ❶ 비교급 ❷ 최상급

1-2 빈칸에 공통으로 들어갈 말을 쓰시오.

No other subject is _____ interesting _____ music.

© Elena Nichizhenova/shutterstock

2-1 밑줄 친 단어의 형태로 알맞은 것은?

A: Do you have a sister?
B: No, but I wish I <u>have</u> one.

① have   ② had   ③ having

풀이 | 「I wish 가정법」에서 ❶_____의 이루기 힘든 소망을 나타낼 때에는 가정법 ❷_____로 표현해야 한다.

冒 ② / ❶ 현재 ❷ 과거

2-2 괄호 안에서 알맞은 것을 고르시오.

A: Did you finish your homework?
B: No. I wish I (didn't meet / hadn't met) my friends last night.

3-1 문장에서 Sam에 대해 알 수 있는 것은?

Sam acts as if he were an adult.

① 어른이다.
② 어른이 아니다.

풀이 | 「as if 가정법 ❶_____」는 ❷_____ 사실과 반대되는 내용을 가정할 때 쓴다.

冒 ② / ❶ 과거 ❷ 현재

3-2 as if가 들어갈 위치로 알맞은 곳은?

They ①∧ talked ②∧ they ③∧ had ④∧ been to ⑤∧ my house.

개념 4 「It ~ that」 가주어 – 진주어 구문

그녀가 우리에게 화가 난 것은 이상하다.

<u>That she is angry with us</u> is strange.

➡ It is strange <u>that she is angry with us</u>.

주어(that절) ➡ 가주어(it) ~ 진주어(that절)

○ that절이 ❶ [　　　]로 쓰일 때, 가주어 it을 쓰고 that절을 ❷ [　　　]로 보낸다.

○ 진주어 역할을 하는 that절은 완전한 형태의 절을 취한다.

Quiz

괄호 안에서 알맞은 것을 고르시오.

(It / That) is a relief that Jieun's grades have improved.

답 ❶ 주어 ❷ 뒤 / It

개념 5 「It ~ that」 강조 구문

우리의 삶을 크게 변화시킨 것은 바로 전구였다.

The light bulb greatly changed our lives.

It was the light bulb that greatly changed our lives.

It is(was) + 강조할 말 + that절

○ 「It ~ that」 강조 구문은 '…한 것은 바로 ~이다'라고 해석한다.

○ It is(was)와 that 사이에 ❶ [　　　]을 넣는다.

Quiz

문장에서 강조하는 말에 밑줄을 그으시오.

It was passion that led my life.

답 ❶ 강조할 말 / passion

개념 6 「So / Neither+동사+주어.」 도치

A: 난 이 영화를 좋아해.　　　　B: 나도 그래.

A: I like this movie.　　　　B: So do I.

긍정문　　➡　　So + 동사 + 주어 .

A: 난 이 영화를 좋아하지 않아.　　　　B: 나도 그래.

A: I don't like this movie.　　　　B: Neither do I.

부정문　　➡　　Neither + 동사 + 주어 .

○ 「So+동사+주어.」는 ❶ [　　　] 뒤에서 '~도 또한 그렇다'라는 의미로 쓴다.

○ 「Neither+동사+주어.」는 ❷ [　　　] 뒤에서 '~도 또한 그렇지 않다'라는 의미로 쓴다. 우리말 해석은 보통 '~도 그렇다'라고 한다.

Quiz

괄호 안에서 알맞은 것을 고르시오.

A: I didn't pass the exam.

B: (So / Neither) did I.

답 ❶ 긍정문 ❷ 부정문 / Neither

4-1 진주어를 찾아 밑줄을 그으시오.

> It is true that she is a programmer.

풀이 | 문장의 주어 자리에 [❶   ] it이 쓰였고, 진주어는 문장 뒷부분에 [❷   ]의 형태로 쓰였다.

🔑 that she is a programmer / ❶ 가주어 ❷ that절

4-2 빈칸에 들어갈 말을 쓴 후, 우리말로 쓰시오.

> It was surprising _____ he flew into space at the age of 77.

➡ _____

5-1 강조하는 표현에 밑줄을 그으시오.

> It was our house key that we lost.

풀이 | 「It ~ that」 강조 구문에서 [❶   ]하는 말은 It is(was)와 [❷   ]의 사이에 온다.

🔑 our house key / ❶ 강조 ❷ that

5-2 밑줄 친 부분을 강조하여 문장을 다시 쓰시오.

> The child wanted <u>praise from his parents</u>.
>
> ➡ _____
> _____

6-1 빈칸에 알맞은 말을 쓰시오.

> A: I heard a wolf cry last night.
> B: _____ did I.

풀이 | 앞서 언급된 긍정문에 이어서 '나도 그렇다'는 의미를 덧붙일 때 「❶   +동사+주어.」로 쓴다.

🔑 So / ❶ So

6-2 밑줄 친 부분을 어법에 맞게 고쳐 쓰시오.

> A: I can't make it to class on time.
> B: <u>Neither can't I.</u>

➡ _____

CHECK UP

No one can cook *bulgogi* better (as / than) my Dad.

· **구문** 비교급 구문을 활용하여 ❶ [_____] 의미를 표현한 구문이다.

· **해석** 어느 누구도 우리 아빠보다 불고기 요리를 더 잘할 수 있는 사람은 ❷ [_____].

🗒 than / ❶ 최상급 ❷ 없다

---

1 두 문장의 의미가 같도록 빈칸에 알맞은 말을 쓰시오.

My sister is better at math than anyone in my family.

➡ _____ _____ in my family is better at math than _____ _____.

CHECK UP

I wish I (can / could) fly to where you are.

· **구문** 현재의 이루기 힘든 소망을 나타낼 때, 「I wish 가정법 ❶ [_____]」를 쓴다.

· **해석** 네가 있는 곳으로 내가 날아갈 수 있으면 ❷ [_____].

🗒 could / ❶ 과거 ❷ 좋을 텐데

---

2 문장을 우리말로 쓰시오.

(1) I wish you could read Korean.

➡ _____

(2) I wish they had sent the papers sooner.

➡ _____

독서 ⓒ oriol san julian/shutterstock / 말풍선 ⓒ Getty Images Bank

CHECK UP

He behaves (if / as if) he knew everything.

· **구문** 「as if 가정법 ❶ [_____]」는 현재 사실과 반대되는 내용을 가정할 때 쓴다.

· **해석** 그는 마치 모든 것을 알고 있는 ❷ [_____] 행동한다.

🗒 as if / ❶ 과거 ❷ 것처럼

---

3 밑줄 친 부분을 우리말로 쓰시오.

(1) She talks <u>as if she could control this situation</u>.

➡ _____

(2) He acts <u>as if we had been friends before</u>.

➡ _____

It is a lie (to / that) Amy has read the book.

• **구문** 문장의 주어 자리에 가주어 it이 쓰였고, 진주어로 **❶** [　　　　]이 쓰였다.
• **해석** Amy가 그 책을 **❷** [　　　　] 것은 거짓말이다.

📋 that / ❶that절 ❷읽었다는

4 진주어에 밑줄을 긋고, 문장을 우리말로 쓰시오.

(1) It cannot be true that he doesn't eat meat.

➡ _____

(2) It was a false rumor that the actress had emigrated.

➡ _____

(It / That) was a small glass bottle that we found on the beach.

• **구문** 「It ~ that」 강조 구문에서 **❶** [　　　　] 할 말을 It was와 that 사이에 두어야 한다.
• **해석** 우리가 해변에서 발견한 것은 **❷** [　　　　] 이었다.

📋 It / ❶ 강조 ❷ 작은 유리병

5 강조한 말에 밑줄을 긋고, 문장을 우리말로 쓰시오.

(1) It was a photo album that you gave me yesterday.

➡ _____

(2) It is a little rest that we need.

➡ _____

A: I can't change anything here.
B: (So / Neither) can I.

• **구문** 부정문 뒤에서 '**❶** [　　　　]'라고 응답할 때에는 「**❷** [　　　　]+동사+주어.」로 표현한다.
• **해석** A: 난 여기서 아무것도 바꿀 수 없어.
  B: 나도 그래.

📋 Neither / ❶ 나도 그래. ❷Neither

6 밑줄 친 부분과 같은 뜻이 되도록 빈칸에 알맞은 말을 쓰시오.

A: I like to go hiking in spring.
B: <u>Me too.</u>

➡ So _____ _____.

전략 1 **비교급을 이용한 최상급 의미 표현에 주의하자.**

- 비교급을 이용해 다음과 같이 최상급 의미를 표현할 수 있다.

「비교급+than+ anything / anyone else」 형태로도 쓸 수 있어.

the+최상급	가장 ~한
비교급+than any other+❶☐	다른 어떤 ~보다 더 …한
부정주어 ~ 비교급+❷☐	어떤 ~도 -보다 …하지 않은

Minho is **the smartest student** in his class. 민호는 그의 반에서 가장 영리한 학생이다.

➡ Minho is **smarter than any other student** in his class. 민호는 그의 반에서 다른 어떤 학생보다 더 영리하다.

➡ **No other student** in the class is **smarter than** Minho. 반에서 어떤 학생도 민호보다 영리하지 않다.

주의 부정주어가 있는 문장에서 동사를 부정형으로 쓰지 않도록 주의한다.

No mountain is ~~not~~ higher than Mt. Everest. 어떤 산도 에베레스트 산보다 높지 않다.

답 ❶단수명사 ❷than

필수 예제

주어진 문장과 의미가 같도록 빈칸에 알맞은 말을 쓰시오.

> This movie is the most interesting movie that I have ever watched.

(1) This movie is more interesting than _____ _____ _____ that I have ever watched.

(2) _____ other movie that I have ever watched is _____ interesting than this movie.

© chialinart/shutterstock

문제 해결 전략

「비교급+than any other+단수명사」나 「❶☐ ~ 비교급+than」 같은 비교급을 이용하여 ❷☐ 의미를 표현할 수 있다.

답 (1) any other movie (2) No, more / ❶ 부정주어 ❷ 최상급

확인 문제

1 빈칸에 들어갈 말로 알맞은 것은?

> No one predicted the future more accurately _____ she did.

① as   ② of   ③ for

④ than   ⑤ that

2 괄호 안의 단어 중 하나를 골라 빈칸에 알맞은 형태로 고쳐 쓰시오.

> James was the winner of the marathon. He reached the finish line _____ than any other runner.
> (fast / slow)

전략 2 원급을 이용한 최상급 의미 표현에 주의하자.

- 정도가 동등한 둘을 비교할 때 「as+형용사·부사+as」로 표현한다.

  Science is as difficult as mathematics to me. 과학은 나에게 수학만큼 어렵다.

  This bag is not as expensive as you think. 이 가방은 네가 생각하는 만큼 비싸지 않다.

- 동등 비교 표현 「부정주어 ~ as+❶[_____]·부사+as」를 이용해 최상급 의미를 표현할 수 있다.

the+최상급	가장 ~한
부정주어 ~ as+형용사·부사+❷[____]	어떤 ~도 -만큼 …하지 않은

I'm the most active in my house. 우리 집에서 내가 가장 활발하다.

➡ **No one** in my house is **as active as** I am. 우리 집의 누구도 나만큼 활발하지 않다.

© Getty Images Bank

🗒 ❶ 형용사 ❷ as

필수 예제

두 문장의 의미가 같도록 알맞은 말을 쓰시오.

(1) Nothing gives me as great pleasure as painting.

  ➡ Painting gives me the _____ pleasure of all.

(2) You know me best.

  ➡ _____ one knows me _____ well _____ you do.

문제 해결 전략

「부정주어 ~ as + 형용사·부사 + ❶[____]」 표현을 이용해 '어떤 ~도 -만큼 …하지 않다'라는 ❷[____] 의미를 표현할 수 있다.

🗒 (1) greatest (2) No, as, as / ❶ as ❷ 최상급

확인 문제

1 두 문장의 의미가 같도록 빈칸에 알맞은 말을 쓰시오.

> Max is most often late for school in our class.
> ➡ No one in our class is late for school as _____ as Max.

2 밑줄 친 부분 중 어법상 어색한 것은?

> When I ①was ②having a ③hard time, ④nothing
> was ⑤as helpful than her advice.

전략 3 I wish 가정법 시제에 유의하자.

- I wish 가정법은 현재의 이룰 수 없는 소망이나 과거에 이루지 못한 일에 대한 아쉬움을 나타낸다.

	I wish 가정법 과거	I wish 가정법 과거완료
형태	I wish+주어+동사의 ❶[ ]	I wish+주어+❸[ ]+과거분사
의미	~라면 좋을 텐데	~했더라면 좋았을 텐데
용법	❷[ ]의 이룰 수 없는 소망	과거에 이루지 못한 일에 대한 아쉬움

가정법 과거에서 주어가 3인칭 단수라도 be동사의 과거형은 were를 쓰자.

I wish you **were** the director of this movie. 네가 이 영화의 감독이면 좋을 텐데.

➡ I'm sorry that you **are not** the director of this movie.

네가 이 영화의 감독이 아니어서 아쉽다.

I wish you **had stayed** there at that time.

그 당시에 네가 그곳에 남아 있었으면 좋았을 텐데.

➡ I'm sorry that you **didn't stay** there at that time.

그 당시에 네가 그곳에 남아 있지 않아서 아쉬웠다.

답 ❶ 과거형 ❷ 현재 ❸ had

필수 예제

주어진 문장을 참고하여 네모 안에서 알맞은 것을 고르시오.

(1) I'm sorry that I'm not a good cook.

➡ I wish I am / were a good cook.

(2) I'm sorry that I didn't know how hard you tried.

➡ I wish I knew / had known how hard you tried.

문제 해결 전략

현재의 이룰 수 없는 소망은 「I wish 가정법 ❶[ ]」를 쓰고, 과거에 이루지 못한 일에 대한 아쉬움은 「I wish 가정법 ❷[ ]」를 쓴다.

답 (1) were (2) had known / ❶ 과거 ❷ 과거완료

확인 문제

1 괄호 안의 단어를 활용하여 빈칸에 알맞은 형태로 쓰시오.

(1) 내가 미술감독이라면 좋을 텐데.

➡ I wish I _____ an art director.
(be)

(2) 내가 네 생일을 기억했더라면 좋았을 텐데.

➡ I wish I _____ your birthday.
(remember)

2 어법상 어색한 부분을 찾아 바르게 고쳐 쓰시오.

I'm so tired today. I wish I haven't worked late last night.

_____ ➡ _____

전략 **4** as if 가정법 시제에 유의하자.

- 현재와 과거의 사실과 반대되는 내용을 가정하여 '마치 ~인 것처럼'이라는 의미로 쓰인다.

	as if 가정법 과거	as if 가정법 과거완료
형태	as if+주어+동사의 **❶** ☐	as if+주어+**❸** ☐ +과거분사
의미	마치 ~인 것처럼	마치 ~이었던 것처럼
용법	**❷** ☐ 의 사실과 반대되는 내용을 가정	과거의 사실과 반대되는 내용을 가정

He acts **as if** he **were** not responsible for this. 그는 이것에 대해 책임이 없는 것처럼 행동한다.

➡ In fact, he **is** responsible for this. 사실 그는 이것에 대해 책임이 있다.

주의 as if 뒤에 직설법을 쓸 수 있으며, 이 경우 실제 가능성이 있음을 나타낸다.

He acts **as if** he **is** not responsible for this. 〈화자는 as if 뒤의 내용이 사실인지 아닌지 모름.〉

Max talks **as if** he **hadn't been** absent from school. Max는 마치 학교에 결석하지 않았던 것처럼 말한다.

➡ In fact, Max **was** absent from school. 사실 Max는 학교에 결석했다.

답 ❶ 과거형 ❷ 현재 ❸ had

필수 예제

우리말에 맞도록 빈칸에 알맞은 말을 쓰시오.

(1) Bill은 아무도 그것에 대해 모르는 것처럼 말한다.

➡ Bill talks _____ _____ no one knew about it.

(2) Laura는 마치 그곳에 있었던 것처럼 말한다.

➡ Laura speaks as if she _____ _____ there.

문제 해결 전략

현재 사실과 반대되는 내용을 가정할 때에는 「as if 가정법 **❶** ☐ 」를 쓰고, 과거 사실과 반대되는 내용을 가정할 때에는 「as if 가정법 **❷** ☐ 」를 쓴다.

답 (1) as if (2) had been /
❶ 과거 ❷ 과거완료

확인 문제

1 두 문장의 의미가 같도록 할 때 빈칸에 알맞은 말은?

> They act as if they _____ my parents.
> ➡ In fact, they are not my parents.

① is   ② are   ③ be

④ were   ⑤ had been

2 우리말에 맞도록 주어진 표현을 바르게 배열하시오.

> 그는 마치 너를 본 적이 있는 것처럼 말한다.
> (had / as / he / talks / he / if / seen / you)

➡ _____

© Rawpixel.com/shutterstock

2주 2일 필수 체크 전략 ②

1 〈보기〉의 문장과 의미가 같은 것을 <u>모두</u> 고르시오.

┌ 보기 ┐
Seoul is the largest city in Korea.

① Seoul is larger than any other city in Korea.

② Any other city in Korea is larger than Seoul.

③ No city in Korea is larger than Seoul.

④ No city in Korea is as large as Seoul.

⑤ Seoul is not larger than any other city in Korea.

© Getty Images Bank

문제 해결 전략

「비교급 + than any other + ❶ 」, 「부정주어 ~ 비교급 +than」, 「부정주어 ~ as + 형용사·부사 + as」는 모두 ❷ 의미를 나타내는 표현이다.

답 ❶ 단수명사 ❷ 최상급

---

2 빈칸에 알맞은 말을 위의 문장에서 찾아 쓰시오.

Unlike her family, Mina liked to hang out with her friends from childhood. None of her family is as sociable as Mina.

➡ Mina is the most _____ person in her family.

문제 해결 전략

❶ 을 이용한 비교 표현(부정주어 ~ as + 형용사·부사 + as)으로 ❷ 의미를 표현할 수 있다.

답 ❶ 원급 ❷ 최상급

---

3 다음 문장이 의미하는 바로 가장 적절한 것은?

I wish we lived in the same town.

① We have lived in the same town.

② We used to live in the same town.

③ I'm sorry we live in the same town.

④ We will live in the same town someday.

⑤ I'm sorry we don't live in the same town.

문제 해결 전략

「I wish 가정법 ❶ 」는 '~하면 좋을 텐데.'라는 뜻으로 ❷ 사실과 반대되는 소망을 표현할 때 쓴다.

답 ❶ 과거 ❷ 현재

[4~5] 다음 글을 읽고, 물음에 답하시오.

Today is sports day. I'm going to run a 100-meter race at the end of the day. I am really nervous, but (A) I try to look as if I am not worried at all. Yujin told me, "I'm sure you will win, Jina. (B) No one is faster than you!"

Words
race 경주
nervous 긴장된

4 밑줄 친 (A)에서 어법상 어색한 것을 찾아 바르게 고친 후, 우리말로 쓰시오.

_____ ➡ _____

➡ 해석: _____

5 밑줄 친 (B)와 같은 뜻이 되도록 빈칸에 알맞은 말을 쓰시오.

➡ Yujin thinks Jina is _____ than anyone else!

전략 1 that절의 명사절 쓰임을 알아두자.

- that절은 다양한 쓰임이 있는데, 명사절로 쓰일 경우 문장에서 주어, 목적어, 보어 역할을 하며 동격의 역할을 할 수도 있다.

역할	예문
주어	**That** he broke the window was surprising. 그가 창문을 깼다는 것이 놀라웠다. ❶ [　　　　] ➡ **It** was surprising **that** he broke the window. 　가주어　　　　　　　　　　　진주어
보어	Our problem is **that** we are not fair to others. 　　　　　　　　보어 우리의 문제는 우리가 다른 사람들에게 공평하지 않다는 것이다.
목적어	I knew **that** I made a mistake. 나는 내가 실수했다는 것을 알았다. ❷ [　　　　]
동격	In the past, people didn't know the fact **that** the earth was round. 　　　└─ 동격 ─┘ 과거에 사람들은 지구가 둥글다는 사실을 알지 못했다.　　　　© Bananaboy/shutterstcok

답 ❶ 주어 ❷ 목적어

필수 예제

밑줄 친 부분을 우리말로 쓰시오.

(1) What he suggests is that we should cooperate with him.

➡ _____

(2) He told me that he agreed with me.

➡ _____

문제 해결 전략

❶ [　　　] 로 쓰이는 that절은 문장에서 주어, 목적어, 보어 역할을 한다. 명사절 that절은 ❷ [　　　] 문장을 이끈다.

답 (1) 우리가 그와 협력해야 한다는 것
(2) 그가 나에게 동의한다고 /
❶ 명사절 ❷ 완전한

확인 문제

1 빈칸에 공통으로 알맞은 말을 쓰시오.

- I hope _____ you enjoy these pictures.
- The fact _____ you won the prize pleased me.

➡ _____

2 빈칸에 알맞은 것은?

Most people know _____ looking down from great heights can cause dizziness.

① it　　　　② of　　　　③ that

④ what　　　⑤ when

전략 2 가주어, 가목적어로 쓰인 that절을 파악하자.

- 명사절로 쓰인 that절의 주어가 길어지면 가짜 주어인 it으로 자리를 채우고 주어를 뒤로 이동시키는데, 해석할 때는 주어를 it에 위치시켜 해석한다. 이때 it을 가주어라 하고, 뒤로 이동된 주어를 진주어라고 한다.

| That he didn't keep his promise | is disappointing. 그가 약속을 지키지 않았다는 것은 실망스럽다.
　　　　　　　주어

| It | is disappointing | that he didn't keep his promise |.
가주어　　　　　　　　　　　　　　❶

- 목적어로 쓰인 that절이 길어지면 가짜 목적어인 it으로 자리를 채우고 목적어를 뒤로 이동시키는데, 이때 it을 가목적어라 하고, 뒤로 이동된 주어를 진목적어라고 한다.

I found | that he put others first | amazing. 나는 그가 다른 사람을 우선시하는 것이 놀라웠다.
　　　　　목적어　　　　　　　　　목적격 보어

I found | it | amazing | that he put others first |.
　　가목적어　목적격 보어　　❷

🔖 ❶ 진주어 ❷ 진목적어

필수 예제

밑줄 친 It(it)이 가리키는 것을 찾아 쓰시오.

(1) It is interesting that the child painted this picture.

　➡ _____

(2) We think it possible that they may arrive next week.

　➡ _____

문제 해결 전략

문장의 주어나 목적어로 that절이 쓰였을 때, 가주어나 가목적어 ❶ [   ]을 쓰고 that절을 문장 ❷ [   ]로 보낼 수 있다.

🔖 (1) that the child painted this picture (2) that they may arrive next week / ❶ it ❷ 뒤

확인 문제

1 두 문장의 의미가 같도록 빈칸에 알맞은 말을 쓰시오.

> That people prefer those who are similar to themselves is natural.
> ➡ _____ is natural that people prefer those who are similar to themselves.

2 빈칸에 들어갈 말이 바르게 짝지어진 것은?

> _____ was surprising _____ he really apologized to me, even though I asked him to.

① It — for　　　② It — that
③ That — for　　④ That — it
⑤ This — that

전략 3 「It ~ that」 강조 구문과 「It ~ that」 가주어-진주어 구문을 구별하자.

- 「It ~ that」 강조 구문은 It is[was]와 that 사이에 강조하고자 하는 말(주어, 목적어, 부사(구))을 넣어 강조할 수 있으며, '…한 것은 바로 ~이다'라고 해석한다. that절의 시제가 과거이면 [❶ ⬚]를 쓴다.

  It was foolish **that** I trusted him. 〈가주어-진주어 구문〉 내가 그를 믿은 것은 어리석었다.

  It is my sister **who** has broken the computer. 〈강조 구문〉
  컴퓨터를 고장 낸 것은 바로 우리 언니이다.

  > 강조할 어구가 사람이면 that 대신에 who를 쓸 수도 있어.

  주의 「It ~ that」 강조 구문으로 동사는 강조할 수 없다.

- 「It ~ that」 강조 구문과 「It ~ that」 가주어-진주어 구문은 형태는 같지만 쓰임이 다르므로 주의하도록 하자. It is[was]와 that을 생략하면 「It ~ that」 강조 구문에서는 [❷ ⬚] 문장이 되지만, 「It ~ that」 가주어-진주어 구문에서는 문장이 성립되지 않는다.

  It was the new pencil case **that** I lost. 내가 잃어버린 것은 새 필통이었다.

  ➡ I lost the new pencil case. 나는 새 필통을 잃어버렸다.

  It was certain **that** he lost the umbrella on the bus. 그는 버스에서 우산을 잃어버린 것이 확실했다.

  ➡ He lost the umbrella on the bus certain. (X)

답 ❶ was ❷ 완전한

필수 예제

네모 안에서 어법상 알맞은 것을 고르시오.

(1) It was my mistake that / what the report was lost.

(2) It / That was your congratulations that I wanted from you.

문제 해결 전략

It is[was]와 that을 생략하면 「It ~ that」 [❶ ⬚]에서는 완전한 문장이 되지만, [❷ ⬚] 구문에서는 문장이 성립되지 않는다.

답 (1) that (2) It /
❶ 강조 구문 ❷ 가주어-진주어

확인 문제

1 빈칸에 공통으로 알맞은 것은?

- It was his novel _____ inspired me.
- It is a lie _____ we are moving to a new office.

① this ② that ③ then
④ if ⑤ what

2 밑줄 친 부분을 강조하는 문장으로 고칠 때 빈칸에 알맞은 말을 쓰시오.

We were going to meet at the restaurant.

➡ _____
_____ we were going to meet.

전략 **4** 「So / Neither＋동사＋주어..」 구문에서 동사의 선택에 주의하자.

- 앞 문장이나 대화에서 '～도 그렇다.'라고 말할 때 「So/Neither+동사+주어.」로 표현한다.
- 동사는 앞 문장의 동사에 따라 일반동사(do/does/did), be동사, 조동사를 쓰고, 주어와 동사가 도치되는 것에 주의한다.

긍정문 뒤	So	동사	주어
		❶ ☐ ← 앞 문장의 동사가 일반동사일 때	
부정문 뒤	Neither	❷ ☐ ← 앞 문장의 동사가 be동사일 때	
		❸ ☐ ← 앞 문장의 동사가 조동사일 때	

A: I'm so tired. 나는 너무 피곤해.

B: **So am I.** 나도 그래.

A: I didn't like the movie. 나는 그 영화를 좋아하지 않았어.

B: **Neither did I.** 나도 그랬어.

🔑 ❶ do동사 ❷ be동사 ❸ 조동사

필수 예제

네모 안에서 어법상 알맞은 것을 고르시오.

(1) I don't want to work with him. So / Neither does Mirae.

(2) I can speak Chinese. So does / can Jina.

(3) My father is tall. So do / am I.

문제 해결 전략

동감을 표현할 때 ❶ ☐ 뒤에는 「Neither+동사+주어.」라고 쓴다. 긍정문에 이어 동감을 표현할 때 「So+동사+주어.」라고 표현하며, 앞에 be동사나 조동사가 쓰인 경우, So 뒤에도 be동사나 ❷ ☐ 를 쓴다.

🔑 (1) Neither (2) can (3) am /
❶ 부정문 ❷ 조동사

확인 문제

1 빈칸에 알맞은 것은?

> **A**: I can't find a skirt that looks good on me.
> **B**: Neither _____ I.

① am ② was ③ do

④ can ⑤ can't

2 밑줄 친 우리말을 영어로 쓰시오.

> **A**: I finished my science homework yesterday.
> **B**: 나도 그랬어.

➡ _____

1 대화의 빈칸에 알맞은 말을 쓰시오.

> **A**: Did you watch the movie *Kingdom*?
> **B**: Sure. I really enjoyed it.
> **A**: So _____ I. It was the best movie I've ever seen.

2 밑줄 친 부분의 쓰임이 다른 것은?

① It is interesting that they have made a new plan.

② It was his advice that changed my life.

③ It is amazing that he became a musician.

④ It is no wonder that we respect the teacher.

⑤ It is strange that my decision affected her.

3 다음 문장을 강조한 문장 중 잘못된 것은?

> Jisu saw me at the cafe.

① It was Jisu that saw me at the cafe.

② It was Jisu who saw me at the cafe.

③ It was me that Jisu saw at the cafe.

④ It was at the cafe that Jisu saw me.

⑤ It was saw that Jisu me at the cafe.

Words

share 나누다
talent 재능
senior citizen 노인
alone 혼자, 홀로
company 함께 있음
patient 환자
local 지역의

[4~5] 다음 글을 읽고, 물음에 답하시오.

(A)I like to share my time and talents with other people. For example, each week I give two hours of my free time to senior citizens who live alone. I carry hot meals to their homes and talk with them. I enjoy their company, and they enjoy mine. I also share my talents with patients at a local hospital. My friends and I get up on stage and dance for them. It is a lot of fun! (B)환자들이 미소를 지으며 그들의 걱정거리를 잊는 것이 나를 행복하게 한다.

4 밑줄 친 (A)에서 my time and talents를 강조하는 문장으로 바꿔 쓰시오.

➡ _____

© Monkey Business Images/shutterstock

문제 해결 전략

문장에서 특정 어구를 ❶ [　　　] 하고 싶을 때, It is(was)와 ❷ [　　　] 사이에 강조할 말을 쓰고, 나머지는 that 뒤에 쓴다.

🔲 ❶ 강조 ❷ that

5 (B)의 우리말에 맞도록 주어진 단어들을 바르게 배열하여 영어로 쓰시오.

their / the patients / worries / smile / forget / that / and

➡ It makes me happy _____

_____ .

문제 해결 전략

that절이 ❶ [　　　]로 쓰인 경우, 문장의 주어 자리에 가주어 it을 쓰고, ❷ [　　　]인 that절은 문장 뒤로 보낼 수 있다.

🔲 ❶ 주어 ❷ 진주어

대표 예제 1

두 문장의 의미가 같도록 빈칸에 알맞은 말을 쓰시오.

> You tried hardest for the play.
> ➡ No one tried _____ than you did for the play.

Tip

「❶ [　　　] ~ 비교급+than」을 이용하여 '가장 ~한'의 뜻인 ❷ [　　　] 을 표현할 수 있다.

🖐 ❶ 부정주어 ❷ 최상급

대표 예제 2

우리말에 맞도록 빈칸에 공통으로 알맞은 말을 쓰시오.

> 어떤 피아노 연주도 그의 연주만큼 인상 깊지는 않았다.
> ➡ No piano performance was _____ impressive _____ his performance.

Tip

「부정주어 ~ as+❶ [　　　] +as」 형태의 원급을 이용하여 ❷ [　　　] 의미를 표현할 수 있다.

🖐 ❶ 형용사·부사 ❷ 최상급

대표 예제 3

대화의 빈칸에 알맞은 말을 쓰시오.

> **Dad**: What are you going to do this weekend?
> **Todd**: I'm going skiing.
> **Mary**: So _____ _____.

Tip

긍정문에 이어 '나도 그렇다'라는 의미의 동감을 표현할 때, 「❶ [　　　] +동사+주어」를 쓴다. 이때, 앞에 나온 동사가 be동사이면 So 뒤에서도 ❷ [　　　] 를 쓴다.

🖐 ❶ So ❷ be동사

대표 예제 4

대화의 빈칸에 알맞은 말을 쓰시오.

> **A**: Are you okay?
> **B**: I have a little stomachache.
> **A**: Maybe you ate too much for lunch.
> **B**: Yes, I wish I _____ _____ so much.

Tip

ate so much for lunch라는 ❶ [　　　] 에 이루지 못한 일의 아쉬움을 나타내므로 「I wish 가정법 ❷ [　　　] 」를 쓴다.

🖐 ❶ 과거 ❷ 과거완료

대표 예제 **5**

두 문장의 의미가 같도록 빈칸에 알맞은 말을 쓰시오.

> I'm sorry that you are not passionate about your work.
> ➡ I wish ＿＿＿＿＿＿＿＿ about your work.

Tip

❶ ＿＿＿＿＿의 이룰 수 없는 소망을 표현할 때, 「I wish 가정법 ❷ ＿＿＿＿＿」를 쓴다.

답 ❶ 현재 ❷ 과거

대표 예제 **6**

우리말에 맞도록 할 때 빈칸에 알맞은 것은?

> Laura가 잊지 못하는 것은 여동생과의 약속이다.
> ➡ It is the promise with her sister ＿＿＿＿ Laura can't forget.

① where ② when ③ until
④ for ⑤ that

Tip

「It ~ that」 ❶ ＿＿＿＿＿ 구문은 It is(was)와 that 사이에 ❷ ＿＿＿＿＿하고자 하는 말을 넣어 강조할 수 있다. '…한 것은 바로 ～이다'로 해석한다.

답 ❶ 강조 ❷ 강조

대표 예제 **7**

〈보기〉와 같이 as if 가정법으로 쓰시오.

보기
Situation: Mina is not a student.
➡ Mina acts as if she ＿＿were a student＿＿.

© Getty Images Bank

(1) **Situation**: James is not an architect.

➡ James talks as if he ＿＿＿＿＿＿＿.

© Getty Images Korea

(2) **Situation**: He didn't know the truth.

➡ He talks as if he ＿＿＿＿＿＿＿.

© NLshop/shutterstock

Tip

현재의 사실과 반대되는 내용을 가정할 때 「as if 가정법 ❶ ＿＿＿＿＿」를 쓰고, 과거의 사실과 반대되는 내용을 가정할 때 「as if 가정법 ❷ ＿＿＿＿＿」를 쓴다.

답 ❶ 과거 ❷ 과거완료

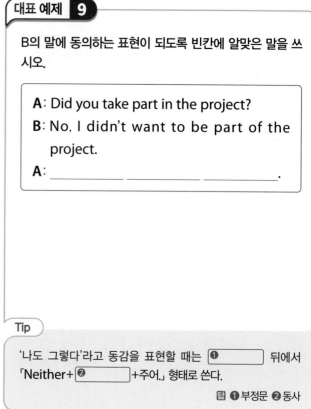

대표 예제 8

두 문장의 의미가 같도록 빈칸에 알맞은 말을 쓰시오.

> That he forgot your name must be disappointing.
> ➡ It must be disappointing _____
>
> _____ .

Tip

that절이 ❶[   ]로 쓰인 경우, 문장의 주어 자리에 가주어 ❷[   ]을 쓰고 that절은 문장 뒤로 보낼 수 있다.

답 ❶주어 ❷it

대표 예제 9

B의 말에 동의하는 표현이 되도록 빈칸에 알맞은 말을 쓰시오.

> A: Did you take part in the project?
> B: No, I didn't want to be part of the project.
> A: _____ _____ _____ .

Tip

'나도 그렇다'라고 동감을 표현할 때는 ❶[   ] 뒤에서 「Neither+❷[   ]+주어.」 형태로 쓴다.

답 ❶부정문 ❷동사

대표 예제 10

우리말에 맞도록 주어진 표현을 바르게 배열하여 문장을 쓰시오.

> 내가 사고 싶었던 것은 바로 그 스피커였다.

(was / it / that / wanted / I / to / the speaker / buy)

➡ _____

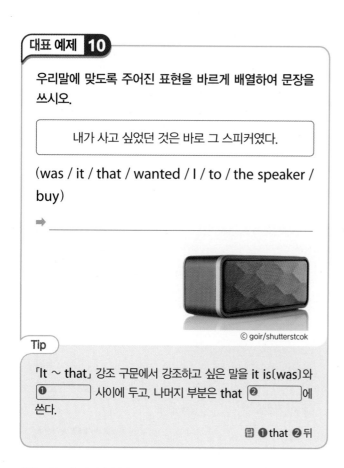

© goir/shutterstcok

Tip

「It ~ that」 강조 구문에서 강조하고 싶은 말을 it is(was)와 ❶[   ] 사이에 두고, 나머지 부분은 that ❷[   ]에 쓴다.

답 ❶that ❷뒤

대표 예제 11

밑줄 친 부분을 강조하여 문장을 다시 쓰시오.

> Our school had a festival <u>in May last year</u>.

➡ _____

Tip

문장에서 특정 어구를 강조하고 싶을 때, ❶[   ]을 it is(was)와 that 사이에 두고, 나머지 부분은 ❷[   ] 뒤에 쓴다.

답 ❶강조할말 ❷that

대표 예제 12

밑줄 친 ①~⑤ 중 어색한 것을 찾아 바르게 고쳐 쓰시오.

I saw the movie *The Perfect Storm* last weekend. ① This was in 2000 that the movie came out. It is about a big storm in the Atlantic Ocean ② that put a fishing boat in danger. I liked the movie because the scenes were ③ more realistic than any other ④ movie. Also, I liked the good acting of the leading actor George Clooney. From the movie, I learned ⑤ that natural disasters like storms can be very dangerous.

_____ ➡ _____

대표 예제 13

밑줄 친 부분과 같은 뜻이 되도록 문장을 완성하시오.

The U.K. Navy won the Ig Nobel Prize for Peace in 2000. To save money, the navy made its sailors shout, "Bang!" instead of using real bombs. Is that funny enough for you to laugh out loud? Andre Geim also won an award that year. He succeeded in floating a live frog in the air by using magnets. "In my experience, that people have a sense of humor to become good scientists is important." he said when he accepted his award.

➡ In my experience, it is _____ _____ to become good scientists.

1 밑줄 친 부분의 쓰임이 나머지 넷과 다른 것은?

① It is true that she betrayed me.

② It was a lie that he missed his chance.

③ It is true that she is a famous singer.

④ It is a soccer ball that he wants to buy.

⑤ It is natural that children resemble their parents.

Tip

「It ~ that」 강조 구문에서는 It is(was)와 that을 생략하면 ❶ _____ 문장이 되지만, 가주어-진주어 구문에서는 It is(was)와 that을 ❷ _____ 하면 문장이 성립되지 않는다.

답 ❶ 완전한 ❷ 생략

2 어법상 옳은 문장은 모두 몇 개인가?

ⓐ This is the more delicious pizza in the world.

ⓑ No other superhero is as great as Superman.

ⓒ Nothing gives me more strength as your encouragement.

ⓓ Our team is strong than any other teams in the world.

① 0개   ② 1개   ③ 2개
④ 3개   ⑤ 4개

Tip

「비교급 + than any other + ❶ _____」나 「❷ _____ ~ 비교급+than」, 「부정주어 ~ as+형용사·부사 +as」 같은 비교급이나 원급을 이용하여 최상급 의미를 표현할 수 있다.

답 ❶ 단수명사 ❷ 부정주어

3 두 문장의 의미가 같도록 할 때 빈칸에 알맞은 것은?

I'm sorry that I'm not a child anymore.

➡ I wish I _____ a child.

© Air Images /shutterstock

① be   ② am   ③ were
④ being   ⑤ will be

Tip

'~라면 좋을 텐데'라는 의미로 ❶ _____ 의 이룰 수 없는 소망을 표현할 때 「I wish 가정법 ❷ _____」를 쓴다.

답 ❶ 현재 ❷ 과거

4 우리말에 맞도록 할 때 빈칸에 알맞은 것은?

그는 마치 내가 보이지 않는 것처럼 행동한다.

➡ He acts _____ if I were invisible.

① as   ② only   ③ for
④ but   ⑤ though

Tip

❶ _____ 의 사실과 반대로 가정할 때 「as ❷ _____ 가정법 과거」를 쓸 수 있으며, '마치 ~인 것처럼'이라고 해석한다.

답 ❶ 현재 ❷ if

5 밑줄 친 부분과 의미가 같도록 주어진 단어를 바르게 배열하여 쓰시오.

> Some people may think that <u>money is the most important thing</u> in their lives. But remember that there are far more important things than money, such as family and friends.

© Getty Images Korea

> as / as / is / important / nothing / money

➡ _____

Tip

'어떤 ~도 -만큼 …하지 않는'의 의미인 ❶ ⬛⬛⬛ 의미를 표현하기 위해 「부정주어 ~ as+❷ ⬛⬛⬛ +as」를 쓸 수 있다.

📋 ❶ 최상급 ❷ 형용사·부사

6 우리말에 맞도록 주어진 표현을 바르게 배열하여 영어로 쓰시오.

> 내가 기다리고 있는 것은 합격통지서이다.

(it / of / a letter / waiting / acceptance / that / is / I'm / for)

➡ _____ .

Tip

「It ~ that」 강조 구문을 이용하여 특정 어구를 ❶ ⬛⬛⬛ 할 때, 강조할 말을 ❷ ⬛⬛⬛ is(was)와 that 사이에 써야 한다.

📋 ❶ 강조 ❷ It

7 다음 상황에서 할 말을 주어진 단어 중 세 개를 골라 빈칸에 쓰시오. (필요한 경우, 단어의 형태를 바꿀 것)

> Your friend says she went hiking last weekend. You want to say that you went hiking, too. In this situation, what would you say to your friend?

> so   I   you   be   do   neither

You: _____ .

Tip

긍정문 뒤에 동감을 표현할 경우, '나도 그렇다'라는 의미로 「❶ ⬛⬛⬛ +동사+주어.」를 쓴다. 이때, 앞에 나온 동사가 일반동사인 경우 ❷ ⬛⬛⬛ 를 쓴다.

📋 ❶ So ❷ do동사

8 빈칸에 알맞은 말을 괄호 안의 단어를 활용하여 고쳐 쓰시오.

> I already threw away the instruction manual for this printer. I wish I _____ _____ it away. (throw)

➡ _____

Tip

「I wish 가정법 ❶ ⬛⬛⬛ 」는 ❷ ⬛⬛⬛ 에 이루지 못한 일에 대한 아쉬움을 나타낸다.

📋 ❶ 과거완료 ❷ 과거

1 진주어에 밑줄 긋고, 전체 문장을 우리말로 쓰시오.

> It seems clear that interest rates will go down in the future.

➡ _____

2 주어진 문장과 쓰임이 같은 것은?

> It is strange that you don't know such a thing.

① It was me that Jake took to a party.

② It was Ted that went to Jejudo for a holiday.

③ It was lucky that I met him at the library.

④ It is a notice that we see on the board.

⑤ It was last Sunday that Jane was playing the drums.

3 두 문장의 의미가 같도록 빈칸에 알맞은 말을 쓰시오.

> I'm sorry that I'm not with you right now.
> ➡ I wish _____ right now.

4 우리말에 맞도록 할 때 빈칸에 알맞은 것은?

> 나에게 음악보다 중요한 것은 없다.
> _____ is more important than music for me.

① No one　　② Anyone　　③ Everyone

④ Nothing　　⑤ Anything

© CebotariN/shutterstock

5 두 문장의 의미가 같도록 빈칸에 알맞은 말을 쓰시오.

> No other city is as busy as Seoul in Korea.
> ➡ Seoul is _____ _____ any other _____ in Korea.

6 강조하는 어구에 밑줄을 긋고, 우리말로 쓰시오.

> It is the low birth rate that we are currently struggling to solve.

➡ _____

7 빈칸에 들어갈 말로 알맞은 것은?

> Brandon acts as if he _____ my mentor, but in fact, he is not.

① is   ② be   ③ were
④ being   ⑤ will be

8 주어진 단어를 바르게 배열하여 대화를 완성하시오.

> A: Is there anything wrong?
> B: Yes, my tablet PC won't turn on.
> _____
> (charged / wish / I / had / I / it)

9 네모 안에서 알맞은 말을 고르고, 밑줄 친 부분을 우리말로 쓰시오.

> They were full after lunch, but now they are eating snacks as if they didn't eat / hadn't eaten lunch.

➡ _____

10 대화의 밑줄 친 우리말을 영어로 쓰시오.

> A: Yuna seems angry with us, but I don't know why she's angry.
> B: 나도 그래.

➡ _____

2주 창의·융합·코딩 전략 ❶

A 각 사람이 한 말을 I wish 가정법으로 바르게 나타낸 것에 표시하시오.

1

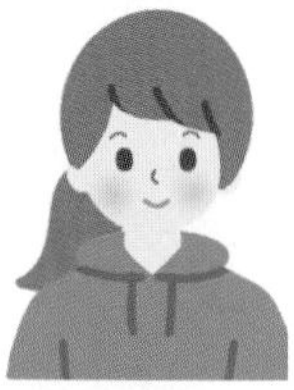

Jenny

What a pity I didn't meet you last night.

☐ I wish I had met you last night.

☐ I wish I hadn't met you last night.

2

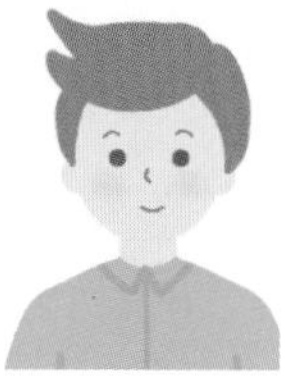

Chris

I shouldn't have had such a heavy dinner so late.

☐ I wish I had such a heavy dinner so late.

☐ I wish I hadn't had such a heavy dinner so late.

3

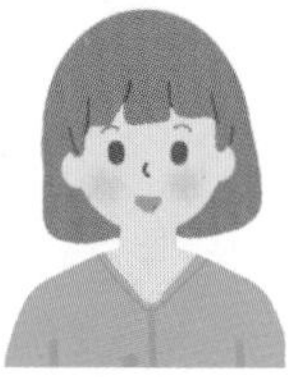

Betty

It would be so nice to have a house next to the lake.

☐ I wish I had a house next to the lake.

☐ I wish I had had a house next to the lake.

Tip

현재의 이룰 수 없는 소망을 나타낼 때 「I wish 가정법 ❶ ______」를 쓰고, 과거에 이루지 못한 일에 대한 아쉬움을 나타낼 때 「I wish 가정법 ❷ ______」를 쓴다.

답 ❶ 과거 ❷ 과거완료

>> 정답과 해설 42쪽

B 구조에 맞게 주어진 표현을 바르게 배열하여 문장을 완성하시오.

ⓒ Mr Twister /shutterstock

1

가주어	동사 + 보어	진주어(that절)
It	was careless	
(X)	부주의하다	네가 버스에 책을 두고 내린 것

.

book / you / that / your / left / on the bus

ⓒ ivan bastien/shutterstcok

2

가주어	동사	진주어(that절)
It	is important	
(X)	중요하다	네가 책을 읽는다는 것

.

read / that / the book / you

3

주어	동사	가목적어	목적격 보어	진목적어
I	find	it	interesting	
나는	~라고 여기다	(X)	흥미로운	그녀가 그를 모른다고 주장하는 것

.

she / that / him / to know / not / claims

Tip

긴 that절이 주어나 목적어로 올 때 [❶   ]나 진목
적어를 뒤로 보내고, 문장의 [❷   ]나 목적어 자리
에 it을 쓴다.

답 ❶ 진주어 ❷ 주어

창의·융합·코딩 전략 ②

C 각 문장에 알맞은 카드를 하나 골라 문장을 완성하시오.

1 | Columbus is | _____ | than any other explorer. |

2 | No other movie is | _____ | this one. |

3 | It was | _____ | that I invited to my party. |

4 | It is | _____ | that we take the test. |

© Billion Photos/shutterstco

| as famous as | more famous | the most famous |

| at the party | in the classroom | my classmates |

D 각 사람이 하는 우리말에 맞도록 알맞은 카드를 색깔별로 한 개씩 골라 문장을 완성하시오.

1 나의 부모님은 마치 모든 것을 다 알고 있었던 것처럼 행동했다.

➡ _____

2 그는 마치 그가 실제로 조종사인 것처럼 행동한다.

➡ _____

3 그녀는 마치 아무 고민이 없는 것처럼 보인다.

➡ _____

My parents acted	as if he were actually a pilot
She looks	as if they had known everything
He acts	as if she didn't have any worries

Tip

현재의 상황과 반대되는 일을 가정할 때 「as if+주어+동사의 ❶ 」으로 표현하고, ❷ 의 상황과 반대되는 일을 가정할 때 「as if+주어+had+과거분사」로 표현한다.

❶ 과거형 ❷ 과거

BOOK 2 마무리 **전략**

적중 **1** 관계대명사와 관계부사, 접속사의 쓰임을 알아두자.
적중 **2** 관계대명사와 관계부사의 생략에 대해 알아두자.

선행사가 특정한 사람이나 사물인 경우에 관계대명사의 계속적 용법을 쓸 수 있고, 이 경우 관계대명사는 선행사를 보충 설명한다.

that과 what은 계속적 용법으로 쓸 수 없다.

선행사가 전치사의 목적어일 때 「전치사+관계대명사」로 쓰거나 전치사를 관계사절 끝에 쓴다.

관계대명사 that은 전치사 뒤에 쓰이지 않아요!

「주격 관계대명사 + be동사」나 목적격 관계대명사는 생략할 수 있다.

의문사가 없는 간접의문문에서 if, whether는 '~인지 (아닌지)'라는 뜻의 의문의 의미로 쓰인다.

간접의문의 what은 '무엇'으로 해석하고 뒤에 완전한 문장이 온다. 관계대명사 what은 '~하는 것'으로 해석하고 뒤에 불완전한 문장이 온다.

목적어로 쓰인 접속사 that이나 목적격 관계대명사 that도 생략할 수 있어요!

관계부사는 「전치사(at, on, in, for)+관계대명사」로 바꿔 쓸 수 있어요!

관계부사 중 방법을 나타내는 the way와 how는 함께 쓸 수 없고, 둘 중 하나만 쓴다.

the time, the place, the reason과 같이 선행사가 일반적인 의미일 때 선행사와 관계부사 중 하나를 생략할 수 있다.

관계부사는 「전치사+관계대명사」로 바꿔 쓸 수 있다.

적중 3 비교급과 원급을 이용한 최상급 의미 표현에 유의하자.

적중 4 「I wish 가정법」과 「as if 가정법」 시제에 유의하자.

적중 5 「It ~ that」 가주어−진주어 구문, 「It ~ that」 강조 구문, 도치 구문에 유의하자.

「So/Neither + 동사 + 주어.」에서 주어와 동사가 도치되었어요!

앞 문장에 대한 동의를 표현할 때 긍정문 뒤에서 「So + 동사 + 주어.」를 쓰고, 부정문 뒤에서는 「Neither + 동사 + 주어.」를 쓴다.

GOOD JOB!

「It ~ that」 진주어 - 가주어 구문과 「It ~ that」 강조 구문을 구분해야 한다.

가주어(it) - 진주어(that절), 가목적어(it) - 진목적어(that절)를 파악해야 한다.

현재 사실과 반대되는 내용을 가정할 때 「as if 가정법 과거」를 쓰고 과거 사실과 반대되는 내용을 가정할 때 「as if 가정법 과거완료」를 쓴다.

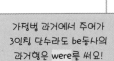

가정법 과거에서 주어가 3인칭 단수라도 be동사의 과거형은 were를 써요!

「부정주어 ~ 비교급 + than」 「비교급 + than any other + 단수명사」와 같은 비교급을 이용해 최상급의 의미를 표현할 수 있다.

「부정주어 ~ as + 형용사 · 부사 + as」와 같은 원급을 이용해 최상급의 의미를 표현할 수 있다.

현재의 이룰 수 없는 소망은 「I wish 가정법 과거」를 쓰고 과거에 이루지 못한 일에 대한 아쉬움은 「I wish 가정법 과거완료」를 쓴다.

© Kaliaha Volha/shutterstock

신유형·신경향·서술형 전략

1

밑줄 친 부분을 수식하는 표현을 괄호로 묶고, 우리말의 빈칸을 완성하시오.

sample

This is the boy (who I met on Saturday).

➡ 이 사람은 <u>내가 토요일에 만난</u> 소년이다.

(1)

Dublin is the city which is the capital of Ireland.

➡ Dublin은 ＿＿＿＿＿＿＿＿＿＿ 도시이다.

(2)

The girl who is sitting on the bench is my sister.

➡ ＿＿＿＿＿＿＿＿＿＿ 소녀는 내 여동생이다.

(3)

The car which I bought last week has already broken down.

➡ ＿＿＿＿＿＿＿＿＿＿ 차가 벌써 고장 났다.

2

밑줄 친 부분이 수식하는 대상을 괄호로 묶고, 우리말의 빈칸을 완성하시오.

sample

(The game) which the children are playing was developed by a high school student.

➡ 그 아이들이 하고 있는 게임은 <u>고등학생에 의해 개발</u>되었다.

(1)

The emotions we feel through music depend on our moods.

© Getty Images Bank

➡ ＿＿＿＿＿＿＿＿＿＿ 우리의 기분에 따라 다르다.

(2)

Jisu, who wants to be an interpreter, speaks five languages: Korean, Chinese, Japanese, English, and Spanish.

➡ ＿＿＿＿＿＿＿＿＿＿＿＿＿ 한국어, 중국어, 일본어, 영어, 스페인어 다섯 개 언어를 말한다.

3 네모 안에서 알맞은 말을 고르고, 이유를 쓰시오.

── sample ──

The boy | whom / whose | father works at the post office helped me.

➡ 정답: _____whose_____

➡ 이유: _선행사가 관계대명사절에서 소유격 역할을 한다._

(1)

Philip, | who / that | is retired now, has moved to Italy.

➡ 정답: _____

➡ 이유: _____

_____

(2)

I'm looking for a restaurant | that / where | serves vegetarian dishes.

➡ 정답: _____

➡ 이유: _____

_____

© Getty Images Korea

4 괄호 안의 표현을 포함하여 다음 문장을 고쳐 쓰시오.

── sample ──

He explained the way.
(the system worked)

➡ He explained the way(how) the system worked.

(1)

I will never forget the day.
(my son was born)

➡ _____

_____

(2)

Let's go to the park.
(the concert is taking place)

➡ _____

_____

Tip

관계대명사절에서 ❶ [_____]는 주격, 목적격, 소유격 등으로 쓰이며, 관계대명사절이 선행사의 의미를 한정하지 않는 경우 ❷ [_____] 용법을 쓴다.

답 ❶ 선행사 ❷ 계속적

Tip

시간, 장소, 이유, 방법을 나타내는 선행사 뒤에 ❶ [_____]가 올 수 있으며, 선행사가 일반적인 의미일 때에는 선행사나 ❷ [_____]를 생략할 수 있다. the way와 how는 둘 중 하나만 쓸 수 있다.

답 ❶ 관계부사 ❷ 관계부사

5 의미가 같은 문장을 고르고, 우리말로 쓰시오.

sample

The Volga is the longest river in Europe.

ⓐ The Volga is longer than any other river in Europe.

ⓑ The Volga is as long as any other river in Europe.

➡ 정답: _____ ⓐ _____

➡ 해석: _Volga는 유럽의 다른 어떤 강보다 더 길다._

(1)

This restaurant is better than any other restaurant in our town.

ⓐ Any restaurant in our town is as good as this restaurant.

ⓑ No other restaurant in our town is as good as this restaurant.

➡ 정답: _____

➡ 해석: _____

(2)

No subject is more difficult to me than math.
© Getty Images Korea

ⓐ Math is the most difficult subject to me.

ⓑ Math is not the most difficult subject to me.

➡ 정답: _____

➡ 해석: _____

Tip

「비교급+than any other+단수명사」, 「부정주어 ∼ as+❶ [　　　]·부사+as」, 「부정주어 ∼ 비교급+than」과 같은 비교 표현을 이용하여 ❷ [　　　] 의미를 표현할 수 있다.

🅰 ❶ 형용사 ❷ 최상급

6 이어질 내용으로 알맞은 것을 고르고, 그 이유를 쓰시오.

sample

Sometimes I feel uneasy because I don't know the future.

ⓐ I wish I could know the future.

ⓑ I wish I know the future.

➡ 정답: _____ ⓐ _____

➡ 이유: _현재 이룰 수 없는 소망을 나타내므로_ _「I wish 가정법 과거」를 쓴다._

(1)

I'm hungry, but I didn't bring anything to eat.

ⓐ I wish I brought sandwiches.

ⓑ I wish I had brought sandwiches.

➡ 정답: _____

➡ 이유: _____

_____

(2)

She talks as if she had lived in Canada.

ⓐ In fact, she doesn't live in Canada.

ⓑ In fact, she didn't live in Canada.

➡ 정답: _____

➡ 이유: _____

_____

Tip

현재의 이룰 수 없는 ❶ [　　　]은 「I wish+주어+동사의 과거형」으로, 과거에 이루지 못한 일에 대한 ❷ [　　　]은 「I wish+주어+had+과거분사」 형태로, ❸ [　　　] 사실과 반대되는 내용을 가정할 때는 「as if+주어+had+과거분사」 형태로 나타낸다.

🅰 ❶ 소망 ❷ 아쉬움 ❸ 과거

7 So 또는 Neither를 이용하여 동감을 표현하는 말을 영어로 쓰시오.

sample

A: I bought a new pair of rollerblades.

B: ___So did I.___

© Getty Images Bank

(1)

© Getty Images Korea

A: Where do you want to spend your vacation?

B: I want to spend my vacation in Switzerland.

A: Really? _____

(2)

A: You look busy.

B: I haven't finished my science homework.

A: _____

8 주어진 문장을 〈조건〉에 맞게 바꿔 쓰시오.

┌ 조건 ┐
1. 밑줄 친 부분을 강조하는 문장이 되도록 쓸 것
2. It ~ that 강조 구문을 사용할 것
3. 시제에 주의할 것
└─────┘

(1) The boys want to win the football match.

➡ _____

the boys want to win.

(2) I found your passport outside.

➡ _____

I found outside.

(3) I had to go to the hospital because of a terrible headache.

➡ _____

I had to go to the hospital.

Tip

긍정문에 이어 동감을 표현할 때에는 「❶ [ ]+동사+주어.」를 쓰고, 부정문에 이어 동감을 표현할 때에는 「❷ [ ]+동사+주어.」를 쓴다.

🖺 ❶ So ❷ Neither

Tip

문장에서 특정 표현을 ❶ [ ]하기 위해 「It ~ that」 강조 구문을 쓸 수 있으며, 강조할 말을 It is(was)와 ❷ [ ] 사이에 둔다.

🖺 ❶ 강조 ❷ that

1 빈칸에 들어갈 말로 알맞은 것은?

> This is the beach _____ I used to walk my dog.

① which   ② who   ③ when

④ where   ⑤ what

2 밑줄 친 부분을 생략할 수 <u>없는</u> 것은?

① He is the chef <u>who</u> made this pasta.

② We went to the shop <u>which</u> you told me about.

③ I talked to a boy <u>who</u> we were looking for.

④ I will return the book <u>that</u> I bought yesterday.

⑤ The car <u>which</u> is parked over there is mine.

3 다음 문장에서 주어진 표현이 들어갈 위치로 알맞은 것은?

> who scored the goal

I'm proud that the girl is on our team.
  ①   ② ③   ④⑤

4 밑줄 친 부분과 바꿔 쓸 수 있는 것은?

> The house <u>where</u> we stayed last month used to be a church 10 years ago.

① there   ② whose

③ when   ④ at which

⑤ of which

5 두 문장의 의미가 같도록 할 때 빈칸에 알맞은 것은?

> I have two daughters. Both of them grew up to be painters.
> → I have two daughters, _____ grew up to be painters.

① who   ② whom   ③ which

④ that   ⑤ whose

6 빈칸에 공통으로 알맞은 것은?

> • It was unfortunate _____ I dropped my cell phone.
> • He sent me a postcard _____ he made himself.

① that   ② which   ③ what

④ when   ⑤ whom

7 밑줄 친 부분 중 생략할 수 있는 것은?

> I don't remember the place where my
> ①   ②
> sister hid her treasures such as pictures,
>   ③   ④
> paintings and letters.
>   ⑤

8 밑줄 친 부분의 쓰임이 〈보기〉와 같은 것은?

> ┤ 보기 ├
> I read a book which was written a long time ago.

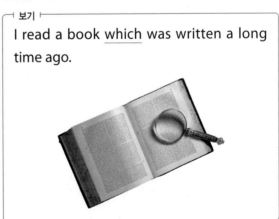

① Which do you prefer, summer or winter?

② I don't know which one I should wear.

③ He didn't tell me which annoys him.

④ Open the drawer which contains your notebooks.

⑤ I was asked which club I would join.

9 두 문장을 관계대명사 또는 관계부사를 사용하여 한 문장으로 고쳐 쓰시오.

> New York City has been described as the cultural, financial, and media capital of the world.
> It is located at the southern tip of the state of New York.

➡ New York City, _____

_____

_____ as the cultural, financial, and media capital of the world.

10 밑줄 친 부분을 어법에 맞게 고쳐 쓰시오.

> Show me the place in <u>that</u> I can buy a new car this afternoon.

➡ _____

11 우리말에 맞도록 빈칸에 주어진 표현을 바르게 배열하여 쓰시오.

> 새끼 물고기가 정착하는 장소들을 통해 무엇을 알 수 있는가?
> ➡ What can you tell from _____
>
> _____ ?
>
> (the baby fish / where / the places / settle)

12 두 문장을 관계부사를 이용하여 한 문장으로 연결하시오.

> Today is the day.
> I have an important exam on this day.

➡ _____

_____

13 어법상 어색한 것을 찾아 고쳐 쓰시오.

> Through psychology, we can learn effective ways how we can consult others.

_____ ➡ _____

14 두 문장을 한 문장으로 연결할 때 빈칸에 알맞은 말을 쓰시오.

> I met many people at the concert.
> Their favorite singer was the same as me.
> ➡ At the concert, I met many people _____ favorite singer was the same as me.

[15~16] 다음 글을 읽고, 물음에 답하시오.

(A) Ants live in colonies. The colonies have lots of residents living together. Within a colony, there are usually three different types of ants. There is the queen, and what she does her entire life is lay eggs. The second type of ant is the male (B)여왕이 이 알들을 생산하는 것을 돕는 The third type of ant is the worker. Worker ants are all female and do very important jobs, like caring for eggs, defending the colony, and collecting food.

15 밑줄 친 (A)를 한 문장으로 고치시오.

➡ Ants live in colonies _____

_____ .

16 (B)의 우리말에 맞도록 주어진 단어들을 배열하여 쓰시오.

the queen / helps / that / produce / these eggs

➡ _____

[17~18] 다음 글을 읽고, 물음에 답하시오.

Garcia-Fuller said ⓐ which sometimes it can be very hard to be a smart news reader. She tests her students with a website ⓑ who appears to provide information on an animal called a tree octopus. The site is full of information on this animal, along with a few unclear photos of octopuses in trees. But like the story of scary clowns, it's totally made up.

The lesson, Garcia-Fuller tells her students, is (A)당신이 보고 있는 정보를 확인하는 것 once more carefully and to question everything, even things ⓒ which I say.

17 밑줄 친 ⓐ~ⓒ를 어법에 맞게 고쳐 쓰시오.

ⓐ which ➡ _____

ⓑ who ➡ _____

ⓒ which ➡ _____

18 (A)의 우리말을 〈조건〉에 맞게 영어로 쓰시오.

┌ 조건 ┤
1. 관계대명사절을 이용할 것
2. check, information을 이용할 것

➡ _____

_____ .

1 빈칸에 들어갈 말로 알맞은 것은?

> I recommend Amy as class president. She is more responsible than _____ in our class.

① any student

② any other student

③ any other students

④ no other student

⑤ no other students

3 밑줄 친 부분의 쓰임이 나머지 넷과 다른 것은?

① It is true that we were a little late.

② It is important that a leader listen to various opinions.

③ It was this program that he eventually chose.

④ It was clear that I saw my sister at the bus stop.

⑤ It was true that Paul met Jessica last Monday.

2 우리말을 영어로 바르게 나타낸 것은?

> 진실된 칭찬보다 더 효과적인 것은 없다.

① Sincere praise is as effective as anything.

② Anything is as effective as sincere praise.

③ Anything is more effective than sincere praise.

④ No one isn't more effective than sincere praise.

⑤ Nothing is more effective than sincere praise.

© VIACHESLAV KRYLOV/shutterstock

4 대화의 빈칸에 알맞은 것은?

> A: This problem seems very difficult to solve. I don't know how to deal with it.
>
> B: _____

① So did I.

② So do I.

③ So don't I.

④ Neither am I.

⑤ Neither do I.

© pathdoc/shutterstock

5 밑줄 친 단어의 형태로 어법상 알맞은 것은?

> I know that James is worried about the test results. But he talks to us as if he <u>do</u> care about the test results at all.

① do ② did ③ didn't
④ does ⑤ doesn't

© Getty Images Korea

6 빈칸에 공통으로 알맞은 것은?

> • Some people predict _____ the population will gradually decrease.
> • It was the psychology class _____ impressed me the most.

① that ② what ③ which
④ how ⑤ whose

7 빈칸에 들어갈 말로 알맞은 것은?

> I'm very shy in front of strangers. I don't like this personality. I wish I _____ sociable.

① be ② am ③ were
④ will be ⑤ being

8 다음 밑줄 친 부분을 강조하여 문장을 다시 쓰시오.

> My students didn't fully understand the message that I was delivering. I wanted them to learn <u>creatively</u>.

I wanted them to learn <u>creatively</u>.

➡ _____

I wanted them to learn.

© Getty Images Korea

9 우리말에 맞도록 주어진 표현에서 필요한 것을 골라 바르게 배열하시오.

> 그녀는 마치 우리를 모른다는 듯이 우리를 본다.
> (looks / she / at us / she hadn't / she didn't / as if / known / wish / us / know)

➡ _____

10 밑줄 친 단어를 알맞은 형태로 고치시오.

> I'm sorry I have no money now. I wish I <u>have</u> some money.

➡ _____

11 다음 문장에서 밑줄 친 부분을 바르게 고치고, 그 이유를 쓰시오.

> No one in this classroom seems to be as enthusiastic about the class <u>than</u> you are.

정답: _____ ➡ _____

이유: _____

12 우리말에 맞도록 「It ~ that」 강조 구문을 사용하여 문장을 완성하시오.

> 내가 슈퍼에서 사려고 했던 것은 달걀이었다.
> ➡ _____ I was going to buy at the supermarket.

13 다음 문장을 가주어 It을 사용하여 다시 쓰시오.

> That he doesn't believe you is not true.

➡ It _____

_____ .

14 다음 대화문의 빈칸에 알맞은 말을 쓰시오.

> **A**: Sometimes, I feel like I am not doing enough for my family.
> **B**: So _____ I.

➡ _____

[15~16] 다음 대화를 읽고, 물음에 답하시오.

> **Minji**: Minsu, there's no cup that I can use. Why didn't you do the dishes?
>
> **Minsu**: Sorry, but I forgot to do them.
>
> **Minji**: What? 너는 마치 집안일이 너와 상관없는 것처럼 행동하는구나. I can't stand it.
>
> **Minsu**: Calm down! I'm busy doing my homework.
>
> **Minji**: Do the dishes first, and then do your homework.
>
> **Minsu**: I can't! I don't think that I can finish my homework today. Science is too difficult for me.
>
> **Minji**: Science? You know I'm good at science. Let me help you.
>
> **Minsu**: Great. Thanks. I'll wash your cup right now and I'll do the rest of the dishes after finishing this.

15 밑줄 친 우리말에 맞도록 빈칸에 알맞은 말을 쓰시오.

➡ You act _____ the housework had nothing to do with you.

16 대화문의 내용과 일치하도록 괄호 안의 단어를 이용하여 문장을 완성하시오.

> Minsu thinks it is impossible _____
> _____, but Minji decides
> to help him. (finish, homework)

[17~18] 다음 글을 읽고, 물음에 답하시오.

> Turkey is a country where East meets West, so it has a long tradition of trade. It is a natural place for large markets like (A)the Grand Bazaar, which was built in 1455 in Istanbul. Back then, the market had two big buildings, and people traded goods like cloth and gold there.
>
> Today the Grand Bazaar is much bigger, and (B)it is the largest covered market in the world. It has 64 streets and more than 4,000 shops under one roof. The market attracts over 250,000 visitors every day. You can buy almost any imaginable item there.

17 (A)를 'in 1455'를 강조하는 문장으로 쓸 때 빈칸에 알맞은 말을 완성하시오.

➡ It was in 1455 that _____
_____.

18 (B)와 같은 의미가 되도록 빈칸에 알맞은 말을 쓰시오.

➡ The Grand Bazaar is _____ _____
_____ _____ covered market in the world.

기초력 다지는 중학 영어 문법서·어휘서

부담 없이 술~술~ 풀리는 중학 영어!

시작은 하루 영어
(문법/어휘)

EASY!	FAST!	FUN!
꼭 알아야 할 핵심 문법과 필수 어휘를 누구나 쉽게 학습할 수 있는 교재!	하루 6쪽, 주 5일, 4주 완성의 체계적인 구성으로 탄탄하게! 꾸준히 공부하는 습관은 덤!	지루하고 어려운 영어는 NO! 만화, 이미지, 퀴즈를 활용한 재미있는 영어 공부!

예비중도 OK! 쉽고 재미있는 중학 영어! 초5~중3(문법/어휘 각 3권)

book.chunjae.co.kr

교재 내용 문의 ·························· 교재 홈페이지 ▶ 중학 ▶ 교재상담
교재 내용 외 문의 ···················· 교재 홈페이지 ▶ 고객센터 ▶ 1:1문의
발간 후 발견되는 오류 ·············· 교재 홈페이지 ▶ 중학 ▶ 학습지원 ▶ 학습자료실

실력 향상 필수학습!
고득점을 예약하자!

구문

영어전략
중학3
BOOK 3 정답과 해설

천재교육

1주 문장의 형식 / 완료 시제

해석 | 1 남: 엄마, 사진은 그만 찍으시고 바람이 부는 것을 느껴 보세요.
여: 내가 이 꽃들을 사진 찍게 해 줘.
2 남: 우리 두 시간 동안 걷고 있어요. 저 피곤해요. 차로 돌아가 요, 엄마.
여: 맞아. 우리가 이렇게 오래 걸은 적이 없지.
3 여: 열쇠가 안 보여. 내가 어딘가에 떨어뜨린 게 분명해.
남: 없어졌을 리 없어요.
4 여: 찾았다! 내가 차를 잠그고 나서 주머니에 넣었어.
남: 이제 집에 갈 수 있겠네요.

1주 1일 개념 돌파 전략 ❶   pp. 8~11

개념 1 Quiz 해설 | 목적어 me의 목적격 보어로 동사원형 use가 쓰였으므로 빈칸에는 사역동사 let이 가장 알맞다.
해석 | Mary는 내가 그녀의 전화를 쓰도록 했다.

개념 2 Quiz 해설 | see는 지각동사이므로 5형식 문장에서 목적격 보어로 동사원형이나 현재분사를 쓴다.
해석 | 나는 그가 어제 길을 걸어가고 있는 것을 봤다.
어휘 | walk down the street 길을 걷다

개념 3 Quiz 해설 | 부사 before는 완료 시제와 쓸 수 있 고, 주어진 문장의 주어가 1인칭이므로, '~한 적이 있다'는 의미로 경험을 나타내는 현재완료의 have를 쓴다.
해석 | 나는 피아노를 연주해본 적이 있다.

> 1-2 ②
> 2-2 stand〔standing〕
> 3-2 have been studying

1-1 해석 | 우리는 그가 방에 들어가게 두면 안 된다.
　　 어휘 | enter ~에 들어가다
1-2 해설 | 5형식 문장에서 동사가 make, let, have의 사역 동사일 때, 목적격 보어로 동사원형을 써야 하므로 ② to think는 think로 고쳐야 한다.
　　 해석 | 그녀의 노래들은 친구들에 대해 생각하게 만든다.

2-1 해석 | Michael은 Angela가 사무실에서 노래하는/울고 있는 것을 들었다.

2-2 해설 | watch는 5형식 문장의 지각동사이므로 목적격 보 어로 동사원형이나 현재분사가 온다. 따라서 빈칸에는 stand 또는 standing이 알맞다.
　　 해석 | 나는 Jim이 그 건물 앞에 서 있는 것을 지켜봤다.
　　 어휘 | in front of ~의 앞에
3-1 어휘 | take a bus 버스를 타다
3-2 해설 | 과거에서 현재의 특정 시점까지 계속되는 동작을 나타낼 때는 현재완료진행을 사용한다.
　　 해석 | 나는 2년 전에 프랑스어를 공부하기 시작했고 여전 히 공부 중이다. → 나는 2년 동안 프랑스어를 공부해 오고 있다.

개념 4 Quiz 해설 | B의 대답으로 보아 A는 '그가 불만스러 웠겠다'고 추측한 것임을 알 수 있다.
해석 | A: 분명 그가 매우 불만스러웠겠다.
B: 응. 그는 계속 소리 질렀어.
어휘 | frustrated 좌절감을 느끼는, 불만스러운 yell 소리 지르 다

개념 5 Quiz 해설 | William이 다른 사람들 앞에서 운 적이 없는 것은 그 사실을 말한 과거 시점보다(said) 앞서 있으므로 과 거완료로 써야 한다.

개념 6 Quiz 해설 | 내가 숙제를 끝낸 것이 과거보다 앞선 과거완료로 표현되므로 먼저 일어난 일은 ①이다.
해석 | 내 친구가 숙제를 하고 있을 때 나는 이미 숙제를 끝냈다.
어휘 | finish 끝내다

> 4-2 shouldn't
> 5-2 ordered, came
> 6-2 had been

4-1 해석 | 그는 공부를 매우 열심히 한 것이 틀림없다. 그는 전 부 A를 받았다.
　　 어휘 | get straight As 전부 A를 받다

4-2 해설 | '~하지 말았어야 했다'라는 과거에 대한 후회는 「shouldn't have+과거분사」로 나타낸다.
어휘 | marry (사람)~와 결혼하다

5-1 해석 | 그녀의 엄마가 문자 메시지를 보내지 말라고 말했을 때 Emily는 이미 문자를 보냈었다.
어휘 | text message 문자 메시지

5-2 해설 | 부모님이 식당에 온 것보다 내가 음식을 주문하지 않은 게 먼저인 것이 자연스러우므로 첫 번째 빈칸에는 과거분사 ordered가, 두 번째 빈칸에는 과거형 came이 알맞다.
해석 | 부모님이 식당에 오셨을 때 나는 아직 음식을 주문하지 않았다.
어휘 | order 주문하다 restaurant 식당

6-1 어휘 | misspell 철자를 잘못 쓰다

6-2 해설 | Charles가 전화를 했을 때 Jane이 그 전부터 화가 나 있었으므로 과거완료를 사용해야 한다.
해석 | Jane은 화가 났다. Charles는 사과하기 위해 그녀에게 전화했다. → Charles가 사과하기 위해 전화했을 때 Jane은 화가 나 있었다.
어휘 | apologize 사과하다

개념 돌파 전략 ❷   pp. 12~13

1 ①
2 written, writing(write)
3 ②
4 ③
5 arrived, had, started
6 was, had, won

1 해설 | 동사원형의 목적격 보어를 갖는 사역동사 made인 ②~⑤와 달리 ①의 made는 목적어만 필요로 하는 3형식 동사이다.
해석 | ① Peter는 내게 웃긴 가방을 만들어 주었다.
② Jessica는 그녀의 여동생이 설거지하게 했다.
③ Dwight는 그의 조카를 집에 가게 했다.
④ 그들은 우리가 방 바깥에 머무르도록 했다.
⑤ Goodman 선생님은 학생들이 그 책들을 읽도록 했다.
어휘 | nephew (남자) 조카

2 해설 | 5형식 문장에서 동사가 지각동사이면 목적격 보어를 동사원형 또는 현재분사로 쓴다.
해석 | 나는 그 시인이 즉석에서 시를 쓰는 것을 보았다.
어휘 | poem 시 on the spot 즉석에서

3 해설 | 현재완료를 사용한 문장이 '~한 적이 있다'로 해석되면 경험, '이미/막 ~했다'로 해석되면 완료를 나타낸다. 주어진 문장은 전에 어떤 일을 해 본 적이 있다는 경험의 의미를 나타낸다. 같은 의미로 쓰인 것은 ②이다.
① 완료 ③ 완료 ④ 계속 ⑤ 계속
해석 | Dylan은 전에 김치를 먹어본 적이 있다.
① Gloria는 막 아침 식사를 했다.
② Jay는 Cameron을 전에 만난 적이 없다.
③ 나는 이미 저녁 식사를 했다.
④ 우리는 십 년 동안 서로를 알아 왔다.
⑤ Lily는 2020년 이후로 한국어를 배워 왔다.

4 해설 | 첫 번째 문장은 'Luke가 그의 꿈을 좇았어야 했다고 생각한다'는 의미로 과거에 대한 아쉬움이 나타나 있다. 따라서 과거에 대한 후회나 아쉬움을 나타낼 때 쓰이는 「should have+과거분사」를 이용해 바꿔 쓸 수 있다.
해석 | 나는 Luke가 그의 꿈을 좇지 않았던 게 안타깝다. → Luke는 그의 꿈을 좇았어야 했다.

5 해설 | 극장에 도착한 것보다 연극이 이미 시작한 것이 더 앞선 시점이므로 극장에 도착한 일은 과거로, 연극이 시작한 일은 과거완료로 써야 한다.
어휘 | arrive 도착하다 theater 극장 play 연극

6 해설 | A는 과거의 어느 한 시점에 일어난 일을 말하므로 과거 시제를 쓰고, B는 시점이 다른 과거의 사실 두 개를 말하므로 앞선 일(다른 국제 대회에서 금메달을 딴 것)에 과거완료를, 나중의 일(올림픽에서 경쟁한 것)에 과거를 쓴다.
해석 | A: 그녀는 피겨스케이팅에서 올림픽 금메달을 딴 첫 번째 한국인이야.
B: 또한 그녀는 올림픽에서 경쟁하기 전에 다른 국제 대회들에서 금메달을 땄어.
어휘 | international 국제의 win a gold medal 금메달을 따다

필수 체크 전략 ❶   pp. 14~17

전략 1 | 필수 예제 |

해설 | 5형식 문장의 동사가 사역동사 make, have, let일 때 목적격 보어는 동사원형이고, help일 때는 동사원형 또는 to부정사이다.

해석 | (1) 의사는 환자가 침대에 기대어 있게 했다.
(2) 의사는 환자가 다리를 올리고 있게 시켰다.
(3) 의사는 환자가 회복하는 것을 도왔다.
어휘 | patient 환자 lift 들다 recover 회복하다

확인 문제

1 (1) go (2) smile
2 to pick

1 해설 | 문장의 동사 let, makes가 사역동사이므로 목적격 보어를 동사원형으로 고쳐야 한다.
해석 | (1) 나는 네가 떠나게 두지 않을 것이다.
(2) 그는 너를 항상 웃게 한다.
어휘 | go away 떠나다 all the time 항상
2 해설 | 동사 get은 준사역동사이므로 목적격 보어는 to부정사의 형태로 써야 한다.
어휘 | pick up ~을 (차로) 데리러 가다 client 고객

전략 2 필수 예제

해설 | 5형식 문장에서 동사가 지각동사일 때 목적격 보어는 목적어와 수동 관계이면 과거분사, 능동 관계이면 현재분사 또는 동사원형이 쓰인다.
해석 | (1) 나는 사람들이 히말라야를 오르는 것을 TV로 볼 수 있다.
(2) 나는 바람이 강하게 불고 있는 게 들린다.
(3) 나는 TV를 켠 채로 두었다.
어휘 | climb 오르다 turn on ~을 켜다

확인 문제

1 organized
2 shaken → shaking(shake)

1 해설 | 목적어와 목적격 보어의 관계가 수동이므로 목적격 보어를 과거분사로 쓴다.
어휘 | organize 정리하다
2 해설 | 다리가 떨리고 있는 것이므로 his legs와 목적격 보어의 관계는 능동이다. 상황상 진행의 의미가 강조되므로 현재분사 shaking으로 쓰는 것이 가장 적절하다.
해석 | Vincent는 매우 긴장했다. 그는 그의 다리가 떨리는 것을 느꼈다.

전략 3 필수 예제

해설 | 현재완료의 형태는 「have(has) + 과거분사」, 현재완료진행의 형태는 「have(has) been + 현재분사」이다.
해석 | (1) 우리는 5년 동안 친구로 지냈다.
(2) 우리는 2018년부터 같은 동네에서 살고 있다.

확인 문제

1 (1) met (2) have
2 saw

1 해설 | (1) 현재완료의 의문문으로 경험을 나타내고 있다.
(2) 이제 막 완료한 일을 나타내고 있으므로 현재완료로 have를 쓰는 것이 맞다.
2 해설 | 현재완료와 현재완료진행은 명확한 과거 시점을 나타내는 a week ago와 같은 표현과 함께 쓸 수 없고 과거를 쓰는 것이 알맞다.
해석 | Max는 Penelope를 일주일 전에 봤다.

전략 4 필수 예제

해설 | 현재완료는 구체적 시점을 나타내는 ago와 함께 쓰이지 않고 for, since와 함께 자주 쓰인다.
해석 | (1) 그는 첫 번째 영화를 12년 전에 찍었다.
(2) 그는 12년 동안 영화감독이었다.
어휘 | film 영화; 촬영하다 director 감독

확인 문제

1 (1) saw (2) have finished
2 (A) for (B) ago

1 해설 | 과거는 명확한 과거 시점을 나타내는 last night과 같은 표현과 함께 쓰이고, 현재완료는 명확한 과거 시점을 나타내는 표현과 함께 쓸 수 없다.

2 해설 | (A) '~동안'은 for를 써서 나타낸다.
(B) 과거 시제는 명확한 과거 시점을 나타내는 ago와 함께 쓰일 수 있다.
해석 | Kathy: 이 동네에서 얼마나 오래 살았니?
Nick: 나는 여기서 5년 동안 살았어.
Kathy: 아, 맞다. 너 5년 전에 여기로 이사 왔지.
어휘 | neighborhood 동네

1주 2일 필수 체크 전략 ❷   pp. 18~19

1 ①
2 made(had)
3 ③
4 (A) was (B) have not
5 I haven't heard about it.

1 해설 | '~하게 하다'의 사역동사 make가 5형식(「주어＋동사＋목적어＋목적격 보어」) 문장에서 쓰일 때 목적격 보어는 동사원형으로 쓴다.
해석 | 당신은 말을 물가로 데려갈 수 있지만, 말이 물을 마시게 할 수는 없다.
어휘 | take A to B A를 B로 데려가다

2 해설 | '…가 ~하게 만들다'라는 의미를 나타낼 때 사역동사 make 또는 have를 쓴다.
해석 | A: 부모님이 오늘 내 방을 청소하라고 말씀하셨어. 그렇지 않으면, 한 주 용돈을 받을 수 없어.
B: Fiona, 넌 방을 청소해야 해. → Fiona의 부모님은 그녀가 방을 청소하게 했다.
어휘 | weekly 주 1회의 allowance 용돈

3 해설 | 5형식(「주어＋동사＋목적어＋목적격 보어」) 문장의 동사가 지각동사일 때 목적격 보어는 동사원형 또는 현재분사로 쓴다. 따라서 ③의 to burn은 burn 또는 burning으로 고쳐야 한다.
해석 | ① 우리는 그 문이 닫혀 있는 것을 발견했다.
② 나는 내 심장이 빠르게 뛰고 있는 것을 느꼈다.
③ Adam은 그 집이 타(고 있)는 것을 봤다.
④ 그녀는 누군가 크게 노래하고 있는 것을 들었다.
⑤ Gary는 그의 개가 소파에서 자는 것을 보았다.

[4-5]
4 해설 | last night과 같은 구체적인 과거 시점은 과거 시제와 함께 쓰이므로 (A)에는 be동사의 과거형 was가 알맞다. (B)에는 yet(아직)이라는 부사에서 현재완료 have not이 어울린다는 것을 알 수 있다. 일반동사의 의문문에 대한 답이므로 be동사로 답하는 am not은 적절하지 않다.
지문 해석 | Anne: 어젯밤 장기자랑 쇼는 정말 좋았어.
Blair: 맞아. 그나저나 너 오후 프로그램 정했니?
Anne: 아니 아직 안 정했어. 등산이랑 수영 중에 어떤 게 더 좋을 것 같아?
Blair: 숲에서 야생 새들과 곤충들을 볼 수 있으니까 나는 등산 갈 거야.
Anne: 나도 같이 갈래. 나도 새와 곤충 좋아해.
Blair: 좋아. 등산 안내원이 있을 거라고 들었어.
Anne: 정말? 나는 그것에 대해 들은 적 없는데. 잘됐다.

5 해설 | 현재완료(have＋과거분사)는 '~한 적이 있다'는 의미를 나타낼 수 있다. 의미상 부정문이 되어야 하므로 haven't를 쓴다.

1주 3일 필수 체크 전략 ❶   pp. 20~23

전략 1 [필수 예제]

해설 | 「might have＋과거분사」는 과거에 대한 약한 추측, 「should have＋과거분사」는 과거에 대한 후회를 나타낸다.
해석 | 내 고양이가 물을 엎질렀을지도 모른다. 나는 컵을 다른 곳에 뒀어야 했다.
어휘 | spill 엎지르다 somewhere 어딘가에 else 또 다른

[확인 문제]

1 must
2 can't have

1 해설 | '~했음이 틀림없다,' '분명 ~했을 것이다'를 나타낼 땐 「must have＋과거분사」를 사용한다.

해석 | 너의 어머니가 아프셨다고 들었어. 너 많이 걱정했겠다.

2 해설 | 「can't have＋과거분사」는 '~했을 리 없다'는 의미로 확신을 갖고 추측할 때 사용한다.

어휘 | look＋형용사 ~해 보이다

전략 2 ┌ 필수 예제 ┘

해설 | 과거에 반복적으로 했던 일을 설명할 때 「used to＋동사원형」으로 쓸 수 있다.

해석 | A: 봐! 내가 어렸을 때 목장에서 이 사진을 찍었어.
B: 목장? 너 말 탈 줄 알아?
A: 응. 나는 주말마다 아빠와 함께 말을 타곤 했어.

어휘 | ranch 목장

확인 문제

1 used to
2 ②

1 해설 | 과거의 상태를 나타낼 때는 조동사 used to가 알맞다.
해석 | 여기에 학교가 있었다. 이제는 공원이 있다.

2 해설 | 과거의 일을 표현할 때는 조동사 would나 used to를 사용한다.
해석 | A: 너 테니스 칠 줄 아니?
B: 응, 어렸을 때 친구들과 테니스를 치곤 했어.

전략 3 ┌ 필수 예제 ┘

해설 | 과거로 표현된 일이 기준 시점이 되는 과거이고, 과거완료로 표현된 일이 그 전에 일어난 일이다.

해석 | (1) 내가 도착했을 때, Jack은 이미 일하기 시작했었다.
(2) Jack이 내게 손을 흔들었을 때, 나는 그를 찾아낸 상태였다.
(3) Jack은 그 책들을 읽었기 때문에 내게 그것들을 빌려주었다.

어휘 | arrive 도착하다 wave one's hand 손을 흔들다 lend 빌려주다

확인 문제

1 had left
2 have → had

1 해설 | 지갑을 놓고 온 것이 발견한 것보다 먼저 일어난 일인 것이 자연스러우므로 과거완료 had left를 쓰는 것이 알맞다.
해석 | 나는 집에 지갑을 놓고 온 것을 발견했다.
어휘 | discover 발견하다

2 해설 | 친구가 나를 소개한 것보다 내가 그녀에 대해 들은 것이 먼저 일어난 일이므로 현재완료가 아닌 과거완료를 사용해 경험을 나타낸다.
해석 | 내 친구가 나를 그녀에게 소개하기 전에 나는 이미 그녀에 대해 들어봤다.
어휘 | introduce 소개하다

전략 4 ┌ 필수 예제 ┘

해설 | (1) 부사구 an hour ago로 보아 단순 과거 시제 문장이다.
(2) 말한 시점보다 더 과거에 샌드위치를 먹었으므로 과거완료를 사용한다.
(3) until이 이끄는 부사절이 특정한 과거 시점이 되어야 앞의 과거완료(had been)의 쓰임이 자연스러우므로 과거형 ate이 알맞다.

해석 | (1) Harry는 한 시간 전에 샌드위치를 먹었다.
(2) Harry는 한 시간 전에 샌드위치를 먹었다고 말했다.
(3) Harry는 샌드위치를 먹을 때까지는 배가 고팠다.

확인 문제

1 he had, finished
2 had recommended

1 해설 | Bob은 먼저 소설의 초고를 끝낸 뒤 그 사실을 말한 것이므로 과거완료를 사용한다.
어휘 | first draft 초고, 초안 novel 소설

2 해설 | Ella가 영화를 추천한 일이 Nick이 영화를 본 일보다 앞선 과거의 일이므로 과거완료로 쓴다.

해석 | Ella는 Nick에게 그 영화를 추천했고, 그는 그것을 보았다. → Nick은 Ella가 추천한 그 영화를 보았다.

1주 3일 필수 체크 전략 ❷   pp. 24~25

1 (A) must (B) should
2 ④
3 had not brought
4 I used to feel that way
5 ⓔ had helped → helped

1 해설 | '~했음이 틀림없다'는 「must have+과거분사」로, '~했어야 했다'는 「should have+과거분사」로 나타낸다.

해석 | A: 수학 시험 어렵지 않았니?
B: 나는 쉽다고 생각했어.
A: 정말? 너 열심히 공부했던 게 틀림없구나.
B: 너 연습문제지를 복습했어야 했어.
A: 난 그렇게 하는 걸 잊어버렸어.
어휘 | review 복습하다 forget 잊어버리다

2 해설 | 조동사 would와 used to는 과거에 반복적으로 했던 일을 설명할 때 쓰인다. 「be used to+명사(동명사)」는 '~에 익숙하다'는 의미다.

해석 | ① 우리는 외식을 많이 하곤 했다.
② 나는 그와 친구였다.
③ White씨는 피아노 연주자였다.
④ 그녀는 큰 차를 운전하는 것에 익숙했다.
⑤ Pamela는 매달 수영을 하러 가곤 했다.
어휘 | eat out 외식하다

3 해설 | Sarah가 깨달은 것은 과거의 일이고 지갑을 가져오지 않은 것은 그보다 더 먼저 일어난 일이므로 과거완료를 써야 한다. 과거완료의 올바른 형태는 「had+과거분사」이고 부정문일 때는 had 뒤에 not을 쓴다.

어휘 | realize 깨닫다 bring 가져오다

[4-5]

4 해설 | '~하곤 했다'는 의미의 「used to+동사원형」은 과거에 반복적으로 한 행동이나 상황을 나타낼 때 쓴다.

지문 해석 | 엄마: 뭐 하고 있니, Oliver?
Oliver: 시험을 위해 공부하고 있어요. 점수 때문에 스트레스 받아요.
엄마: 이해해. 나도 그렇게 느끼곤 했어.
Oliver: 정말요? 그건 몰랐어요.
엄마: 그래, 그런데 약간의 스트레스는 내게 도움이 됐어.
Oliver: 어떤 것 때문에 그렇게 말씀하세요?
엄마: 내가 공부에 더 집중하게 했거든.
Oliver: 알겠어요. 스트레스가 다른 방식으로도 도움이 됐나요?
엄마: 응, 기억력을 향상시키는 데 도움이 됐단다.

5 해설 | 과거 시제의 의문문에 대한 답이며, 과거완료를 쓰기 위한 기준이 되는 과거 시점도 제시되어 있지 않으므로 과거완료 대신 과거형으로 쓰는 것이 자연스럽다.

1주 4일 교과서 대표 전략 ❶   pp. 26~29

1 know
2 ②
3 has been used
4 ①
5 growing(grow)
6 ②
7 writers who had expressed their longing for freedom in their works
8 been learning
9 had chosen
10 must have
11 show, say
12 (1) must have loved (2) should have
13 She has been studying wild chimpanzees in Africa

1 **해설** | 사역동사 let은 5형식 문장에서 동사원형을 목적격 보어로 쓴다.

어휘 | happen 일어나다, 발생하다

2 **해설** | 문을 잠그지 않은 것이 그 사실을 안 과거 시점보다 더 앞서므로 과거완료로 쓴다.

3 **해설** | 부사구 since long ago로 보아 '~해 왔다'는 의미로 계속을 나타내는 현재완료(have＋과거분사)를 사용하는 것이 적절하며, '사용되는' 것이 자연스러우므로 수동태로 써야 한다.

해석 | Ha-ha는 웃음소리다. 오래전부터 사용되어왔다.

어휘 | laughter 웃음

4 **해설** | 과거 일에 대한 후회를 나타낼 때는 「should have＋과거분사」를 쓴다. '너는 ~했어야 했다'는 의미가 되므로 충고나 질책을 할 때 쓸 수 있다.

해석 | 너는 더 주의했어야 했어.

어휘 | careful 조심하는

5 **해설** | 5형식 문장에 see 등의 지각동사가 쓰이면 목적격 보어는 동사원형 또는 현재분사의 형태로 쓴다.

해석 | A: 너는 그걸 심고 물을 줘야 해.

B: 다음에 무슨 일이 일어나는데?

A: 너는 새잎들이 자라는 걸 보게 될 거야.

어휘 | plant 심다 water 물을 주다

6 **해설** | ② 준사역동사 help는 목적격 보어로 동사원형 또는 to부정사를 쓴다.

해석 | ① 그것은 나를 기분 좋게 만든다.

② 나는 그녀가 새장 청소하는 것을 도왔다.

③ 그녀는 집을 정리된 상태로 유지한다.

④ 나는 한 소년이 무대 위에서 춤추고 있는 것을 봤다.

⑤ 그는 그의 개가 밖에서 짖고 있는 것을 들었다.

어휘 | cage 새장, 우리 bark 짖다

7 **해설** | 작가들이 자유에 대한 열망을 그들의 작품에서 표현한 것은 작가들에 대한 대화가 있었던 것보다 더 먼저 일어난 일이므로 과거완료로 나타낸다.

지문 해석 | 8월 15을 기념합시다

지난주에 우리는 수업에서 8월 15일을 기념했다. 우리는 가혹한 시기를 살아냈고 독립을 얻기 위해 노력했던 사람들의 사진을 붙였다. 또한 자유에 대한 열망을 그들의 작품에서 표현했던 작가들에 대한 대화도 있었다.

어휘 | celebrate 기념하다

live through 살아내다

harsh 혹독한, 가혹한

achieve 얻다, 성취하다

independence 독립

8 **해설** | 10살에 배우기 시작한 영어를 현재까지 계속 배우고 있으므로 현재완료진행(「have been＋현재분사」)을 사용하여 나타낸다.

해석 | 나는 10살에 영어를 배우기 시작했고 아직도 배우고 있다. → 나는 10살부터 영어를 배워 오고 있다.

9 **해설** | 후회하는 시점보다 더 이전에 선택했던 일을 후회하는 것이 자연스러우므로 빈칸에는 과거완료가 알맞다.

해석 | 그는 힙합 노래를 선택했던 것을 후회했다.

어휘 | regret 후회하다

10 **해설** | 과거의 일에 대해 '~했음이 틀림없다'는 의미로 강한 추측(긍정)을 나타낼 때 「must have＋과거분사」로 쓴다.

어휘 | delighted 기쁜

11 **해설** | 5형식 문장에서 사역동사 make와 let은 동사원형을 목적격 보어로 쓴다.

해석 | A: 우리는 티셔츠 디자인을 정해야 해.

B: 화면에 디자인을 몇 가지 보여줄게.

A: 짧은 소매가 있는 것이 낫다.

B: 왜 그렇게 말해?

A: 그게 더 편해 보여.

어휘 | screen 화면 sleeve 소매

12 **해설** | (A) "스포츠를 사랑했음이 틀림없다."는 뜻의 과거 일에 대한 강한 추측(긍정)을 나타내는 「must have＋과거분사」로 고쳐 쓰는 것이 알맞다.

(B) 후회는 「should have＋과거분사」로 나타낸다.

지문 해석 | 나의 할머니는 종종 내게 1940년대에 야구를 하셨던 흥미진진한 이야기 해주신다. 그녀는 그 운동을 매우 사랑하셨던 게 분명하다. 그녀는 항상 "네가 원하는 것을 추구하렴, Sarah. 실패하는 것을 부끄러워하지 마."라고 말씀하신다. 그녀가 TV로 야구 경기를 볼 때 그녀는 종종 "나는 시카고로 갔어야 했어. 알잖니, 나는 시카고에서 선수가 되려고 했어. 난 너무 두려워서 그 기회를 포기했단다. 실패한다고 해도 절대 기회를 놓치지 마라"라고 말씀하신다.

어휘 | be ashamed of ~을 부끄러워하다 chance 기회 miss 놓치다 opportunity 기회 even if ~ 일지라도

13 **해설** | 과거부터 현재까지 계속 진행되어 오고 있는 일을 설명할 때 현재완료진행(「have〔has〕 been＋현재분사」)을 사용한다.

지문 해석 | Jane Goodall은 영국 런던에서 1934년에 태어났다. 그녀는 20대부터 아프리카의 야생 침팬지들을 연구해 오고 있다. 그녀는 또한 침팬지의 보호를 위해 일해오고 있다. 1995년, 그녀는 야생 동물을 보호한 것으로 Hubbard 훈장을 받았다. 그녀 일생의 연구 덕분에 우리는 침팬지에 대해 많이 알게 됐다. Jane Goodall은 역사상 가장 훌륭한 과학자 중 한 명이다.

어휘 | protection 보호 receive 받다 scientist 과학자 history 역사

 주 **4**일 교과서 대표 전략 ❷   pp. 30~31

1 ④
2 ②, ④, ⑤
3 have been spending, for
4 ③
5 ②, ⑤
6 got up late because I had gone to bed late
7 the plants had started
8 laugh, feel

1 **해설** | ①, ②, ③, ⑤는 현재완료의 결과, ④는 경험을 나타내고 있다.
해석 | ① 그녀는 진실을 알아냈다.
② 나는 그것을 혼자 하기로 정했다.
③ 나의 친구 중 많은 수가 그들의 집을 잃었다.
④ 너는 물 위에서 식사를 해 본 적이 있니?
⑤ 과학 과제로 우리 조는 매우 특별한 곤충들을 골랐다.
어휘 | find out 알아내다, 발견하다 on one's own 혼자서

2 **해설** | 빈칸은 5형식 문장의 목적격 보어 자리다. 문장의 동사가 지각동사 see이므로 동사원형 또는 현재분사가 와야 한다.
해석 | 우리는 종종 Fin이 어둠 속에서 ② 움직이는 / ④ 춤을 추는 / ⑤ 춤을 추고 있는 것을 본다.

3 **해설** | 과거에 시작된 일이 현재까지 계속 진행되고 있음을 나타낼 때 현재완료진행(「have〔has〕been+현재분사」)을 쓴다.
해석 | 나는 두 달 전에 매주 토요일에 '나만의 시간'을 보내기 시작했고 여전히 그러는 중이다. → 나는 두 달 전부터 매주 토요일에 '나만의 시간'을 보내는 중이다.
어휘 | me time 나만의 시간

4 **해설** | 「might〔may〕have+과거분사」는 '~했을지도 모른다'는 의미로 과거 일에 대한 강하지 않은 추측을 나타낸다.
해석 | 그녀는 뜨거운 태양 아래에서 정장을 입은 것이 그를 조급하게 만들었을지도 모른다고 생각했다.
어휘 | impatient 조급한, 참을성이 없는

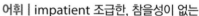

5 **해설** | 주어진 문장의 밑줄 친 부분은 과거부터 현재까지 계속된 일을 나타내는 현재완료다. ①은 결과, ③은 경험, ④는 완료를 나타낸다.
해석 | 우리는 지난 4월부터 여기 살고 있다.
① 너 휴대전화를 잃어버렸니?
② 너는 그녀를 얼마나 오래 알고 지냈니?
③ Chuck은 전에 거기 가 본 적이 없다.
④ 그녀는 숙제를 막 끝냈다.
⑤ Lily는 몇 년째 소설을 써 왔다.

6 **해설** | 늦게 일어난 것이 과거의 일이고 늦게 잔 것은 그보다 더 먼저 일어난 일이므로 과거완료(had+과거분사)로 나타낸다.

7 **해설** | 과거완료(had+과거분사)는 특정 과거 시점보다 더 먼저 일어난 일을 나타낼 때 쓴다.
해석 | 나는 꽃과 채소 씨앗을 심었고 그것들에 물을 주었다. 약 2주 후, 나는 식물이 나오기 시작했었다는 것을 발견했다! 그것들은 정말 빨리 성장했다.
어휘 | pop up 나오다 grow 자라다

8 **해설** | 사역동사 make의 목적격 보어 자리이므로 동사원형 laugh와 feel이 알맞다.
해석 | A: 민호는 항상 우리가 소리 내어 웃게 해.
B: 맞아. 그는 우리가 행복하게 느끼게 할 만큼 충분히 웃겨.
어휘 | out loud 소리 내서

1주 누구나 합격 전략

pp. 32~33

1 we moved to Seoul
2 crying
3 have been
4 ② 5 ③ 6 ⑤
7 I can hear someone playing the guitar
8 let, give
9 She has been talking on the phone for two hours.
10 (1) Did, had (2) should have

1 해설| 방콕에서 5년간 살았던 일을 과거완료로 나타냈으므로, 서울로 이사한 일이 기준이 되는 과거 시점이 된다. 따라서 동사 move를 과거형 moved로 고쳐 써야 한다.
해석| 우리는 서울로 이사 가기 전에 5년 동안 방콕에서 살았다.

2 해설| 지각동사 see가 쓰였으므로 목적격 보어는 동사원형 또는 현재분사가 되어야 한다. 따라서 crying이 알맞다.

3 해설| 현재완료는 「have+과거분사」의 형태이고, be동사의 과거분사는 been이다.
해석| 나는 의사이다. → 나는 (과거부터 현재까지) 의사이다.

4 해설| 막 완료된 일을 나타내는 ②를 제외하면 나머지는 모두 현재완료의 계속의 의미를 나타내고 있다.
해석| ① 너희는 얼마나 오래 알고 지냈어?
② Morgan 박사는 막 사무실을 떠났다.
③ 그들이 결혼한 지 13년이 됐다.
④ 나는 10년 동안 야생 동물들 사진을 찍어왔다.
⑤ Nate는 그가 가장 좋아하는 가수에게 2019년부터 팬레터를 써왔다.

5 해설| 「must have+과거분사」는 '~했음이 틀림없다'의 뜻이므로 '~했어야 했다'는 의미로 과거 일에 대한 후회를 나타내도록 「should have+과거분사」가 되어야 하므로 must를 should로 고친다.
어휘| be satisfied with ~에 만족하다

6 해설| 현재완료는 명확한 과거 시점을 나타내는 ago와 함께 쓰이지 않으므로 ①의 have seen은 saw로 고쳐야 한다.
해석| ① 그녀는 방금 차를 샀다.
② 그는 몇 달째 일하지 않고 있다.
③ 그곳에 가본 적이 있니?
④ 나는 2012년부터 샌프란시스코에 살았다.
⑤ 나는 사흘 전에 그 그림을 보았다.
어휘| painting 그림

7 해설| 지각동사 hear를 사용한 5형식 문장으로 배열하는 것이 적절하다. 이 때 목적격 보어는 동사원형 또는 현재분사를 쓴다.
해석| A: 너도 이 소리 들리니?
B: 응, 누군가 기타를 치고 있는 게 들려.

8 해설| let은 사역동사로 쓰이므로 목적격 보어가 동사원형이 될 수 있다. 따라서 let, give 순으로 빈칸에 넣는다.
해석| A: 나는 이걸 할 수 없을 것 같아.
B: 나는 네가 이렇게 포기하게 놔둘 수 없어. 다시 한 번 해보자.
어휘| give up 포기하다

9 해설| 현재완료진행은 「have been+현재분사」의 형태로 쓰고 주어가 3인칭 단수이므로 have 대신 has를 쓴다.
어휘| on the phone 통화 중인

10 해설| (1) '무슨 일이 일어난' 것보다 '내가 떠난' 것이 먼저이므로 '무슨 일이 일어난' 것은 과거로, '내가 떠난' 것은 과거완료로 나타낸다.
(2) 과거에 대한 후회는 「should have+과거분사」를 써서 나타낸다.
해석| A: 어젯밤 파티 어땠니? 내가 떠난 후 무슨 일이 있었니?
B: 아니, 그냥 지루했어. 너랑 같이 떠났어야 했어.

1주 창의·융합·코딩 전략 ❶, ❷   pp. 34~37

A 1 Serena
  2 Anna
  3 Dorothy
B (1) had sent (2) have gotten〔been〕
C 1 took
  2 have known
  3 has lived
  4 told me
D 1 My brother might〔may〕 have had the cake when I was not home.
  2 I had not finished my homework when my friend called me.
  3 I had worked out before I had dinner.

A 1 해설 | 지각동사인 see의 목적격 보어는 동사원형 또는 현재분사의 형태이다.
해석 | Serena: 나는 기린이 사자와 싸우는 것을 본 적이 없다.
Richard: 나는 기린이 사자와 싸우는 것을 TV에서 봤어.

2 해설 | 5형식 문장에서 동사가 사역동사 let일 때 목적격 보어는 동사원형이 된다.
해석 | Chris: Vivian은 내게 그녀의 책을 빌리게 해 줬어.
Anna: 선생님은 이 책을 읽게 했어.

3 해설 | 5형식 문장의 동사가 watch 등의 지각동사일 때 목적격 보어는 동사원형 또는 현재분사의 형태이다.
해석 | Dorothy: Kyle의 여동생이 내가 그녀가 춤추는 것을 찍게 했어.
Kevin: 나는 일찍 떠났기 때문에 Kyle의 여동생이 춤추는 것을 볼 수 없었어.

B 해설 | (1) 그녀가 말한 것보다 편지를 쓴 것이 더 먼저 일어난 일이므로 과거완료(had+과거분사)로 나타낸다.
(2) 과거에 대한 강한 추측을 「must have+과거분사」로 나타낼 수 있다. be lost는 '없어지다'라는 의미이다.
해석 | David: 여보, 오늘 하루 어땠어?
Leah: 좋았어. 도서관에 갔다가 오랜 친구 Carole을 우연히 만났어.
David: Carole이 누군데?
Leah: 내가 어렸을 때 가장 친한 친구 중 한 명이었어. 그녀는 거기 사서야. 여보, Carole한테 온 우편 본 적 있어?
David: 아니, 없어.

Leah: 이상하다. 그녀가 나한테 편지를 두 통 보냈는데 난 못 받았어.

20xx년 7월 22일
점심을 먹고 책을 읽으려고 도서관에 갔다. 도서관에 들어갔을 때 오랜 친구 Carole이 사서로 일하고 있는 것을 봤다. 그녀는 내게 편지를 두 통 보냈었다고 말했다. 불행히도 나는 아무것도 받지 못했다. 그것들은 어딘가에서 분실된 게 틀림없다. 나는 Boston으로 이사 온 후부터 그녀를 매우 그리워했다. 우리는 내일 점심을 먹을 것이다.
어휘 | librarian 사서

C 해설 | 1, 4. 현재완료는 ago나 last ~와 같은 명확한 과거 시점을 나타내는 어휘와 쓰이지 않는다.
2, 3. 현재완료로 현재까지 계속된 일을 나타낸다.
해석 | 1. 나는 1분 전에 저 사진을 찍었다.
2. 그들은 2년째 알고 지내 왔다.
3. Mary는 작년부터 스페인에서 살아왔다.
4. 그녀는 어젯밤에 내게 이 이야기를 했다.
어휘 | take a picture 사진을 찍다

D 해설 | 1. 과거 일에 대한 강하지 않은 추측은 「might〔may〕 have+과거분사」로 나타낸다.
2. 전화를 한 것보다 먼저 일어난 숙제를 끝내지 못한 일을 과거완료로 나타낸다.
3. 저녁 식사를 한 것보다 먼저 일어난 일인 운동을 한 일을 과거완료로 나타낸다.
어휘 | work out 운동하다

2주 분사 / to부정사 / 동명사 / 수동태

해석 | 1 남: 나는 나의 부서진 안경을 고쳐야 해.
여: 나 안경점을 운영하는 사람을 알아.
2 그 오페라는 이해하기 너무 어려웠어. 음악을 들으면서 난 잠이 들었어.
3 여: 네가 끝까지 기다리는 게 분명 어려웠겠다. 네가 지겨워했던 게 안타까워.
남: 끝까지 기다리는 게 정말 지루했어.
4 여: 그 오페라는 좋았어. 그건 어떤 여왕을 위해서 유명한 작곡가에 의해 쓰였어. 그는 '음악의 천사'라고 불렸어.

2주 1일 개념 돌파 전략 ❶　　pp. 40~43

개념 1 Quiz　해설 | 명사(the girl)를 꾸미려면 현재분사 (standing) 형태가 와야 한다.
해석 | 나는 문 옆에 서 있는 소녀를 알아요.

개념 2 Quiz　해설 | 동사 앞에 접속사와 주어가 없고 주절의 시제가 과거이므로 drink는 어울리지 않으며, 현재분사를 써야 한다.
해석 | 그녀는 핫초코를 마시며 영화를 보았다.

개념 3 Quiz　해설 | 두 번째 문장의 주어 자리에 가주어 it을 썼으므로, 빈칸에 진주어 역할을 하는 to부정사를 쓴다.
해석 | 당신의 데이터를 복원하는 것은 가능합니다.
어휘 | restore 복구하다

> 1-2 his friends
> 2-2 ③
> 3-2 to contact us / 우리는 우리와 연락하는 것을 쉽게 만들었다.

1-2 해설 | 현재분사구 playing soccer가 명사 his friends를 꾸미고 있다.
해석 | 그는 축구를 하고 있는 그의 친구들을 보고 있었다.
어휘 | play soccer 축구를 하다
2-1 해석 | 나는 노래를 부르면서 방을 청소했다.
2-2 해설 | He read a report 뒤에 분사구문이 이어져야 자연스러우므로, ③에 오는 것이 적절하다.
해석 | 그는 소파에서 커피를 마시면서 보고서를 읽었다.
3-1 해석 | 이 강에서 수영하는 것은 위험하다.

3-2 해설 | made 뒤의 목적어 자리에 가목적어 it을 쓰고, 진목적어인 to부정사는 문장 맨 뒤에 썼다.
어휘 | contact 연락하다

개념 4 Quiz　해설 | to부정사(to fix)의 의미상 주어로 「for+목적격」을 써야 한다.
해석 | 내가 컴퓨터를 고치는 것은 쉽다.
어휘 | fix 고치다

개념 5 Quiz　해설 | worth+동명사: ~할 가치가 있는
해석 | 그 영화는 볼 가치가 있다.

개념 6 Quiz　해설 | 4형식의 간접목적어인 me를 문장의 주어 자리에 썼으므로, 동사는 수동태인 「be동사+과거분사」의 형태가 되어야 한다.
해석 | 그들은 나에게 진실을 말했다. (=나는 그들에게 진실을 들었다.)
어휘 | truth 진실

> 4-2 ②
> 5-2 taking
> 6-2 am, called

4-1 해석 | 그녀가 그러한 것을 말하는 것은 이상했다.
어휘 | strange 이상한
4-2 해설 | to부정사(to get) 바로 앞에 의미상 주어를 「for+목적격」의 형태로 쓴다.
해석 | 그녀가 자격증을 따는 것은 가능할지도 모른다.
어휘 | license 자격증
5-1 해석 | A: 너는 지금 바로 집에 가고 싶니?
B: 응, 그러고 싶어.
5-2 해설 | It is no use+동명사: ~해도 소용없다
해석 | 약을 먹어도 소용없다.
어휘 | pill 알약

6-1 해석 | 그 기회가 나에게 주어졌고, 나는 그것을 놓치고 싶지 않았다.
어휘 | chance 기회 miss 놓치다

6-2 해설 | 5형식의 수동태 문장이 되므로, 「목적어+be동사+
과거분사+목적격 보어+by+행위자」 형태로 바꿔야 한다.
해석 | 내 친구들은 종종 나를 해결사라고 부른다.
어휘 | troubleshooter 해결사, 분쟁조정자

2주 1일 개념 돌파 전략 ❷   pp. 44~45

1 (1) wearing a hat / 모자를 쓴 남자가 햄버거를 주문했다.
(2) fixed by Molly yesterday / 어제 Molly가 고친 프
린터가 또 고장 났다.
2 Reading a newspaper
3 (1) to live without water / 물 없이 사는 것은 불가능
하다.
(2) to talk about the topic / 그 주제에 대해 대화하는
것은 흥미로웠다.
4 (1) for me / 그의 수업은 내가 이해하기에는 너무 어렵다.
(2) my / 제가 여기 앉아도 될까요?
5 (1) eating / 나는 단 것을 먹고 싶지 않다.
(2) asking / 그것에 대해 나에게 물어봐도 소용없다.
6 (1) were given
(2) was elected

1 해설 | (1) 현재분사로 시작하는 분사구 wearing a hat이 A
man을 꾸민다.
(2) 과거분사로 시작하는 분사구 fixed by Molly
yesterday가 The printer를 꾸민다.
어휘 | order 주문하다 fix 고치다
2 해설 | 동시 상황을 나타낼 때 분사구문을 쓸 수 있다.
해석 | 그는 신문을 읽으면서 도넛을 먹고 있다.

3 해설 | 문장 맨 앞에 가주어 it을 쓰고, 진주어인 to부정사구
가 문장 뒤에 오는 가주어-진주어 구문이다.
어휘 | unfair 불공평한 another 또 하나의, 더
impossible 불가능한 topic 주제
4 해설 | (1) to부정사의 의미상 주어는 「for+목적격」으로 나타
낸다.

(2) 동명사의 의미상 주어는 소유격으로 쓴다.
어휘 | mind 언짢아하다, 꺼리다
5 해설 | (1) feel like+동명사: ~하고 싶다
(2) It is no use+동명사: ~해도 소용없다
어휘 | sweet 단 것, 사탕
6 해설 | (1) 4형식의 수동태 문장으로 직접목적어가 주어 자리
에 쓰였고, 간접목적어 앞에 전치사 to가 온다.
(2) 5형식의 수동태 문장으로, 목적어가 주어 자리에 오고 목
적격 보어는 수동태 동사 뒤에 온다.
어휘 | reward 보상 elect 선출하다 president 회장, 대
통령

2주 2일 필수 체크 전략 ❶   pp. 46~49

전략 1 필수 예제

해설 | (1) 소년이 '수영하는' 상황(능동)이므로 현재분사가 적절하
다.
(2) 나뭇가지가 '부러진' 상태(수동)이므로 과거분사가 와야 한다.
(3) 남자가 '운전을 하는' 상황(능동)이므로 현재분사를 쓴다.
해석 | (1) 저기서 수영하고 있는 소년이 내 남동생이다.
(2) 바람에 부러진 나뭇가지를 조심해라.
(3) 버스를 운전하는 그 남자를 아니?
어휘 | over there 저기서 branch 나뭇가지

확인 문제

1 ②
2 made

1 해설 | 명사 paintings를 꾸미고, '그려진'이라는 수동의 의
미로 해석되므로 과거분사 drawn이 와야 한다.
해석 | 그녀는 알려지지 않은 예술가에 의해 그려진 그림에 관
심을 가졌다.
어휘 | unknown 알려지지 않은, 무명의 artist 예술가
2 해설 | 빈칸 앞의 a model car는 '만들어진' 것이므로 동사
make를 수동의 의미를 나타내는 과거분사 made로 써서 꾸
며야 한다.
어휘 | surprised 놀란 model car 모형 자동차

전략 2 필수 예제

해설 | 주어나 접속사가 없으므로 분사구문으로 쓰는 것이 적절하
다.

(1) 주어와의 관계로 보아 능동의 현재분사를 쓰는 것이 알맞다.
(2) '그'가 '격려를 받은' 상황(수동)이므로 과거분사가 알맞다. Encouraged 앞에 Being이 생략되었다고 볼 수 있다.
해석 | (1) 큰 소리를 듣고, 모두가 깼다.
(2) 선생님에게 격려를 받고서 그는 자신감을 얻었다.
어휘 | encourage 격려하다

> ┌ 확인 문제 ┐
>
> 1 (1) Having rescued
>   (2) wiping
> 2 being / 두려웠음에도 불구하고

1 해설 | (1) 소년이 아기를 구조한 것은 주절보다 이전에 일어난 일이므로, 완료형 분사구문을 쓴다.
   (2) 동시동작(~하면서)을 나타낼 때 분사구문을 쓸 수 있다.
2 해설 | 분사구문에 쓰인 being은 생략이 가능하며, 분사구문과 주절의 관계로 보아 양보의 의미로 '~일지라도, ~이지만'으로 해석하는 것이 적절하다.
   어휘 | hesitate 망설이다 challenge 도전하다

전략 3 ｜ 필수 예제 ｜

해설 | (1) 분사구문의 부정문은 「not+분사」의 형태로 쓴다.
(2) 분사구문의 주어가 주절의 주어와 다를 때, 분사구문 앞에 의미상 주어를 쓴다.
어휘 | misunderstand 오해하다

> ┌ 확인 문제 ┐
>
> 1 painting
> 2 ①

1 해설 | 주절의 주어와 분사구문의 주어가 다르므로, 독립분사구문이 되도록 의미상 주어 Molly 뒤에 현재분사를 쓰는 것이 적절하다.
   해석 | Molly가 그림을 그리는 동안, Sara는 안내문을 작성할 것이다.
2 해설 | 접속사와 주어가 없으므로 ① Judge를 현재분사로 써서 분사구문을 만드는 것이 적절하다. 의미상 비인칭 독립분사구문인 judging from(~로 판단하건대)에 해당한다.

해석 | 그의 억양으로 판단하건대, 그는 이 지역 출신이 분명하다.

전략 4 ｜ 필수 예제 ｜

해설 | (1) 의미상 뒤의 to부정사가 주어이고 앞에 가주어가 온 문장이 되어야 한다. 가주어는 it을 쓴다.
(2) 5형식 문장으로 빈칸은 목적어 자리이다. 뒤의 to부정사구가 진목적어이므로 빈칸에는 가목적어 it이 들어가야 한다.
어휘 | victim 피해자

> ┌ 확인 문제 ┐
>
> 1 pass → to pass
> 2 find it difficult to motivate

1 해설 | 가주어-진주어 구문이 되는 것이 적절하며, pass the exam이 to부정사구가 되도록 pass 앞에 to를 써야 한다.
2 해설 | 「동사(find)+가목적어(it)+목적격 보어(difficult)+진목적어(to motivate)」의 어순이 되도록 한다.

2주2일 필수 체크 전략 ❷   pp. 50~51

> 1 (A) filled (B) asking
> 2 ④
> 3 It, to value
> 4 required
> 5 to develop your leadership skills / 리더십 기술을 개발하는 것을

1 해설 | (A) 명사 a jar가 '가득 채워진' 것이 자연스러우므로, 수동의 의미를 나타내는 과거분사를 쓴다.
   (B) 주절의 주어인 His friends가 질문을 하는 상황으로, 능동 의미를 나타내는 분사구문이 되도록 현재분사를 써야 한다.
   해석 | George는 꿀로 가득 찬 항아리를 가져왔다. 그의 친구들이 그에게 와서 "그건 뭐야?"라고 물었다.
   어휘 | jar 단지, 항아리

2 해설 | 마술사(the magician)는 분사구문(rehearsing ~)의 의미상 주어로 쓰였으므로, 분사구문의 분사 앞에 와야 한다.

어휘 | sound equipment 음향기기 rehearse 예행연습을 하다 performance 공연

3 해설 | 문장의 주어가 to부정사구인 문장을 가주어-진주어 구조의 문장으로 바꿔 쓴 것이다. 문장의 주어 자리인 첫 번째 빈칸에 가주어 It을 쓰고, 진주어인 to부정사는 뒤로 보내므로 두 번째 빈칸에 to value를 쓴다.

해석 | 당신의 가족, 친구, 그리고 건강을 소중히 여기는 것은 중요합니다.

어휘 | value 소중히 여기다

[4-5] 지문 해석 | 어떤 사람들은 타고난 리더이지만, 누구나 좋은 리더가 되기 위해 요구되는 기술을 기를 수 있습니다. 우리의 리더십 프로그램은 리더십 기술을 개발하는 것을 가능하게 할 것입니다.

4 해설 | 앞의 명사 the skill은 '요구되는' 것이므로 수동의 의미를 표현하는 과거분사가 와야 한다.

5 해설 | make 뒤에 가목적어 it을 쓰고 진목적어인 to부정사구는 문장 뒤로 보낸 형태이다.

2주 3일 필수 체크 전략 ❶　　　　pp. 52~55

전략 1 ［필수 예제］

해설 | (1) 동명사의 의미상 주어는 소유격으로 나타낸다.
(2) to부정사의 의미상 주어는 「for+목적격」으로 쓰되, 사람을 비난·칭찬하는 형용사 뒤에서 「of+목적격」으로 쓴다.
해석 | (1) 나는 그가 내게 이 기회를 주어서 감사하다.
(2) 너 자신이 누구인지를 네가 기억하는 것은 중요하다.

확인 문제

1 of
2 ②

1 해설 | 사람을 칭찬하는 형용사(kind)가 앞에 왔으므로 의미상의 주어로 「of+목적격」을 쓴다.
해석 | A: Amy, 내가 이 숙제를 도와줄 수 있어.
B: 고마워. 나를 도와주다니 정말 친절하구나.

2 해설 | to부정사(to overcome)의 의미상 주어는 to부정사 바로 앞에 쓴다.
어휘 | overcome 극복하다 weakness 약점

전략 2 ［필수 예제］

해설 | (1) be used to+동명사: ~하는 데 익숙하다
(2) be busy+동명사: ~하느라 바쁘다

확인 문제

1 ③
2 ②

1 해설 | 「feel like+동명사」는 '~하고 싶다'라는 의미이고, 「be used to+동명사」는 '~하는 데 익숙하다'라는 의미이다. 밑줄 친 동사는 둘 다 동명사 형태로 고쳐야 한다.
해석 | • 너는 집에 일찍 가고 싶니?
• 그들은 버스로 여행하는 데 익숙하다.

2 해설 | '~해도 소용없다'라는 의미로 「it's no use+동명사」가 알맞다. ② to go → going
해석 | 네가 변하지 않으면 어제로 돌아가도 소용없다.

전략 3 ［필수 예제］

해설 | 4형식 문장을 수동태 문장으로 바꿀 때, 간접목적어와 직접목적어가 각각 주어가 될 수 있다.
해석 | (1) 총장은 경기의 우승자에게 상을 주었다. → 경기의 우승자는 총장에 의해 상을 받았다.
(2) 나의 형은 내게 이 빨간 자전거를 사주었다. → 이 빨간 자전거는 나를 위해 나의 형에 의해 구입되었다.
어휘 | principal 총장, 학장, 교장 winner 우승자 prize 상, 상품

확인 문제

1 ③
2 was sent to

1 해설 | 수동태 문장의 주어로 능동태의 직접목적어가 쓰였으므로, 간접목적어 앞에 전치사를 써야 한다.

해석 | 그 팬케이크는 우리를 위해 Howard 씨에 의해 만들어졌다.

2 해설 | 수동태 문장의 주어로 직접목적어가 쓰였으므로, 동사를 수동태로 바꾸고 간접목적어 앞에 전치사를 쓴다.

해석 | 그녀가 내게 꽃 한 다발을 보냈다. → 꽃 한 다발이 그녀에 의해 나에게 보내졌다.

어휘 | a bunch of 한 다발의

전략 4 [필수 예제]

해설 | (1) 5형식 문장을 수동태 문장으로 바꾸는 것이므로, 수동태 동사 뒤에 목적격 보어 The Golden Crown을 쓴다.

(2) 5형식 문장을 수동태 문장으로 바꿀 때, 목적격 보어가 동사원형이면 to부정사로 고쳐 써야 한다. 따라서 swim을 to swim으로 고쳐 쓴다.

해석 | (1) 우리 가족은 이 나무를 '금관'이라고 부른다. → 이 나무는 우리 가족에게 '금관'이라고 불린다.

(2) 몇몇 사람들이 소녀가 연못에서 수영하는 것을 보았다. → 그 소녀가 연못에서 수영하는 것이 몇몇 사람들에게 목격되었다.

어휘 | crown 왕관 pond 연못

확인 문제

1 was asked to give
2 was allowed to do

1 해설 | ask(요구하다)의 수동태를 쓰고 그 뒤에 목적격 보어 to give가 와야 자연스럽다.

어휘 | presentation 발표 project 계획, 프로젝트

2 해설 | 5형식 문장을 수동태 문장으로 바꿔야 하므로 목적어를 주어로 하고 목적격 보어인 to부정사는 수동태 동사 뒤에 그대로 쓴다.

해석 | 우리 부모님은 내가 원하는 것을 하도록 허락하셨다.

어휘 | allow 허락하다

2주 3일 필수 체크 전략 ❷   pp. 56~57

1 feel → to feel
2 ⑤
3 ③, ⑤
4 be made for
5 for me

---

1 해설 | 5형식 문장을 수동태 문장으로 바꿀 때, 목적어인 me를 주어 자리에 쓰고, 목적격 보어는 수동태 동사 뒤에 그대로 쓴다. 단, 목적격 보어가 동사원형이라면 to부정사 형태로 바꿔야 한다.

해석 | 너의 선물은 내 기분이 훨씬 좋아지도록 만들었다. → 나는 네 선물에 의해 기분이 훨씬 좋아지게 되었다.

2 해설 | ⑤의 「used＋to부정사」는 '~하곤 했다'라는 의미로 쓰인다. playing → play

해석 | ① 나는 컴퓨터를 고치는 데 익숙하지 않다.
② 너는 디저트를 좀 먹고 싶니?
③ 나는 요즘 스케이트 연습을 하느라 바쁘다.
④ 이 문제에 대해 불평해도 소용없다.
⑤ 그는 지역 오케스트라에서 바이올린을 연주했었다.

어휘 | fix 고치다 dessert 디저트 practice 연습하다 complain 불평하다 local 지역의 orchestra 관현악단, 오케스트라

3 해설 | 4형식 문장의 간접목적어(me)와 직접목적어(an important role)가 수동태 문장의 주어 자리에 쓰일 수 있다. (←They gave me an important role in the performance.)

어휘 | role 역할 performance 공연

[4-5]

지문 해석 | B: 예나, 기분이 어때?
G: 너무 슬퍼, 세호야. 나의 가장 친한 친구 지훈이가 이사를 가거든.
B: 정말? 유감이네. 하지만 너무 슬퍼하지 마. 너희 둘은 온라인으로 화상 채팅을 할 수 있어.
G: 네 말이 맞아.
B: 작별 선물로 사진집을 만들어 주는 게 어때?
G: 내가 그에게 의미 있는 무언가를 주다니 좋은 생각이야.

4 해설 | 사진집이 '만들어질' 것이므로, make의 수동태를 써야 한다. 4형식 동사 make가 수동태로 쓰일 때 간접목적어 앞에는 전치사 for를 쓴다.

해석 | 사진집이 지훈이를 위한 작별 선물로 만들어질 것이다.

5 해설 | '내가' to give라는 행위를 하는 것이므로 to부정사 앞에 의미상의 주어로 「for＋목적격」을 쓴다.

2주 4일 교과서 대표 전략 ❶

pp. 58~61

1 taking
2 listening
3 ②
4 People find it difficult to be honest.
5 ③
6 ②
7 (1) was seen floating
   (2) were allowed to play
8 eating
9 ②
10 Watch out for the ball flying at you.
11 I'm proud of your doing your best.
12 ③ shout → to shout
13 It doesn't really matter what I do

1 **해설 |** 소녀(the girl)가 '산책을 하는' 것으로, 능동의 의미를 표현하는 현재분사가 적절하다.
  해석 | 강아지를 산책시키고 있는 소녀를 봐. 그녀는 내 동생이야.

2 **해설 |** 분사구문의 생략된 주어 I와 listen이 능동 관계이므로 현재분사 형태로 쓴다.

3 **해설 |** 가주어-진주어 구문으로 문장의 주어 자리에 가주어 it을 쓰고, 진주어 자리에 to부정사 형태를 쓴 문장이 되는 것이 자연스럽다.
  해석 | A: 너희 팀이 이길 거라고 예상했니?
  B: 별로. 사실 우리 팀이 이긴 건 기적이었어.
  어휘 | expect 예상하다, 기대하다 actually 사실, 실제로 miracle 기적

4 **해설 |** 5형식 문장에서 목적어로 to부정사가 쓰인 경우 가목적어 it을 목적어 자리에 쓰고 진목적어 to부정사를 뒤로 보낸다.
  어휘 | honest 정직한

5 **해설 |** feel like+동명사: ~하고 싶다
  해석 | 나는 점심으로 쌀국수를 먹고 싶다.
  어휘 | rice noodle 쌀국수

6 **해설 |** 동명사의 의미상 주어로 소유격을 쓴다.
  해석 | 나는 그가 길을 잃을까 걱정된다.

7 **해설 |** (1) 5형식 문장의 목적어가 수동태 문장의 주어 자리에 오도록 하고 동사 뒤에는 목적격 보어(floating on the water)를 이어 쓴다.
  (2) 5형식 문장의 목적어가 수동태 문장의 주어 자리에 오도

록 하고 수동태 뒤에는 목적격 보어(to play outside)를 이어 쓴다.
해석 | (1) 우리는 오리가 물 위에 떠 있는 것을 보았다. → 오리가 물 위에 떠 있는 것이 목격되었다.
(2) 그들은 아이들이 밖에서 놀도록 허락했다. → 아이들은 밖에서 놀도록 허락을 받았다.

8 **해설 |** 주절과 동시에 일어나는 상황을 표현할 때 분사구문을 쓸 수 있다. 분사구문의 생략된 주어와 능동 관계이므로 현재분사 eating을 써야 한다.
  해석 | Lynn은 축구를 보고 있다. 동시에 그녀는 햄버거를 먹고 있다. → Lynn은 축구를 보며 햄버거를 먹고 있다.

9 **해설 |** 첫 번째 문장의 빈칸에는 가주어가, 두 번째 문장의 빈칸에는 가목적어가 필요하다. 가주어와 가목적어로 쓰이는 것은 it이다.
  해석 | • 사실, 그가 일을 그만뒀다는 게 정말일 리 없다.
  • 나는 구체적인 목표를 세울 필요가 있다는 것을 알았다.

10 **해설 |** the ball 뒤에 명사를 꾸미는 분사를 쓰는 것이 적절하다.

11 **해설 |** 동명사의 의미상 주어는 동명사(doing) 앞에 소유격 형태로 쓴다.
  어휘 | do one's best 최선을 다하다

12 **해설 |** ③ 5형식 문장의 목적격 보어로 동사원형이 쓰인 경우, 수동태 문장에서는 to부정사 형태로 고친다.
  지문 해석 | 영국 해군은 2000년에 이그노벨 평화상을 수상했다. 돈을 아끼기 위해 선원들은 실제 폭탄을 사용하는 대신 "쾅!"하고 소리치도록 지시를 받았다. 그것은 당신이 크게 웃을 만큼 재미있는가?

13 **해설 |** 주어인 명사절(what I do)을 뒤로 보내고 주어 자리에 가주어 it을 쓴다.
  지문 해석 | 나의 어머니가 스트레스에 대해 어떻게 하는지 말해보겠다. 그녀는 모든 것에 스트레스를 받는다. 스트레스를 받을 때, 그녀는 달력에 "Me Time"이라고 적는다. 이것은 그녀가 자신을 위한 시간을 갖는다는 것을 의미한다. 그녀는 책을 읽거나, 영화를 보거나, 친구들과 이야기를 한다. 그녀는 이렇게 말한다. "내가 좋아하는 것이기만 하다면 내가 무엇을 하는지는 별로 중요하지 않아. 나는 두 달 동안 달력에 'Me Time'을 적었더니 기분이 훨씬 좋단다."

2주 4일 교과서 대표 전략 ❷
pp. 62~63

1 ②   2 ③   3 ⑤   4 ③
5 (1) for (2) of
6 They don't like our using their facility.
7 (1) to me (2) to feel comfortable
8 no use hurrying

1 **해설** | ②의 it은 비인칭 주어이고, 나머지는 가주어이다.
해석 | ① 너의 신념을 지키기는 어렵다.
② 밖에서 놀기에는 너무 어둡다.
③ 사람들을 상담하는 것이 네 일이다.
④ 진정한 친구를 사귀는 것은 쉽지 않다.
⑤ 문을 열어둔 것은 내 실수였다.
어휘 | faith 신념 consult 상담하다

2 **해설** | 빈칸에는 '도난당한'이라는 수동의 의미로 works of art를 꾸미는 과거분사 stolen이 와야 한다.
해석 | 탐정은 누군가에 의해 도난당한 예술품을 찾고 있다.
어휘 | detective 탐정, 형사 work of art 예술품 steal 훔치다

3 **해설** | ⑤ 집(the house)이 '피해를 입은' 상태(수동)이므로 Damaging을 과거분사 Damaged로 고쳐 써야 한다.
해석 | ① 그는 영화를 보면서 보고서를 썼다.
② 나는 벽에 페인트를 칠하면서 하늘을 올려다보았다.
③ 그는 곤히 잠들어 이상한 꿈을 꾸었다.
④ 그녀는 바닥에 넘어지면서 양동이를 떨어뜨렸다.
⑤ 그 집은 폭풍우에 피해를 입어서 수리할 필요가 있다.
어휘 | look up at ~을 올려다보다 soundly 깊이, 푹 drop 떨어뜨리다 bucket 양동이 damage 손상을 입히다 repair 수리하다

4 **해설** | 5형식 문장의 목적어(to achieve ~)를 문장 뒤로 보냈으므로, made 뒤에 가목적어 it이 와야 한다.
해석 | 그의 노력이 결국 그의 꿈을 이루는 것을 가능하게 했다.
어휘 | eventually 결국 achieve 이루다

5 **해설** | to부정사의 의미상 주어로 「for+목적격」을 쓸 수 있으며, 앞에 사람을 칭찬하거나 비난하는 형용사가 있는 경우

「of+목적격」을 쓴다. 두 번째 빈칸 앞의 형용사 kind는 칭찬하는 의미의 형용사이므로 you 앞에는 of가 알맞다.
해석 | 세상에는 많은 직업이 있기 때문에, 저는 하나를 선택하기가 어려웠습니다. 조언해 주시다니 친절하시군요.
어휘 | advise 조언하다

6 **해설** | 동명사의 의미상의 주어는 동명사 앞에 소유격 형태로 표시한다.
어휘 | facility 시설

7 **해설** | (1) 4형식의 수동태 문장으로 직접목적어가 주어 위치에 있으므로, 간접목적어 앞에 전치사를 붙인다. 동사 give가 쓰였을 때는 to가 온다.
(2) 5형식의 수동태 문장으로, 목적격 보어인 동사원형을 to부정사로 고친다.
해석 | (1) 위원회는 나에게 다시 한 번 기회를 주었다. → 위원회로부터 나에게 다시 한 번 기회가 주어졌다.
(2) 이 풍경은 나를 편안하게 느끼도록 만든다. → 나는 이 풍경에 편안함을 느끼게 된다.
어휘 | committee 위원회 scenery 풍경

8 **해설** | It is no use+동명사: ~해도 소용없다

2주 누구나 합격 전략
pp. 64~65

1 ①
2 Did you see the poster put on the wall?
3 Having finished
4 ③   5 like
6 ⑤   7 ⑤
8 of his being guilty
9 They were made to follow the rule.
10 listening to music

1 **해설** | ①은 명사(the ability)를 꾸미는 형용사적 용법으로 쓰인 to부정사이고, 나머지는 진주어로 쓰였다.
해석 | ① 우리는 선택할 수 있는 능력을 가지고 있다.
② 사람들의 마음을 바꾸는 것은 쉽지 않다.
③ 고객과 상담하는 것이 그의 일이라는 것을 말해야겠다.
④ 중요한 날 전에 자녀와 대화하는 것이 현명하다.
⑤ 문화적 차이를 받아들이는 것은 중요하다.
어휘 | consult 상담〔상의〕하다 big day 중요한 날 accept 받아들이다, 수용하다 cultural 문화의

2 **해설** | 포스터는 '붙어진' 것이므로, 현재분사 putting을 수동의 의미를 나타내는 과거분사 put으로 고쳐야 한다.

3 해설 | 「접속사＋주어＋동사」 형태의 부사절을 현재분사로 시작하는 분사구문으로 바꿀 수 있다.
해석 | 나는 숙제를 끝내서, 친구들을 만나러 갔다.

4 해설 | to부정사(to get into)의 의미상 주어를 나타낼 때 「for＋목적격」으로 쓴다.
해석 | 그 강아지가 종이가방에 들어간 것은 웃겼다.

5 해설 | 「feel like＋동명사」는 '~하고 싶다'는 뜻의 동명사 구문이다.

6 해설 | ⑤ 손님들이 '초대된' 상황이므로, 과거분사 invited가 적절하다.
해석 | ① 무대에서 춤을 추고 있는 여자를 보세요.
② 저기서 기다리는 사람이 보이니?
③ 바닥에 쓰러진 나무를 조심해라.
④ 나는 벤치에 앉아 있는 사람들에게 다가갔다.
⑤ 그 파티에 초대된 손님들 명단을 확인해 보자.

7 해설 | 4형식 수동태 문장에서 직접목적어가 주어로 쓰인 경우, 간접목적어 앞에 전치사를 써야 하며, 동사가 make인 경우 전치사 for를 쓴다. 또한 to부정사의 의미상 주어로 「for＋목적격」을 쓴다.
해석 | 이 스웨터는 아들을 위해 만든 것이기 때문에 내가 입기에는 너무 작다.

8 해설 | 동명사 앞에 소유격 형태의 의미상 주어가 올 수 있다. be sure of ~을 확신하다
해석 | 나는 그가 유죄인지 잘 모르겠다.

9 해설 | 5형식 동사인 make를 수동태로 쓸 때, 능동태 문장에서는 동사원형으로 쓰는 목적격 보어를 to부정사 형태로 써야 한다.

10 해설 | 동시동작을 나타낼 때 분사구문을 쓸 수 있다. 주어와 의미상 능동 관계이므로 현재분사구문 listening to music으로 써야 한다.
해석 | A: 넌 지난 주말에 뭐 했니?
B: 나는 음악을 들으며 집에 있었어.

2주 창의·융합·코딩 전략 ❶, ❷　pp. 66~69

A 1 Jenny
　2 Chris
　3 Ron
B 1 It / is dangerous / to climb onto the roof
　2 A good night's sleep / makes / it / more effective / to prevent diseases
　3 We / found / the police chasing the criminal
C 1 was given
　2 will be sent
　3 can be made
　4 is not considered
D 1 His being angry
　2 your completing this painting
　3 her being late again

A 1 해설 | 1. 소리(a sound)가 '나오는' 능동 관계이므로 현재분사 coming이 적절하다.
해석 | 닫힌 문 너머에서 나오는 소리가 있었다.
　2 해설 | to부정사의 의미상 주어 앞에 칭찬의 의미가 있는 형용사 diligent가 있으므로 「of＋목적격」을 쓰는 것이 알맞다.
해석 | 그가 규칙적으로 집을 청소하다니 부지런하다.
　3 해설 | 명령문의 생략된 주어인 You가 자전거를 타는 것은 능동 관계이므로 분사구문에는 현재분사가 적절하다.
해석 | 자전거를 타면서 풍경을 즐겨라.
B 1 해설 | It은 가주어, to부정사구가 진주어이다.
　2 해설 | 5형식 문장에서 가목적어-진목적어 구조를 쓸 때, 「주어＋동사＋가목적어(it)＋목적격 보어(형용사)＋진목적어(to부정사)」의 순서로 쓴다.
　3 해설 | 명사를 수식하는 긴 어구의 분사구는 명사 뒤에 위치한다.
C 1. 해설 | 문장 뒷부분에서 새로운 배낭을 준 행위자가 나오므로, 수동태가 되는 것이 자연스럽다.
해석 | 학교로부터 나에게 새로운 배낭이 주어졌다.
　2. 해설 | 상자(The box)가 '보내지는 것'이 자연스러우므로 수동태 문장임을 알 수 있다.
해석 | 그 상자는 그에게 제시간에 보내어질 것이다.
　3. 해설 | to부정사는 능동태 make의 목적어가 될 수 없고 수동태 be made 뒤에 이어져 보어로 쓰이는 것이 자연스럽다.
해석 | 아무도 이런 식으로 행동하도록 시켜질 수 없다.

4. 해설 | consider 뒤에 목적격 보어로 쓰일 수 있는 형용사구만 남아 있는 것으로 보아 5형식의 수동태 문장임을 알 수 있다.

해석 | Ted는 정직하거나 책임감 있다고 여겨지지 않는다.

D 해설 | 동명사구의 의미상 주어로 소유격을 써야 한다.

어휘 | have to do with ~와 관계가 있다 complete 완성하다 complain 불평하다

신유형·신경향·서술형 전략

pp. 72~75

1 (1) Tina / saw / him / drive away.
　　　주어　동사　목적어　목적격 보어

Tina는 그가 차를 타고 가는 것을 보았다.

(2) She / made / him / finish his meal quickly.
　　주어　동사　목적어　　목적격 보어

그녀는 그가 식사를 빨리 끝내도록 했다.

(3) I / heard / someone / shouting.
　주어　동사　　목적어　　목적격 보어

나는 누군가가 소리치는 것을 들었다.

2 (1) have been working

(2) has been playing

3 (1) had / 과거(reported)보다 더 이전에 의논했으므로 과거완료를 쓴다.

(2) have / 과거부터 현재까지 일기를 써 오고 있으므로 현재완료를 쓴다.

4 (1) can't have hated

(2) should have taken

5 (1) the song / 지금 연주되고 있는 노래

(2) the role / 내게 주어진 역할

(3) the man / 저 사다리를 올라가는 남자

6 (1) It is unusual for him to postpone something.

(2) It is not kind of you to criticize his work.

7 (1) were seen walking on the beach (by us)

(2) was given a big hand (by people)

8 (1) Invited to a party / Andy는 파티에 초대를 받았기 때문에 새 옷을 좀 사기로 결심했다.

(2) listening to her answer / 나는 그녀의 대답을 들으면서 메모를 했다.

---

1 해설 | (1) 지각동사(saw) 뒤에 목적어(him), 목적격 보어 (drive away)가 쓰였다.

(2) 사역동사가 쓰인 5형식 문장으로, 목적격 보어로 동사원형이 쓰였다.

(3) 지각동사가 쓰인 5형식 문장으로, 목적격 보어로 현재분사가 쓰였다.

2 해설 | (1) 과거(두 달 전)부터 현재까지 계속되는 일을 표현할 때 현재완료진행을 쓴다.

(2) 과거(두 시간 전)부터 현재까지 컴퓨터 게임을 계속하고 있음을 표현하므로 현재완료진행을 쓴다.

해석 | 〈sample〉 저는 3년 동안 중국어를 배우고 있습니다.

(1) 저는 이 프로젝트를 두 달 동안 해오고 있습니다.

(2) 내 남동생은 두 시간 동안 컴퓨터 게임을 하고 있다.

3 해석 | 〈sample〉 예상치 못한 일이 일어났기 때문에 내가 어제 너에게 연락한 거야.

(1) 나는 우리가 의논한 것을 상사에게 보고했다.

(2) A: 너는 일기를 쓰니?

B: 응, 난 10년 동안 일기를 써 왔어.

4 해설 | (1) 「can't have+과거분사」는 '~했을 리가 없다'는 의미로 과거에 대한 강한 추측을 나타낸다.

(2) 「should have+과거분사」는 '~했어야 했다'는 의미로 과거에 대한 후회를 나타낸다.

5 해설 | (1) 능동·진행의 의미인 현재분사구가 앞의 명사 the song을 꾸민다.

(2) 수동·완료의 의미인 과거분사구가 앞의 명사 the role을 꾸민다.

(3) 능동·진행의 의미인 현재분사구가 앞의 명사 the man을 꾸민다.

어휘 | cross 건너다 ladder 사다리

6 해설 | (1) 가주어-진주어 구문으로, 진주어인 to부정사구의 의미상 주어로 「for+목적격」이 쓰였다.

(2) 가주어-진주어 구문으로, 진주어인 to부정사구의 의미상 주어로 「of+목적격」이 쓰였다.

해석 | 〈sample〉 내가 기다리는 것은 쉽다.

(1) 그가 무언가를 미루는 것은 특이하다.

(2) 네가 그의 일을 비난하다니 친절하지 않다.

어휘 | unusual 특이한 postpone 미루다, 연기하다 criticize 비평하다, 비난하다

7 해설 | (1) 5형식 문장의 수동태 표현으로 목적격 보어가 수동태 문장에서 동사 뒤에 바로 이어진다.

(2) 4형식 문장의 수동태 표현으로 간접목적어인 the actor가 문장의 주어 자리에 쓰였으므로, 직접목적어가 동사 뒤에 와야 한다.

어휘 | give ~ a big hand ~에게 힘찬 박수를 보내다

8 해설 | (1) 접속사 As와, 주절의 주어 Andy와 같은 주어 he를 생략한 뒤, 동사 was invited를 Being invited로 고친다. 분사구문을 시작하는 Being은 생략하므로 과거분사 Invited로 시작하는 분사구문으로 쓴다.
(2) 접속사 while과 주절의 주어와 같은 주어 I를 생략한 뒤, 동사 was listening을 being listening으로 고친다. 분사구문을 시작하는 being은 생략하므로 현재분사 listening으로 시작하는 분사구문으로 쓴다.

적중 예상 전략 | ❶

pp. 76~79

1 ①, ③ **2** ① **3** ⑤ **4** ⑤
5 ① **6** ③ **7** ① **8** ③
9 He misunderstood that I had broken my promise.
10 have bought
11 have → had / 썰매가 사라진 것은 과거(arrived)보다 더 이전의 일이므로 과거완료로 써야 한다.
12 talk(talking)
13 You shouldn't let him decide everything.
14 have made hundreds of suggestions
15 make people laugh
16 called
17 have → had
18 broke

1 해설 | 지각동사 watch의 목적격 보어로 동사원형 또는 현재분사가 올 수 있다.
해석 | 나는 벤치에 앉아서 사람들이 지나가는 것을 보는 걸 좋아한다.

2 해설 | watch의 목적격 보어 자리에 동사원형 또는 현재분사가 올 수 있다.
해석 | A: 넌 보통 TV에서 어떤 걸 보니?
B: 난 마술사가 마술 묘기 부리는 걸 보기를 좋아해.

3 해설 | 뒤에 「목적어+목적격보어」가 이어지고, 목적격 보어로 동사원형이 쓰였으므로 빈칸에는 사역동사 let, had, made가 올 수 있다. help는 준사역동사로, 목적격 보어로는 동사원형과 to부정사를 모두 쓸 수 있다.
해석 | 우리의 상사는 우리가 업무에 집중하도록 했다(도왔다).

4 해설 | 「may have+과거분사」는 '~였을지도 모른다'는 뜻으로 과거에 대한 추측을 나타낸다.
해석 | Amy가 내 책을 가져갔을지도 모른다.

5 해설 | 5형식 문장에서 사역동사의 목적격 보어는 동사원형으로 쓴다.
해석 | 그 여자는 아이들이 도서관에서 조용히 앉아 있도록 했다.

6 해설 | ⓐ 지각동사(saw)의 목적어와 목적격 보어가 능동 관계이므로 목적격 보어로 현재분사 또는 동사원형이 와야 한다. jogged → jog, jogging
ⓓ 사역동사(had)의 목적격 보어로 동사원형이 와야 한다.
to prepare → prepare
ⓔ 과거부터 현재까지 계속되는 일을 나타내므로 현재완료진행(have been+현재분사)을 쓴다. looked → looking
해석 | ⓐ 나는 그들이 서로 이야기하면서 조깅을 하는 것을 보았다.
ⓑ 그는 내가 그에게 노트북을 빌려준 것을 기억하지 못했다.
ⓒ 내가 여동생에게 소리치지 말았어야 했는데.
ⓓ 그 매니저는 그녀에게 콘서트를 준비하도록 했다.
ⓔ 나는 새로운 일자리를 (계속) 찾는 중이다.

7 해설 | ①은 3형식 동사로 쓰여, '만들다, 하다'의 뜻으로 쓰였다. 나머지는 모두 사역동사 '시키다'의 의미로 쓰였다.
해석 | ① Jenny는 좋은 선택을 했다.
② 나는 그가 여기 머물게 하고 싶지 않다.
③ 선생님은 우리가 제 시간에 학교에 오도록 했다.
④ 어머니는 나에게 게임을 그만하게 하셨다.
⑤ 그 광고는 내가 제품을 구매하게 했다.

8 해설 | 과거에 대한 후회를 표현할 때 「should have+과거분사」를 쓸 수 있다.
해석 | 나는 그녀를 격려하지 않았던 것이 아쉽다. → ③ 나는 그녀를 격려해 줬어야 했다.

9 해설 | 과거(misunderstood)보다 더 이전에 일어난 일을 과거완료로 나타낸다.

10 해설 | 「could have+과거분사」는 '~할 수 있었는데'라는 뜻으로 과거에 하지 못한 일을 나타낸다.

11 해설 | 과거 arrived보다 더 이전을 나타내므로 과거완료 had disappeared를 써야 한다.
해석 | 우리가 도착했을 때, 그 썰매가 이미 사라져버렸다.

12 해설 | 지각동사의 목적격 보어로 동사원형 또는 현재분사를 쓴다.

13 해설 | 「사역동사＋목적어＋목적격 보어」의 어순에 유의하되, 이 경우 목적격 보어는 동사원형으로 쓴다는 점을 기억해 둔다.
해석 | 너는 그가 모든 것을 결정하게 두어서는 안 된다.

14 해설 | 과거부터 현재까지 계속된 일을 나타내므로 현재완료를 쓴다.
해석 | 지난 수십 년 동안 저는 이 문제에 대해 수백 가지 제안을 해 왔습니다.

[15-16]
지문 해석 | 수상자들의 재미있는 연구뿐만 아니라 이그노벨상 시상식도 사람들을 웃게 만든다. 사람들이 지루해하지 않게 해 주는 재미있는 것들이 많이 있다. 개회와 폐회 연설은 각각 두 단어에 불과하다. "어서 오세요. 어서 오세요."와 "잘 가요. 잘 가요." 누군가 너무 오래 이야기하면, Miss Sweetie Poo라고 불리는 여덟 살 소녀가 계속해서 소리친다. "제발 그만하세요! 지루해요."

15 해설 | 「사역동사＋목적어＋목적격 보어(동사원형)」의 어순에 유의한다.

16 해설 | 앞에 오는 명사 an eight-year-old girl을 꾸미는 분사가 와야 하고, '불리는'이라는 수동의 의미가 되어야 하므로 과거분사 형태가 적절하다.

[17-18]
지문 해석 | Katherine Johnson은 열심히 일했고 수학에 재능을 보였으며 그녀의 관리자 Al Harrison은 그녀의 능력을 인정했다. 어느 날, 그는 Katherine이 그녀의 책상에서 너무 오랫동안 사라졌을 때 화가 났다. Al은 어디에 있었는지 물었고, 그녀는 대답했다. "화장실이요. 이 건물에는 유색 인종 화장실이 없습니다. 저는 단지 화장실을 쓰려고 반 마일이나 뛰어가야 해요." 이 말을 들은 Al Harrison은 "Colored Ladies Room" 표지판을 부수었다.

17 해설 | 과거 asked보다 더 이전에 있었던 일을 표현할 때 과

거완료를 써야 한다.

18 해설 | 과거에 있었던 일을 서술하고 있으므로 과거시제를 써야 한다.

적중 예상 전략 ❷　　　　　　　pp. 80~83

1 ⑤　　2 ⑤　　3 ③　　4 ①
5 ⑤　　6 ③　　7 ①　　8 ②
9 are often inspired to think beyond the obvious by his lecture
10 decorated
11 trying
12 for, to participate
13 (A) studying　(B) to hang
14 to memorize
15 Ants produce a chemical called a pheromone to communicate with one another.
16 legs covered with very sensitive hairs
17 This tiny book is called "the Drinkable Book."
18 Going through the page

1 해설 | 앞의 명사를 꾸미는 분사와 명사의 의미 관계가 자연스러운지 확인한다. 과거분사 stopped는 수동의 의미로 The man을 꾸미기에는 어색하다.
해석 | 벤치 위에 ① 앉아 있는 ② 누워 있는 ③ 서 있는 ④ 자고 있는 남자는 낯설어 보이지 않는다.

2 해설 | 동시에 일어나는 일을 나타내는 분사구문이 문맥상 자연스럽다.
해석 | 나는 우리가 들판에서 별똥별을 보며 즐거운 시간을 보냈던 기억이 난다. 나는 올리브를 넘어뜨렸고 두 아들은 땅에서 올리브를 주우며 나를 도왔다. 우리는 우리 힘으로 이 일을 해서 27,000리라를 절약한 것 같다.
어휘 | shooting star 별똥별, 유성　knock down 넘어뜨리다　lire 리라(이탈리아 화폐 단위)　for oneself 스스로, 혼자 힘으로

3 해설 | to부정사구가 진주어 역할을 하므로 문장 뒤로 보내고, 주어 자리에 가주어 it을 쓴다.
어휘 | mistake A for B A를 B로 오해하다, 혼동하다　means 수단　end 목표, 목적

4 해설 | ①은 동사(remember)의 목적어로 쓰인 동명사이고, 나머지는 명사를 꾸미는 현재분사로 쓰였다.
해석 | ① 너는 캠핑을 간 게 기억나니?
② 줄을 서서 기다리는 사람들이 불평하기 시작했다.
③ 스파게티를 먹던 남자가 웨이터를 불렀다.

④ 나는 길에서 자전거를 타는 소녀를 바라보았다.

⑤ 책을 읽고 있는 남자가 지갑을 떨어뜨렸다.

5 해설 | ⑤ a new drama series를 꾸미는 현재분사가 뒤에 와야 한다. consist → consisting

해석 | ① 한글로 쓰인 편지는 Amy로부터 온 것이었다.

② 많은 소비자들이 다른 나라에서 만들어진 제품을 산다.

③ 그 단체는 굶주림으로 고통 받는 사람들을 돕는다.

④ 나의 개가 삼킨 파란 알약은 진통제이다.

⑤ 나는 15개의 에피소드로 구성된 새 드라마 시리즈를 제작하고 있다.

어휘 | painkiller 진통제 consist of ~으로 구성되다

6 해설 | 명사 The doctor가 대답하는 상황이므로, 능동의 의미를 나타내는 현재분사(answering)가 꾸미는 것이 적절하다.

해석 | 내 질문에 대답한 의사는 그 주제에 대해 아무것도 몰랐다.

7 해설 | 진주어를 대신하여 주어 자리에 가주어 it을 쓸 수 있고, 진목적어를 대신하여 목적어 자리에 가목적어 it을 쓸 수 있다.

해석 | • 나는 물 없이 사는 것은 불가능할 것이라고 생각한다.

• 너는 다른 사람에게 사과하는 것이 쉽다고 생각할지도 모른다.

8 해설 | to부정사의 의미상 주어는 보통 「for+목적격」 형태로 나타내며, 앞에 칭찬·비난의 의미가 있는 형용사가 올 때 전치사 of를 쓴다.

해석 | 부모님의 꿈은 내가 좋은 교육을 받는 것이었다. 그래서 나는 결국 교수가 되었다.

9 해설 | 목적어인 us가 문장의 주어가 되고, 동사는 「be동사+과거분사」 형태가 되어야 한다. 목적격 보어인 to부정사는 수동태 동사 뒤에 그대로 쓴다.

해석 | 우리는 종종 명백한 것을 넘어 생각하도록 그의 강의로부터 영감을 받는다.

어휘 | lecture 강의 inspire 영감을 주다 obvious 명백한, 분명한

10 해설 | 조끼는 '장식된' 것이므로 수동의 의미를 나타내는 과거분사 decorated로 꾸며야 한다.

해석 | 나의 교수님은 은색 단추로 장식된 검은 조끼 상의를 입곤 했다.

어휘 | top 상의 decorate 장식하다

11 해설 | It is no use+현재분사 ~해도 소용없다

어휘 | cover up 숨기다, 완전히 덮다

12 해설 | 가주어–진주어 구문으로 바꿔 쓰되, 진주어 앞에 의미상 주어로 「for+목적격」을 쓴다.

해석 | 나는 그 축제에 참석했고, 그것을 잊을 수 없었다. → 내가 그 축제에 참가한 것은 잊을 수 없었다.

어휘 | participate in ~에 참가하다 unforgettable 잊을 수 없는

13 해설 | (A) 「be busy+동명사」는 '~하느라 바쁘다'라는 의미의 동명사 구문이 되므로 studying이 알맞다.

(B) 진주어 to부정사가 되는 것이 자연스러우므로 to hang으로 쓴다.

해석 | 나는 최근에 시험 공부하느라 바빴지만, 시험이 끝나면 친구들과 스키 타러 갈 예정이다. 친구들과 어울리는 것은 멋질 것이다.

14 해설 | 5형식 문장의 목적격 보어가 동사원형인 경우, 수동태 문장에서는 to부정사로 바꿔야 한다.

해석 | 영어 선생님은 나에게 단어 목록을 외우게 했다.

[15-16]

지문 해석 | 개미는 사람처럼 말하지 않지만, 사실 그들은 "언어"를 가지고 있다. 개미는 서로 의사소통을 하기 위해 페로몬이라는 화학물질을 생산한다. 화학물질을 사용함으로써 그들은 음식이나 위험에 대한 정보를 교환할 수 있다. 개미들은 또한 의사소통을 위해 촉각을 사용한다. 예를 들어, 개미가 먹이를 발견하면, 개미는 자신의 몸을 이웃에게 문질러 좋은 소식을 전한다. 개미는 매우 민감한 털로 덮인 다리를 가지고 있기 때문에, 아주 작은 촉각도 감지할 수 있다.

15 해설 | 우리말의 의미로 보아 called a pheromone이 꾸미는 명사 a chemical 바로 뒤에 오도록 써야 한다.

16 해설 | 명사(legs) 뒤에 명사를 꾸미는 과거분사구를 이어서 쓴다.

[17-18]

지문 해석 | 우리는 이 작은 책을 '마실 수 있는 책'이라고 부른다. 실제로 그 책을 마실 수는 없지만, 그것을 여과지로 사용할 수 있다. 그냥 한 장을 찢어 그 위에 더러운 물을 부어 보아라. 물은 종이를 통과하여 깨끗한 식수로 바뀐다. 이것은 그 책이 특수한 여과 용지로 만들어졌기 때문에 가능하다. 이 놀라운 책은 더러운 물로 발생하는 질병으로부터 많은 아이들의 생명을 구한다.

17 해설 | 5형식 문장에서 목적어인 this tiny book을 주어로 쓰고, 목적격 보어인 "the Drinkable Book"은 수동태 동사 뒤에 그대로 쓴다. 일반적인 사람을 뜻하는 주어 we는 행위자로 바꿔 쓰지 않고 생략할 수 있다.

18 해설 | 주절로 보아 생략된 주어가 the water이며 go through는 '~을 통과하다'라는 의미이므로 수동태로 쓰지 않는다. 과거분사 Gone을 현재분사 Going으로 고쳐 쓴다.

1주 관계사 / 접속사

해석 | 1 나는 레몬으로 장식된 레몬 케이크를 만들었는데, 그것을 엄마가 정말 좋아하신다.
2 엄마의 생신이 내가 레몬 케이크를 만든 이유이다.
3 여기가 엄마의 생일을 축하할 곳이랍니다.
4 엄마: 다른 손님 오시나요? 4명 자리가 준비돼 있네요.
아빠: 곧 여기 오실 Mary 이모를 위한 자리랍니다.

1주 1일 개념 돌파 전략 ❶   pp. 8~11

개념 1 Quiz 해설 | 관계사절이 선행사에 대한 보충 설명이므로 관계대명사는 글의 순서대로 해석하는 것이 자연스럽다.
해석 | 나는 Jim의 누이인 Susan을 알고 있고, 그녀는 파란 눈을 가지고 있다.

개념 2 Quiz 해설 | 선행사 the game이 전치사 in의 목적어로 쓰였으므로 in을 관계대명사 앞에 쓸 수 있다.
해석 | 나는 정글을 탐사하는 게임을 한다.
어휘 | explore 탐사하다 jungle 정글

개념 3 Quiz 해설 | the reason(이유)을 선행사로 하는 관계부사 why가 알맞다.

1-2 which / 그곳은 프랑스의 수도
2-2 ③
3-2 (1) where (2) why

1-1 **해석 |** Marie는 모자를 쓰고 있는데, 그것은 그녀가 그저께 산 것이다.
어휘 | the day before yesterday 그저께
1-2 **해설 |** 선행사가 사물이고 빈칸 앞에 콤마가 있으므로 계속적 용법의 관계대명사 which가 알맞다. 관계대명사의 계속적 용법은 글의 순서대로 해석한다.
어휘 | capital 수도
2-1 **해석 |** 그는 내가 말했던 새로운 이웃이다.
어휘 | neighbor 이웃

2-2 **해설 |** 선행사 the building이 관계대명사절에서 전치사 in의 목적어 역할을 하므로 which가 알맞다.
해석 | 이곳은 나의 어머니가 일하시는 건물이다.

3-1 **해석 |** 2020년은 그들이 결혼한 해였다.
어휘 | get married 결혼하다
3-2 **해설 |** (1) 장소(the grocery store)를 선행사로 하는 관계부사 where가 오는 것이 알맞다.
(2) 선행사 the reason으로 보아 이유의 관계부사 why가 오는 것이 알맞다.
해석 | (1) 당신이 가장 많이 쇼핑하는 식료품점을 상상해 보라.
(2) 나는 그가 회의에 참석하지 않은 이유를 모른다.
어휘 | imagine 상상하다 grocery store 식료품점

개념 4 Quiz 해설 | 뒤에 완전한 문장이 오고 있고, 시간을 나타내는 선행사 some days를 수식하므로 관계부사 when이 알맞다.
해석 | 기분이 좋지 않은 날이 있는 것은 정상이다.
어휘 | normal 정상적인 feel down 기분이 좋지 않다

개념 5 Quiz 해설 | 뒤에 완전한 문장이 오므로 접속사 that을 쓴다.
해석 | 우리는 우리 프로젝트를 계속할 수 있을 것이라고 생각했다.
어휘 | continue 계속하다

개념 6 Quiz 해설 | The book 뒤에 목적격 관계대명사가 생략되어 있으므로 which[that]가 알맞다.
해석 | 내가 읽고 있는 책은 흥미롭다.

4-2 (1) that[which] (2) where
5-2 whether the museum is
6-2 ③ / 목적격 관계대명사는 생략 가능

4-1 **해석 |** (1) 그것이 당신이 해고된 이유이다.
(2) 그것은 내가 계속 찾고 있던 것이다.
어휘 | get fired 해고되다
4-2 **해설 |** (1) 선행사 a problem은 관계대명사절에서 expected의 목적어 역할을 하고 빈칸 뒤에 불완전한 문장이 오므로 관계대명사 that[which]이 알맞다.

(2) 빈칸 뒤에 완전한 문장이 오고 장소를 나타내는 선행사 place를 수식하고 있으므로 관계부사 where가 알맞다.
해석 | (1) 불행하게도 그것은 아무도 예상하지 못했던 문제이다.
(2) 내가 숨을 수 있는 곳이 없다.
어휘 | unfortunately 불행하게도 expect 예상하다 hide 숨다

5-1 해석 | (1) 문제는 내가 비밀번호를 잊어버렸다는 것이다.
(2) 우리는 선생님이 설명해 주는 것을 이해할 수 없었다.
어휘 | password 비밀번호 explain 설명하다

5-2 해설 | whether는 '~인지 (아닌지)'라는 뜻의 목적어로 쓰인 접속사로 「whether+주어+동사」의 어순으로 쓴다.
어휘 | Is there a way to ~? ~할 방법이 있니?

6-1 해석 | 나는 그녀가 떠난 이유를 안다.

6-2 해설 | ③의 which가 목적격 관계대명사이므로 생략할 수 있다.
해석 | 그것은 아버지께서 극장에서 잃어 버리셨던 옛날 휴대폰이었다.
어휘 | lose(-lost-lost) 잃어버리다

1주 1일 개념 돌파 전략 ❷　　　　pp. 12~13

CHECK UP

③ 어휘 | remember 기억하다 take a trip to ~로 여행하다

④ 해설 | (1) the backpack이 선행사이므로 선행사를 포함하고 있는 what을 쓸 수 없고 which를 써야 한다.
(2) 방법을 나타내는 선행사 the way와 관계부사 how는 함께 쓰지 않으므로 the way를 써야 한다.
어휘 | win an award 상을 받다

⑤ 해설 | (1) '~하는 것'이라는 의미의 선행사를 포함하고 있는 관계대명사 what이 알맞다.
(2) '~인지 아닌지'의 의미로 ask의 목적어절을 이끄는 접속사 if가 알맞다.
어휘 | truth 진실

⑥ 해설 (1) which(that)가 올 수 있고, 목적격 관계대명사이므로 생략 가능하다.
(2) 이유를 나타내는 선행사 the reason이나 관계부사 why 중 하나를 생략할 수 있다.
어휘 | decide 결정하다 resign 사임하다

1 (1) who (2) which
2 ③
3 (1) why / 지수가 항상 피곤한 이유는 수면 부족 때문이다.
(2) where / 이곳은 내가 가장 좋아하는 배우가 머물렀던 호텔이다.
4 (1) where pets get trained
(2) that are taking a walk
5 (1) that, 접속사 (2) that, 관계대명사
6 (1) who is / 「주격 관계대명사+be동사」는 생략 가능
(2) the place 또는 where / 선행사가 일반적인 의미일 경우 선행사와 관계부사 중 하나는 생략 가능

1 해설 | (1) 선행사 four sons가 특정한 사람이고 관계사절에서 주어가 생략되어 있으므로 주격 관계대명사 who를 써야 한다.
(2) 선행사가 a new fan으로 사물이고 빈칸 앞에 콤마가 있는 계속적 용법이므로 which를 써야 한다. that은 계속적 용법으로 쓰이지 않는다.
해석 | (1) Teddy Roosevelt에겐 네 명의 아들이 있었고, 그들 모두 제1차 세계대전에 복무했다.
(2) 나는 새 선풍기를 샀는데, 그것은 내가 기대했던 것만큼 시원하지 않았다.
어휘 | serve 복무하다 World War I 제1차 세계대전 fan 선풍기

2 해설 | 선행사 many ways가 전치사 in의 목적어로 쓰일 때 전치사는 관계대명사 앞으로 나올 수 있다. 목적격 관계대명사로 who나 that을 쓴 경우에는 전치사를 관계대명사 앞에 쓸 수 없다.
어휘 | achieve 성취하다 goal 목표

3 해설 | (1) 이유를 나타내는 선행사 the reason을 수식하는 관계부사 why가 쓰였다.
(2) 장소 the hotel을 선행사로 하는 관계부사로는 where가 알맞다.
어휘 | lack of sleep 수면 부족 actor 배우

4 해설 | (1) a special school이라는 장소가 선행사로 오고, 괄호 안의 말을 배열하면 pets get trained라는 완전한 문장이 되므로 관계부사 where를 이용하여 문장을 배열한다.
(2) 선행사가 사람과 동물이고, 괄호 안의 말을 배열하면 주어가 없는 불완전한 문장이므로 관계대명사 that을 이용하여 문장을 배열한다.
어휘 | pet 애완동물 get trained 훈련받다

5 해설 | (1) remembered의 목적어로 쓰인 that은 명사절을 이끄는 접속사이다.
(2) I have 뒤에 목적어가 없으므로 목적격 관계대명사가 빈

칸에 알맞다. 선행사가 some, any, all 등이 포함된 경우에 관계대명사는 that을 쓴다.

해석 | (1) 그녀는 전에 그 배우를 봤던 것을 기억했다.

(2) 이것은 내가 가진 돈의 전부이다.

6 해설 | (1) 「주격 관계대명사+be동사」는 생략이 가능하다.

(2) 선행사가 일반적 의미의 the place이므로 the place나 where 중 하나를 생략할 수 있다.

해석 | (1) Mary에게 말을 하고 있는 남자를 너는 아니?

(2) 이곳은 우리가 숨바꼭질하던 곳이다.

어휘 | play hide-and-seek 숨바꼭질하다

1주 2일 필수 체크 전략 ❶   pp. 14~17

전략 1 [필수 예제]

해설 | (1) 선행사가 the boy로 단수이므로 단수동사 is가 알맞다.

(2) 소유격 관계대명사 뒤에는 명사가 나오므로 eyes가 알맞다.

(3) 선행사가 사람이고 관계대명사 뒤에 「주어+동사」가 오므로 목적격 관계대명사 who가 알맞다.

해석 | (1) 길에서 울고 있는 소년을 너는 알고 있니?

(2) 파란 눈의 여자가 Sam의 숙모이다.

(3) 당신이 인터뷰해야 하는 사람은 아직 어린아이이다.

어휘 | interview 면담하다 only 단지

[확인 문제]

1 (1) whose (2) which[that]
2 which[that] 또는 생략

1 해설 | (1) 뒤에 명사 mother가 오므로 앞에 소유격 관계대 명사 whose가 알맞다.

(2) 앞에 사물인 선행사가 오고 뒤에 동사가 오므로 주격 관계 대명사 which나 that이 알맞다.

해석 | (1) Amelia는 엄마가 연예인이신 소녀이다.

(2) Jim은 베트남에서 만든 재킷을 샀다.

어휘 | entertainer 연예인

2 해설 | 선행사 decisions를 수식하는 목적격 관계대명사가 빈칸에 알맞으므로 which나 that을 쓰거나 생략할 수 있다.

어휘 | decision 결정 change 바꾸다

전략 2 [필수 예제]

해설 | (1) 선행사가 some tips로 사물이므로 which가 알맞다.

(2) 앞 문장 전체가 선행사일 때에는 which를 쓴다. that은 계속 적 용법으로 쓸 수 없다.

(3) 선행사가 사물이므로 「접속사+대명사」로 쓸 때 and it이 알 맞다.

(4) 선행사가 사람이므로 who가 알맞고, 계속적 용법으로 쓰였다.

해석 | (1) 여기 너에게 도움이 될 조언이 몇 개 있다.

(2) Brian은 많이 걷는데, 그것은 그의 건강을 유지해 준다.

(3) 내 누이는 지난달에 치마를 샀는데, 그것은 더 이상 맞지 않는 다.

(4) 나는 Grace를 만났는데 그녀를 오랫동안 보지 못했었다.

어휘 | healthy 건강한 fit 꼭 맞다 for ages 오랫동안

[확인 문제]

1 (1) which ruined my trip
   (2) that Sam showed to me
2 (1) and he (2) which

1 해설 | (1) 앞 문장 전체를 선행사로 하는 관계대명사 which 를 써야 한다. 계속적 용법의 관계대명사는 「접속사+대명사」 로 고쳐 쓸 수 있고 which 대신 and it을 쓸 수 있다.

(2) paintings를 수식하는 한정적 용법이다.

어휘 | ruin 망치다 painting 그림

2 해설 | (1) 관계대명사의 계속적 용법은 「접속사+대명사」로 바꿀 수 있다.

(2) 계속적 용법의 관계대명사는 「접속사+대명사」로 고쳐 쓸 수 있으므로 and it을 계속적 용법의 관계대명사 which로 고쳐 쓸 수 있다.

해석 | (1) Brian은 할아버지의 이름을 따서 지었는데, 할아 버지는 1년 전에 돌아가셨다.

(2) 우리는 이 모델을 추천했는데 그것은 곰처럼 보인다.

어휘 | name after ~을 따서 이름을 짓다 recommend 추 천하다 bear 곰

전략 3 [필수 예제]

해설 | (1) 선행사가 시간을 나타내는 the day이므로 when이나 on which를 쓸 수 있다.

(2) 선행사가 이유를 나타내는 the reason이므로 why나 for which를 쓸 수 있다.

(3) 선행사가 장소를 나타내는 the park이므로 where나 at which를 쓸 수 있다.

해석 | (1) 수요일은 내가 가장 바쁜 날이다.
(2) 내 편지를 끝까지 읽지 않은 이유를 내게 말해 줘.
(3) 친구들과 나는 우리가 처음 만났던 공원에 갔다.
어휘 | busy 바쁜 to the end 끝까지

확인 문제

1 how, in which
2 in where ➡ where 또는 in which

1 해설 | 방법을 나타내는 관계부사 how는 「전치사+관계대명사」로 고칠 수 있으므로 in which를 쓴다.
해석 | 그녀는 돈을 모은 방법을 우리에게 말했다.

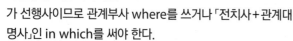
어휘 | raise money 돈을 모으다
2 해설 | 장소를 나타내는 the house가 선행사이므로 관계부사 where를 쓰거나 「전치사+관계대명사」인 in which를 써야 한다.
해석 | 모차르트가 태어난 집은 현재 세계에서 가장 인기 있는 박물관 중 하나이다.
어휘 | popular 인기 있는 museum 박물관

전략 4 필수 예제

해설 | (1) 방법을 나타내는 관계부사 how는 선행사 the way와 함께 쓰지 않고 둘 중에 하나만 쓴다.
(2) 일반적인 의미인 the town이 선행사이므로 관계부사 where는 생략할 수 있다.
(3) 일반적인 의미인 선행사 the day가 생략되었으므로 관계부사 when을 쓴다.
(4) a village가 선행사이므로 관계부사 where가 알맞다.
해석 | (1) 이것이 그가 소방 로봇을 발명한 방법이다.
(2) 이곳은 내가 어린 시절을 보낸 마을이다.
(3) 오늘은 우리가 새 학기를 시작하는 날이다.
(4) 나의 부모님은 병원이 없는 마을에 살고 계신다.
어휘 | invent 발명하다 robotic firefighter 소방 로봇 semester 학기

확인 문제

1 the month when my school starts
2 (1) the way how ➡ the way 또는 how
(2) the year why ➡ the year when 또는 the year 또는 when

1 해설 | 시간을 나타내는 선행사 the month를 수식하는 관계부사 when을 써서 표현한다.
2 해설 | (1) the way와 how는 함께 쓸 수 없으므로 the way나 how 둘 중 하나를 써야 한다.
(2) 선행사 the year는 시간을 나타내므로 관계부사 when을 써야 한다. 선행사가 일반적인 의미일 때 선행사와 관계부사 둘 중 하나를 생략할 수 있다.
해석 | (1) 당신은 동물들이 생각하고 행동하는 방식을 배워야 할 필요가 있다.
(2) 1876년은 A. G. Bell이 전화를 발명했던 해이다.
어휘 | animal 동물 act 행동하다

1주 2일 **필수 체크 전략 ❷**   pp. 18~19

1 (A) which (B) who
2 ③
3 ①, ③, ⑤
4 that ➡ where
5 what they needed in their busy lives was food which(that) they could eat quickly at any time

1 해설 | (A) 선행사 The soccer ball이 사물이고 주어 역할을 하는 관계대명사가 필요하므로 which가 알맞다.
(B) 선행사 Messi는 사람이고 목적어 역할을 하는 관계대명사가 필요하므로 who가 알맞다.
해석 | 책상 위에 있는 축구공은 Messi로부터 받은 것이고, Amy는 큰 축구 경기 후에 Messi를 만났다.

2 해설 | ③ 장소 the place를 수식하는 관계부사가 와야 하므로 which가 아니라 where가 알맞다.
① 사물 a sandwich를 수식하는 목적격 관계대명사 which
② 사람 the staff를 수식하는 주격 관계대명사 who
④ a girl을 수식하고 뒤에 명사가 오는 소유격 관계대명사 whose
⑤ parents를 선행사로 하는 주격 관계대명사 who
해석 | ① Susan은 그녀의 아들이 만든 샌드위치를 먹었다.
② 이 분은 이 프로젝트를 담당할 직원입니다.
③ 나는 전시회가 열리는 곳을 방문해야 한다.
④ 나는 그녀의 여동생이 유명한 가수인 소녀를 알고 있다.

⑤ 그녀는 아이들에게 새로운 음식을 먹으라고 강요하는 부모들에 대해 이야기했다.

어휘 | staff 직원 take charge of ~을 맡다 exhibition 전시회 force 억지로 ~하게 하다

3 **해설 |** ① 관계부사 where를 생략할 수 있고 선행사 the city만 쓴 문장이다.

③ 장소를 나타내는 선행사 the city를 수식하는 관계부사 where를 이용하여 영작할 수 있다.

⑤ 관계부사는 「전치사+관계대명사」로 바꿔 쓸 수 있으므로 in which를 이용하여 영작할 수 있다.

[4-5]

지문 해석 | 18세기에 나폴리는 다양한 직업이 존재하는 대도시였다. 사방에서 노동자들이 도시로 모여들었고, 바쁜 생활 중 그들에게 필요했던 것은 언제든지 빨리 먹을 수 있는 음식이었다. 나폴리  의 요리사들이 납작한 빵에 토마토와 다른 토핑을 얹기 시작해 길거리에서 피자 조각을 팔았다. 이 길거리 음식은 무척 저렴하고 맛이 좋아서, 노동자들은 그것을 아침, 점심, 저녁으로 먹었다.

4 **해설 |** 선행사가 장소를 나타내는 a large city이고 뒤에 완전한 문장이 오므로 관계부사 where를 써야 한다.

5 **해설 |** food를 선행사로 하는 목적격 관계대명사인 which나 that이 생략된 것이다.

1주 3일 필수 체크 전략 ❶

pp. 20~23

전략 1 | 필수 예제

해설 | (1) 선행사가 all이므로 관계대명사 that을 써야 한다.

(2) 선행사에 the same이 들어가므로 관계대명사 that을 써야 한다.

(3) 선행사를 포함하고 있고, 동사 write down의 목적어로 쓰였으므로 관계대명사 what이 알맞다.

해석 | (1) 나의 가족은 내가 가진 전부이다.

(2) 나는 너와 똑같은 권리를 가지고 있다.

(3) 넌 사야 할 것을 적어 놓았니?

어휘 | right 권리

확인 문제

1 (1) which → that (2) who → that

2 what

1 **해설 |** (1) 선행사가 me and a puppy로 「사람+동물」인 경우이므로 which를 that으로 고쳐야 한다.

(2) 선행사가 the only friend이므로 who를 that으로 고쳐야 한다.

해석 | (1) 그는 함께 달리고 있는 나와 강아지를 봤다.

(2) Cindy는 나를 잘 이해해 주는 유일한 친구이다.

2 **해설 |** '~하는 것'이라는 의미로 선행사를 포함하고 있는 관계대명사 what이 remember의 목적어로 쓰였다.

해석 | A: 우리가 배운 것을 기억하는 사람 있니?

B: 지난 시간에 자기소개 하는 법을 배웠어요.

전략 2 | 필수 예제

해설 | (1) 뒤에 완전한 문장이 오므로 접속사 that이 알맞다.

(2) '다음에 무엇을 해야 할지를'로 해석되므로 의문사 what이 알맞다.

해석 | (1) 그는 자신의 실수를 아무도 눈치 채지 못할 것이라고 생각했다.

(2) 나는 다음에 무엇을 해야 하는지 알고 싶다.

어휘 | notice 눈치 채다 mistake 실수

확인 문제

1 (1) 관계대명사 (2) 접속사

2 (1) that, 접속사 (2) that, 관계대명사

1 **해설 |** (1) 뒤에 목적어가 없는 불완전한 문장이 오고 '~하는 것'으로 해석되므로 what은 관계대명사이다.

(2) 뒤에 보어가 없는 불완전한 문장이 오고 '무엇'으로 해석되므로 what은 간접의문문을 이끄는 접속사이다.

해석 | (1) 몇몇 사람들은 그냥 그들이 가진 것을 소중하게 여기지 않는다.

(2) 나는 그녀의 전화번호가 무엇인지 궁금하다.

어휘 | value 소중히 여기다

2 해설 | (1) 빈칸 뒤에 완전한 문장이 나오므로 목적어절을 이끄는 접속사 that이 알맞다.

(2) 빈칸 뒤에 불완전한 문장이 나오므로 관계대명사 that이나 which가 알맞다.

해석 | (1) 나는 내가 이어폰을 끼고 음악을 듣고 있다는 걸 깨달았다.

(2) 음악은 내가 가장 좋아하는 과목이다.

어휘 | realize 깨닫다

전략 3 [필수 예제]

해설 | (1) '~인지 (아닌지) 알고 있다'의 의미이므로 간접의문문 if나 whether를 써야 한다.

(2) 이유를 묻는 의문사 why가 알맞다.

해석 | (1) 산타클로스는 네가 나빴는지 착했는지 알고 계신다.

(2) 미라가 왜 웃고 있는지 짐작할 수 있니?

어휘 | guess 짐작하다, 추측하다

[확인 문제]

1 ①, ⑤
2 when the next bus will come

1 해설 | '~인지 궁금할 것이다'의 의미이므로 의문사가 없는 간접의문문에 쓰는 접속사 if나 whether가 자연스럽다.

해석 | 알스메이르 꽃시장에서 꽃을 아주 조금 살 수 있는지 궁금할 겁니다.

어휘 | wonder 궁금하다 just a few 아주 조금

2 해설 | 의문사가 접속사 역할을 하여 간접의문문으로 써야 한다. 이 때 「의문사+주어+동사」의 어순으로 쓴다.

해석 | 다음 버스가 언제 올지 내게 말해 주시겠어요?

전략 4 [필수 예제]

해설 | (1) 「주격 관계대명사+be동사」의 생략

(2) admit의 목적어절을 이끄는 접속사 that의 생략

(3) 관계부사의 생략

해석 | (1) 이것은 '이모지'라고 불리는 작은 그림이다.

(2) 그날이 끝날 무렵, 나는 그 지역이 훨씬 더 나아 보인다는 것을 인정해야 했다.

(3) 호수 공원은 우리 가족이 산책하기를 좋아하는 장소이다.

어휘 | admit 인정하다 lot 지역 much better 훨씬 좋은

[확인 문제]

1 the day
2 (1) that〔which〕/ 그녀가 산 가방은 비싸다.
   (2) which is / 나는 피자로 유명한 그 식당을 좋아한다.

1 해설 | '~하는 날'이라고 했으므로 시간을 나타내는 선행사나 관계부사를 써야 한다.

어휘 | around the world 전 세계의 celebrate 기념하다

2 해설 | (1) 선행사가 the bag이고 bought의 목적어 역할을 하므로 the bag 뒤에 목적격 관계대명사 that이나 which가 생략되었다.

(2) 선행사가 the restaurant이고 빈칸 뒤의 문장에서 주어 역할을 하므로 「주격 관계대명사+be동사」가 생략되었다.

1주3일 필수 체크 전략 ❷   pp. 24~25

1 (A) who (B) where (C) what
2 ③
3 everything that he knew
4 ①
5 These red roses which〔that〕 I like mean passionate love. / 내가 좋아하는 이 빨간 장미는 열정적인 사랑을 의미한다.

1 **해설 |** 간접의문문에서 의문사 뒤에 주어와 동사의 어순에 유의한다. (A)에는 가장 친한 친구가 '누구'인지를 묻고 있으므로 who가 알맞다. (B)에는 '어디' 사는지를 물었으므로 알맞은 의문사는 where이다. 세 번째 질문에 대해 '농구를 주로 한다'고 답했으므로 (C)에는 방과 후에 '무엇'을 하는지 묻는 의문사 what이 알맞다.

해석 | A: 네 가장 친한 친구가 누구인지 내게 말해 줄래?
B: 물론이지, Jim이 나의 가장 친한 친구야.
A: 그가 어디에 사는지 아니?
B: 아니 몰라. 그는 최근에 이사 갔어.
A: 그렇다면 방과 후에 그와 함께 주로 뭘 하는지 말해 줘.
B: 우리는 주로 농구를 해.

어휘 | recently 최근에 move 이사 가다 usually 주로, 대개

2 **해설 |** ①, ②, ④, ⑤는 '무엇'이라는 의미의 간접의문문이고, ③은 '~한 것'이라는 의미의 선행사를 포함한 관계대명사이다.

해석 | ① 다른 사람이 뭐라고 생각하든 신경 쓰지 마라.
② 아빠가 무엇을 요리하고 계신지 짐작이 가니?
③ 그것이 내가 그녀로부터 배울 필요가 있는 것이다.
④ 무엇이 진짜이고 무엇이 가짜인지 주의 깊게 확인하세요.
⑤ 당신은 어제 점심으로 무엇을 먹었는지 제게 말해 주세요.

어휘 | care 관심을 갖다 guess 짐작하다 fake 거짓의, 가짜의

3 **해설 |** 선행사가 everything이므로 관계대명사 that을 이용하여 문장을 완성한다. 앞의 주절이 과거 시제이므로 뒤의 문장도 과거 시제로 일치시킨다.

[4-5]

지문 해석 | 빨간색이 무엇을 의미하는지 알고 있니?
• 교통 신호등의 빨강은 "멈추시오."라는 의미이다.
• 이것은 붉은 악마들의 유니폼인데, 그들은 한국 축구팀을 응원한다. 이 유니폼에서 빨강은 '힘'을 의미한다.

• 빨강의 여러 의미 중에서, '사랑'이 나는 가장 좋다. 내가 좋아하는 이 빨간 장미들은 열정적인 사랑을 의미한다.

4 **해설 |** '무엇'이라는 의미의 간접의문문으로 쓰였으므로 ①의 what이 알맞다.

5 **해설 |** 선행사가 These red roses이고, 뒤의 문장에서 like의 목적어 역할을 하므로 These red roses 뒤에 목적격 관계대명사 which나 that이 생략되어 있다.

1 which
2 why, for which
3 ⑤
4 which
5 when he came to Korea
6 (A) where (B) who
7 (1) which is (2) the place 또는 where (3) that
8 which gives me lots of energy
9 ⑤
10 (1) the way a computer works
　 (2) how a computer works
11 ①
12 ③ in where ➡ where 또는 in which
13 (1) ⑤ (2) ③

1 **해설 |** 선행사 this guitar를 보충 설명하는 계속적 용법의 관계대명사 which가 알맞다. 선행사를 포함하고 있는 what은 계속적 용법으로 쓰이지 않는다.

해석 | 이 기타를 봐, 그것은 내가 Amy에게 생일선물로 준 것이다.

2 **해설 |** 이유를 나타내는 관계부사 why는 for which로 바꿔 쓸 수 있다.

해석 | 그것이 우리가 무지개의 다른 색깔을 보는 이유이다.

어휘 | rainbow 무지개

3 **해설 |** ⑤ 사람과 동물이 선행사일 때 관계대명사 that을 쓴다.
① 선행사를 포함한 관계대명사 what이 알맞다.
② 뒤에 명사가 오므로 소유격 관계대명사 whose가 알맞다.
③ that은 전치사와 함께 쓰이지 않으므로 whom이 알맞다.
④ that은 계속적 용법에는 쓸 수 없으므로 which가 알맞다.

해석 | ① 그것이 바로 내가 묻고 싶었던 것이다.
② 수미는 핸드폰을 잃어버렸는데 그 케이스는 빨간색이다.
③ James는 내가 항상 함께 점심을 먹는 가장 친한 친구이다.
④ 그는 노트북을 샀는데 그것을 매일 사용한다.
⑤ 산책하고 있는 소년과 개를 보세요.

어휘 | laptop 노트북

4 **해설 |** 선행사 ROFL을 수식하는 계속적 용법의 관계대명사 which를 써야 한다.

어휘 | quite 꽤, 아주 roll 구르다 floor 마루, 바닥

정답과 해설

BOOK 2

5 해설 | "그가 한국에 언제 왔는지 아니?"라고 묻는 것이 자연스럽다. 의문사가 있는 간접의문문은 「의문사+주어+동사」의 어순으로 쓴다.

해석 | A: 그가 한국에 언제 왔는지 아니?
B: 아니, 몰라. 그에게 물어보자.

6 해설 | (A)는 어디 출신인지 묻는 간접의문문이므로 where가 알맞고, (B)는 선행사 an old artist를 수식하는 관계대명사 who가 알맞다.

해석 | A: Henry씨. 어디 출신인지 말해 주시겠어요? B: 저는 미국 출신입니다.
A: 주로 무엇을 쓰시나요?
B: 저는 단편소설 작가입니다. 300여 편의 단편소설을 썼죠.
A: 유명한 이야기를 하나 추천해 주실 수 있나요?
B: 물론이죠. 저는 〈마지막 잎새〉를 추천합니다. 그것은 아픈 소녀와 그녀의 목숨을 구하는 나이 든 화가의 이야기예요.
A: 아, 그것을 읽고 싶네요. 무척 기대됩니다.

어휘 | short story 단편소설 about 대략, 약 save 구하다

7 해설 | (1) 「주격 관계대명사+be동사」의 생략
(2) 선행사가 일반적인 의미인 경우 선행사나 관계부사 둘 중에 하나 생략
(3) 목적격 관계대명사의 생략

해석 | 〈보기〉 거리에 있는 그 남자는 인기 있는 기자이다.
(1) 이것은 주로 화산 활동에 의해 데워진 샘물이다.
(2) 학교는 내가 친구들과 배우고, 먹고, 재미있는 시간을 보내는 곳이다.

(3) 그는 두 번째 소가 가족에게 가져다줄 우유와 치즈를 생각했다.

어휘 | reporter 기자 spring 샘물 heat 뜨거워지다 volcanic 화산의 activity 활동

8 해설 | P.E.를 선행사로 하는 계속적 용법의 주격 관계대명사 which를 쓴다. '~에게 …를 주다'는 「give+간접목적어+직접목적어」를 쓴다.

해석 | A: 네가 가장 좋아하는 과목이 무엇인지 알고 싶어.
B: 그것은 체육인데, 내게 많은 에너지를 줘.

어휘 | energy 에너지 lots of 많은

9 해설 | 선행사 the problem이 관계사절 안의 전치사의 목적어일 때 전치사는 관계대명사 앞으로 올 수 있다.

해석 | 이것은 우리가 관심을 갖고 있는 문제이다.

어휘 | be interested in ~에 관심이 있다

10 해설 | 방법을 나타내는 선행사 the way와 관계부사 how는 둘 중에 하나만 써야 한다.

작동하다: work 설명하다: explain

11 해설 | ①은 때를 나타내는 부사절을 이끄는 접속사이고 ②, ③, ④, ⑤는 관계부사이다.

해석 | ① 나는 시험을 볼 때 스트레스를 받았다.
② 이것이 네가 손을 씻는 방식이다.
③ 여러분이 공부를 해야 하는 이유는 많다.
④ 나는 핸드폰을 처음 샀던 날을 기억한다.
⑤ ABC 피자는 내가 친구들과 함께 가기를 좋아하는 식당이다.

어휘 | get stressed 스트레스 받다

12 해설 | 선행사가 places이므로 장소의 관계부사 where나 in which로 고쳐야 한다.

지문 해석 | 저는 Leah입니다. 저는 18세 때부터 여행 블로그를 써 왔습니다. 저는 여기저기 다니며 제 경험을 독자들과 공유하고 있습니다.

20**년 7월 15일
시장을 방문하는 것은 한 나라의 문화에 대해 배우는 좋은 방법입니다. 시장은 사람들을 만나고, 역사를 배우고, 또 지역 음식을 맛볼 수 있는 장소입니다. 다른 문화를 발견하는 데 더 좋은 방법이 있을지 모르겠습니다.

어휘 | travel blog 여행 블로그 since ~ 이후에 share 나누다, 공유하다 experience 경험 culture 문화 history 역사 local 지역의 discover 발견하다

13 해설 | (1) 선행사 the first person을 수식하는 주격 관계대명사이므로 ⑤와 쓰임이 같다.
(2) 선행사를 포함하고 있는 관계대명사로 ③과 쓰임이 같다.
① 접속사 ② 의문사 ④ 감탄사

지문 해석 | Antonio는 궁전에 쥐가 있다는 사실에 무척 놀랐다. 그는 "이 섬에는 고양이가 없습니까?"라고 물었다. 여왕은 어리둥절한 것처럼 보였다. "고양이가 뭐가요?"라고 그녀가 물었다.
상인은 "여기 섬사람들이 필요로 하는 것은 공구나 책이 아니라 고양이야."라고 혼자 중얼거렸다. 그는 배에서 고양이 두 마리를 데리고 와서, 자유롭게 돌아다니도록 풀어놓았다. "정말 놀라운 동물이네요!" 쥐가 모두 도망가는 것을 보자 여왕이 감탄하였다. 그는 Antonio에게 보석이 가득한 상자를 주었다.
(1) 그는 내 머릿속에 떠오른 첫 번째 사람이었다.
(2) 내가 하고 싶은 것은 책을 읽는 것이다.

어휘 | rat 쥐 palace 궁전 puzzled 어리둥절해하는

merchant 상인 say to oneself 혼잣말하다 islander 내륙인 tool 도구 run away 도망가다 chest 궤, 상자 be filled with ~로 가득 차다 jewel 보석

1주 4일 교과서 대표 전략 ❷

pp. 30~31

1 ②　2 ①　3 ③, ④　4 ④
5 what is really important to you
6 your robot can speak every language
7 (1) whose　(2) who　(3) which〔that〕
8 the way people communicate with each other

1 **해설 |** ①, ③, ④, ⑤는 모두 선행사를 포함한 관계대명사이고, ②는 「의문사＋주어＋동사」 어순의 간접의문문이다.
해석 | ① 나는 그가 말하는 것을 믿지 않는다.
② 내가 무엇을 하는지는 별로 중요하지 않다.
③ 내 생각에 그것은 누군가 바다에 버린 것 같다.
④ 음향 효과 덕분에 나는 나를 괴롭히는 것을 잊을 수 있다.
⑤ 저는 이 곤충들에 관해 알게 된 것을 여러분과 함께 나누고 싶습니다.
어휘 | matter 중요하다 throw 버리다 sound effect 음향 효과 bother 괴롭히다 insect 곤충

2 **해설 |** (A) '내 남동생이 그의 생일로 무엇을 받았는지를'의 의미이므로 「의문사＋주어＋동사」 어순의 간접의문문이 쓰였고 '무엇을'에 해당하는 의문사 what을 써야 한다.
(B) 선행사 our grandpa를 수식하는 관계대명사의 계속적 용법으로 사람을 받는 who가 알맞다.
해석 | 내 남동생이 그의 생일로 무엇을 받았는지 짐작이 가니? 그는 할아버지께 드론을 받았는데, 할아버지께서는 부산에 살고 계신다.

3 **해설 |** 〈보기〉는 learned의 목적어를 이끄는 접속사 that이므로 ③과 ④가 쓰임이 같다.
① 「It ~ that」 강조 구문
② someone을 선행사로 하는 주격 관계대명사
⑤ foods를 선행사로 하는 주격 관계대명사

해석 | 〈보기〉 나는 폭풍과 같은 자연재해가 매우 위험할 수 있다는 것을 배웠다.
① 그가 가장 좋아하는 것은 문학이었다.
② 행복을 느끼는 사람을 여러분 주변에서 찾아보세요.
③ 피자가 오늘날 세계적인 음식이라는 것에 당신은 동의할 것이다.
④ 그는 문을 잠그지 않았다는 것에 놀랐다.
⑤ 지난 시간에 나는 건강에 좋은 음식에 관해 이야기했다.
어휘 | natural disaster 자연재해 storm 폭풍 literature 문학 global 전 세계적인, 지구의 lock 잠그다

4 **해설 |** 관계부사는 「전치사＋관계대명사」로 바꿔 쓸 수 있고, 선행사가 only 17이라는 나이이므로 at which가 자연스럽다.
해석 | Dorothy는 전미여자프로야구 리그에서 처음 경기했을 때 겨우 열일곱 살이었다.
어휘 | professional 프로, 프로의

5 **해설 |** have room for(~할 공간을 가지다)에서 전치사 for의 목적어로 선행사를 포함한 관계대명사 what이 쓰여야 한다.
해석 | 여러분의 시간과 에너지를 사소한 것에 모두 쓴다면, 여러분은 결코 여러분에게 진정으로 중요한 것을 할 여유를 가질 수 없을 겁니다. 가장 중요한 것부터 먼저 처리하세요.
어휘 | have room for ~할 공간을〔여유를〕 가지다 matter 중요하다

6 **해설 |** 의문사가 없는 의문문을 간접의문문으로 만들 때 명사절을 이끄는 접속사 if나 whether를 써서 만든다.
해석 | 나는 네 로봇이 모든 언어를 말할 수 있는지 궁금하다.
어휘 | language 언어

7 **해설 |** (1) 소유격 관계대명사
(2) 주격 관계대명사
(3) 목적격 관계대명사
해석 | (1) Lala는 자기의 개가 핫도그를 먹고 싶어 하는 소녀이다.
(2) 나무 위에서 노래하고 있는 소년이 내 사촌이다.
(3) 그는 내가 읽고 싶었던 잡지들을 내게 빌려주었다.
어휘 | cousin 사촌 lend 빌리다

8 **해설 |** 방법을 나타내는 관계부사는 선행사 the way나 관계부사 how 둘 중 하나만 쓸 수 있다. the way가 제시되어 있으므로 how를 쓸 수 없다.
어휘 | communicate with ~와 의사소통하다 social media 소셜 미디어

1주 누구나 합격 전략

pp. 32~33

1 그것은 이모티콘이고, 얼굴 표정을 나타내기 위해 사용되는 한 무리의 문자나 상징이다.

2 ②, ④

3 to whom / Sherlock Holmes가 이야기하고 있는 여자는 Wilson씨이다.

4 ⑤

5 ②

6 ①, ③

7 ④

8 That's exactly what I want.

9 The month when I feel most relaxed is January.

10 (1) if〔whether〕 your robot can choose
   (2) how your robot works

---

1 **해설** | 관계대명사의 계속적 용법은 선행사를 보충 설명하므로 순서대로 해석한다.
   어휘 | letter 문자 symbol 상징 represent 나타내다 facial 얼굴의 expression 표정

2 **해설** | '~인지 아닌지'를 묻는 의문사가 없는 간접의문문은 if나 whether를 쓴다.
   어휘 | horror movie 공포 영화

3 **해설** | 목적격 관계대명사는 생략할 수 있으나 선행사가 전치사의 목적어일 때, 전치사는 관계대명사 앞에 쓰며 생략할 수 없다.

4 **해설** | 첫 번째 문장은 간접의문문으로 쓰인 의문사 where이고, 두 번째 문장은 선행사 a country를 수식하는 관계부사 where이다.
   해석 | • 당신이 어디에 사는지 말해 주실래요?
   • 터키는 동양과 서양이 만나는 나라이다.

5 **해설** | 첫 번째 문장은 빈칸 뒤에 주어가 없는 불완전한 문장이 오고 선행사 a close friend가 사람이므로 관계대명사 who가 알맞고, 두 번째 문장은 뒤에 완전한 문장이 오고 선행사가 장소이므로 관계부사 where가 알맞다.
   해석 | • 그 농부는 아이가 넷인 친한 친구를 방문했다.
   • 찜질방은 휴식을 취하는 한국의 전통적인 방식을 경험할 수 있는 장소이다.

   어휘 | experience 경험하다 traditional 전통적인 relax 휴식을 취하다

6 **해설** | 방법의 관계부사 the way와 how는 함께 쓸 수 없으므로 the way와 how 중 하나만 써야 한다.

   해석 | 그 남자는 우리에게 그가 어떻게 자동차 충돌 사고에서 살아남았는지를 말했다.
   어휘 | survive 살아남다 car crash 자동차 충돌 사고

7 **해설** | ④ any cities는 일반적인 선행사가 아니므로 생략하지 않는다. ①, ②, ③, ⑤ 장소, 시간, 이유의 선행사가 일반적인 경우에는 선행사나 관계부사 둘 중 하나는 생략 가능하다.
   해석 | ① 이곳은 내 부모님이 사시는 곳이다.
   ② 나는 그가 출발할 시간을 알고 있다.
   ③ 나는 그녀가 그녀의 아버지에게 거짓말한 이유를 물었다.
   ④ 신호등이 없는 도시들이 있습니까?
   ⑤ 너는 왜 학교를 결석했는지 내게 말해라.
   어휘 | reason 이유 lie 거짓말하다 be absent from ~를 결석하다

8 **해설** | 관계대명사 what은 선행사를 포함하고 있으므로 선행사가 없음에 유의한다.
   해석 | A: 점심으로 뭘 먹고 싶어?
   B: 타코 어때?
   A: 좋아! 그것은 정확히 내가 원하는 것이야.
   어휘 | exactly 정확히

9 **해설** | 시간을 나타내는 선행사 the month를 수식하는 관계부사 when을 쓴다.
   어휘 | feel relaxed 편안함을 느끼다

10 **해설** | (1) 의문사가 없는 간접의문문으로 '~인지 (아닌지)'의 뜻이므로 if〔whether〕를 쓴다.
   (2) 의문사 how가 쓰인 간접의문문으로 '어떻게 ~하는지'의 뜻이다.
   해석 | A: 나는 네 로봇이 너에게 가장 좋은 의상을 골라 줄 수 있는지 궁금해.
   B: 물론. 그것을 할 수 있지.
   A: 나는 네 로봇이 어떻게 작동하는지 보고 싶어.
   B: 좋아, 내가 보여줄게.
   어휘 | choose 고르다 clothes 의상

A 1 Jenny
　2 Chris
　3 Ron
B 1 that hot springs do us good
　2 where trading on boats has a long history
　3 the building which was designed by a French architect
C 1 where
　2 if
　3 what
　4 what
D 1 What I don't understand is that he refused to add to the meal.
　2 This is the place we will stay for a week.
　3 Saturday night is the time when we enjoy watching a movie.

A 해설 | 1. 선행사가 senior citizens이므로 사람을 받는 관계대명사 who가 알맞다.
2. volcanoes do가 불완전한 문장이므로 선행사를 포함한 관계대명사 what이 알맞다.
3. 계속적 용법으로 쓸 때는 관계대명사 that을 쓸 수 없다.
해석 | 1. 나는 매주 여가 시간 중 두 시간을 혼자 사시는 어르신들을 위해 보낸다.
2. 화산이 하는 일이 인간에게 항상 나쁜 것만은 아니다.
3. 이것은 불고기인데, 한국의 전통 음식이다.
어휘 | senior citizen 노인 volcano 화산 human 인간 traditional 전통적인

B 해설 | 1. 접속사 that이 say의 목적어절로 쓰였다.
2. 선행사 a country를 수식하는 장소의 관계부사 where를 써야 한다.
3. 선행사 the building을 수식하는 주격 관계대명사 which를 써야 한다. 「주격 관계대명사+be동사」는 생략할 수도 있다.
해석 | 1. 사람들은 온천이 우리에게 이롭다고 말한다.
2. 태국은 배에서 거래하는 오랜 역사가 있는 나라이다.
3. 이것은 한 프랑스 건축가에 의해 지어진 건물이다.
어휘 | hot spring 온천 trade 거래하다 history 역사 architect 건축가

C 해설 | 1. 선행사가 the place이므로 관계부사 where가 알맞다.

2. 의문사가 없는 간접의문문으로 '~인지 (아닌지)'라는 뜻의 접속사 if를 사용하여 문장을 연결한다.
3. 선행사를 포함하고 있는 관계대명사 what을 써야 한다.
4. '무엇을'이라는 의미의 의문사가 있는 간접의문문이므로 what이 알맞다.
해석 | 1. 펭귄 분식은 우리 학교 학생들이 가기 좋아하는 장소이다.
2. 이 근처에 은행이 있는지 궁금합니다.
3. 내가 표현하고 싶은 것을 그리기가 쉽지 않다.
4. 그가 여가 시간에 무엇을 하는지 알게 되면 놀랄 것이다.
어휘 | penguin 펭귄 around here 이 근처에 express 표현하다 free time 여가 시간

D 해설 | 1. The thing which는 선행사를 포함하는 관계대명사 what으로 바꿔 쓸 수 있다.
2. 선행사가 일반적인 의미이므로 선행사나 관계부사 중 하나를 생략할 수 있다. 따라서 the place where 대신에 the place나 where를 쓸 수 있다.
3. 관계부사는 「전치사+관계대명사」로 바꿔 쓸 수 있으므로 on which 대신 when을 쓸 수 있다.
해석 | 1. 내가 이해되지 않는 것은 그가 식사를 더하는 것을 거절했다는 것이다.
2. 이곳은 우리가 일주일 동안 머물 곳이다.

3. 토요일 밤은 우리가 영화를 보는 것을 즐기는 시간이다.
어휘 | refuse 거절하다 add to ~에 더하다 meal 식사 stay 머물다 for a week 일주일 동안 watch a movie 영화를 보다

2주 비교 / 가정법 / 특수 구문

해석 | 1 여1: 나는 너만큼 키가 컸었어. 지금은 나는 반의 어떤 친구보다 키가 커. 누구도 나보다 키가 크지 않아.

2 여2: 나도 키가 크면 좋을 텐데. 내가 어린아이였을 때 운동을 많이 했었다면 좋았을 텐데. 내가 키가 작아서 사람들이 마치 나를 어린애처럼 대해.

3 여1: 사람들이 네가 키가 작아서 너를 어린애처럼 대한다는 것은 사실이 아니야.

여2: 내가 키가 작아서가 아니라고?

4 여1: 나는 너를 어린아이처럼 대하지 않고 내 친구들도 그렇잖아.

여2: 맞아. 아마 사람들이 그냥 장난치는 거야.

2주 1일 개념 돌파 전략 ❶　　pp. 40~43

개념 1 Quiz　**해설 |** 「부정주어 ~ as+형용사·부사+as」의 형태로 쓰여 최상급 의미를 표현한다.
해석 | 어떤 것도 건강만큼 중요하지 않다.

개념 2 Quiz　**해설 |** 현재의 이루기 힘든 소망(예술가가 되는 것)을 표현할 때 「I wish 가정법 과거」를 이용해 쓸 수 있다.
해석 | 내가 예술가라면 좋겠다.

개념 3 Quiz　**해설 |** 현재의 사실과 반대로 가정하므로 「as if 가정법 과거」를 쓰고, 가정법에서는 be동사는 주어와 상관없이 were를 쓴다.
해석 | Jake는 피아노 치는 것을 싫어하지만, 마치 그는 그것을 즐기는 것처럼 행동한다.

1-2 as, as
2-2 hadn't met
3-2 ③

1-1 **해석 |** 어떤 것도 시간보다 더 귀한 것은 없다.
　어휘 | precious 귀중한

1-2 **해설 |** 「부정주어 ~ as+형용사·부사+as」를 이용하여 최상급의 의미를 표현하는 비교 구문이다.
　해석 | 다른 어떤 과목도 음악만큼 흥미롭지 않다.
　어휘 | subject 과목

2-1 **해석 |** A: 너는 자매가 있니?
　B: 없어, 하지만 있으면 좋을 텐데.

2-2 **해설 |** 과거의 일에 대한 아쉬움을 나타내고 있으므로 「I wish 가정법 과거완료」가 적절하다.
　해석 | A: 숙제는 끝냈니?
　B: 아니. 어젯밤에 친구들을 만나지 않았으면 좋았을 텐데.

3-1 **해석 |** Sam은 마치 어른인 것처럼 행동한다.

3-2 **해설 |** '그들은 마치 우리 집에 온 적이 있었던 것처럼'의 뜻이므로 as if가 they had been to my house 앞에 들어가야 한다.
　해석 | 그들은 마치 우리집에 온 적이 있었던 것처럼 말했다.

개념 4 Quiz　**해설 |** 진주어가 that절로 문장 뒤에 있으므로, 맨 앞에 가주어 It이 와야 한다.
해석 | 지은의 성적이 오른 것은 다행이다.
어휘 | relief 안심, 다행　grade 성적　improve 개선하다

개념 5 Quiz　**해설 |** It was와 that 사이에 있는 표현을 강조한다.
해석 | 나의 삶을 이끈 것은 열정이었다.
어휘 | passion 열정

개념 6 Quiz　**해설 |** 앞에 부정문이 왔으므로, 빈칸에 Neither가 적절하다.
해석 | A: 나는 시험에 합격하지 못했어.
B: 나도 그러지 못했어.

4-2 that / 그가 77세의 나이에 우주로 날아간 것은 놀라웠다.
5-2 It was praise from his parents that the child wanted.
6-2 Neither can I.

4-1 해석 | 그녀가 프로그래머라는 것은 사실이다.

4-2 해설 | 문장의 주어 자리에 가주어 it이 쓰였으므로 문장 뒤에 진주어 역할을 하는 that절이 이어져야 한다.
어휘 | fly(-flew-flown) 날다, 날아가다 space 우주

5-1 해석 | 우리가 잃어버린 것은 우리 집 열쇠였다.

5-2 해설 | It was와 that 사이에 강조할 말을 넣고, 나머지는 that 뒤에 쓴다. 문장이 과거 시제이므로 be동사는 was를 쓴다.
해석 | 그 아이가 원한 것은 부모로부터의 칭찬이었다.
어휘 | praise 칭찬

6-1 해석 | A: 나는 어젯밤에 늑대가 우는 소리를 들었다.
B: 나도 그랬어.
어휘 | wolf 늑대

6-2 해설 | 부정문 뒤에 '~도 또한 그렇지 않다'라는 의미로 「Neither+동사+주어.」를 쓴다. Neither가 부정어이므로 뒤에 not을 붙이지 않는다.
해석 | A: 나는 제 시간에 수업에 갈 수 없어.
B: 나도 그렇다.

 2주 1일 개념 돌파 전략 ②　　　pp. 44~45

1 No one, my sister

2 (1) 네가 한글을 읽을 수 있으면 좋을 텐데.
　(2) 그들이 서류를 더 빨리 보냈었다면 좋았을 텐데.

3 (1) 그녀가 마치 이 상황을 통제할 수 있는 것처럼
　(2) 우리가 마치 전에 친구였던 것처럼

4 (1) that he doesn't eat meat / 그가 육류를 먹지 않는 다는 것은 사실일 리가 없다.
　(2) that the actress had emigrated / 그 여배우가 이 민을 갔다는 것은 잘못된 소문이었다.

5 (1) a photo album / 네가 어제 나에게 준 것은 사진 앨 범이었다.
　(2) a little rest / 우리가 필요로 하는 것은 약간의 휴식 이다.

6 do I

---

1 해설 | 「부정주어 ~ 비교급+than」을 이용하여 최상급 의미를 표현할 수 있다.
해석 | 내 여동생은 가족 중 어느 누구보다도 수학을 잘한다.
→ 우리 가족 중 어느 누구도 내 여동생보다 수학을 잘하지 못한다.
어휘 | math 수학

2 해설 | (1) 「I wish 가정법 과거」는 현재의 이루기 힘든 소망을 나타낸다.
(2) 「I wish 가정법 과거완료」는 과거의 일에 대한 아쉬움을 나타낸다.
어휘 | sooner 더 빨리

3 해설 | 「as if 가정법 과거/과거완료」는 현재/과거 사실과 반대되는 내용을 가정할 때 쓴다.
해석 | (1) 그녀는 마치 그녀가 이 상황을 통제할 수 있는 것처럼 말한다.
(2) 그는 우리가 마치 전에 친구였던 것처럼 행동한다.
어휘 | control 통제하다 situation 상황

4 해설 | 주어로 쓰인 that절이 길어지면, 보통 주어 자리에 가주어 it을 쓰고, 진주어인 that절을 문장 뒤로 보낸다.
어휘 | meat 고기, 육류 false 틀린 rumor 소문 emigrate 이민 가다

5 해설 | 문장에서 특정 어구를 강조할 때 It is〔was〕와 that 사이에 강조할 말을 넣고, 나머지 부분은 that절 뒤에 둔다.
어휘 | rest 휴식

6 해설 | 긍정문 뒤에서 '나도 그렇다'라고 응답하는 상황이므로 So do I.라고 표현할 수 있다.
해석 | A: 나는 봄에 등산 가는 것을 좋아해.
B: 나도 그래.

 2주 2일 필수 체크 전략 ①　　　pp. 46~49

전략 1 필수 예제

해설 | 최상급은 「비교급+than any other+단수명사」나 「부정주어 ~ 비교급+than」으로 바꿔 쓸 수 있다.
해석 | 이 영화는 내가 본 가장 흥미로운 영화이다.

(1) 이 영화는 내가 봤던 어느 다른 영화보다도 흥미롭다.
(2) 내가 봤던 어떤 영화도 이 영화보다 흥미롭지 않다.

확인 문제

1 ④
2 faster

1 **해설 |** 「부정주어 ~ 비교급+than」의 구문이므로 빈칸에 than이 알맞다.
해석 | 어느 누구도 그녀보다 미래를 더 정확하게 예측하지 못했다.
어휘 | predict 예측하다 accurately 정확하게

2 **해설 |** 문맥상 James가 가장 빨리 도착했다는 내용이 되어야 하므로 「비교급+than any other+단수명사」의 형태가 되어야 한다.
해석 | James는 마라톤 우승자였다. 그는 어떤 다른 달리기 선수보다도 결승선에 더 빨리 도착했다.
어휘 | winner 우승자 marathon 마라톤 the finish line 결승선

전략 2 필수 예제

해설 | 원급을 이용해 최상급 의미를 표현할 수 있다.
해석 | (1) 어떤 것도 내게 그림만큼 큰 즐거움을 주지 못한다.
→ 그림은 무엇보다 나에게 가장 큰 즐거움을 준다.
(2) 너는 나를 가장 잘 안다.
→ 누구도 너만큼 나를 잘 알지 못한다.

확인 문제

1 often
2 ⑤

1 **해설 |** 원급을 이용하여 최상급 의미를 표현할 때 「부정주어 ~ as+형용사·부사+as」로 표현한다.
해석 | Max는 우리 반에서 가장 자주 학교에 지각을 한다. → 어느 누구도 우리 반에서 Max만큼 학교에 지각을 자주 하지 않는다.

2 **해설 |** 원급을 이용하여 최상급 의미를 표현하는 상황이므로 「부정주어 ~ as+형용사·부사+as」 형태가 되어야 하므로 than을 as로 고쳐야 한다.
해석 | 내가 힘든 시기를 겪고 있을 때, 그녀의 조언만큼 도움이 되는 것은 없었다.
어휘 | helpful 도움이 되는

전략 3 필수 예제

해설 | 현재 이룰 수 없는 소망은 「I wish+주어+동사의 과거형」 형태로, 과거에 이루지 못한 일에 대한 아쉬움은 「I wish+주어+had+과거분사」 형태로 쓴다.
해석 | (1) 내가 훌륭한 요리사가 아니어서 유감이다. → 내가 훌륭한 요리사라면 좋을 텐데.
(2) 네가 얼마나 노력했는지 내가 몰랐던 게 유감이다. → 네가 얼마나 노력했는지 내가 알았더라면 좋았을 텐데.

확인 문제

1 (1) were (2) had remembered
2 haven't ➡ hadn't

1 **해설 |** (1) 현재의 이룰 수 없는 소망을 나타내므로 「I wish 가정법 과거」를 쓴다.
(2) 과거에 이루지 못한 일에 대한 아쉬움을 나타내므로 「I wish 가정법 과거완료」를 쓴다.
어휘 | art director 미술감독

2 **해설 |** 과거에 늦게까지 일했던 것에 대한 아쉬움을 나타내므로 「I wish 가정법 과거완료」를 쓴다. 과거완료를 써야 하므로 haven't를 hadn't로 고쳐야 한다.
해석 | 나 오늘 너무 피곤해. 어젯밤 늦게까지 일하지 않았으면 좋았을 텐데.

전략 4 필수 예제

해설 | 현재 사실과 반대되는 내용을 가정할 때는 「as if+주어+동사의 과거형」 형태로, 과거 사실과 반대되는 내용을 가정할 때는 「as if+주어+had+과거분사」 형태로 쓴다.

1 ④
2 He talks as if he had seen you.

1 해설 | 현재 사실과 반대되는 내용을 가정하는 가정법 과거이므로 동사는 과거형을 쓰되 be동사는 주어와 상관없이 were를 쓴다.
해석 | 그들은 마치 내 부모인 것처럼 행동한다.
→ 사실 그들은 내 부모가 아니다.

2 해설 | '~했던 것처럼'의 뜻으로 과거 사실과 반대되는 내용을 가정할 때 「as if+주어+had+과거분사」로 표현한다.

2주 2일 필수 체크 전략 ❷
pp. 50~51

1 ①, ③, ④
2 sociable
3 ⑤
4 am ➡ were / 나는 전혀 긴장하지 않는 것처럼 보이려고 노력한다.
5 faster

1 해설 | 비교급이나 원급을 이용하여 최상급 의미를 나타낼 수 있다. "서울이 한국에서 가장 큰 도시이다."라는 의미를 나타내는 것은 ①, ③, ④이다.
해석 | 〈보기〉 서울이 한국에서 가장 큰 도시이다.
① 서울이 한국의 어떤 다른 도시보다 더 크다.
③ 한국의 어떤 도시도 서울보다 더 크지 않다.
④ 한국의 어떤 도시도 서울만큼 크지 않다.
2 해설 | 미나의 가족 중 미나보다 사교적인 사람이 없다고 했으므로 미나가 가족 내에서 가장 사교적임을 알 수 있다.
해석 | 미나는 자신의 가족들과 다르게 어려서부터 친구들과 어울리기를 좋아했다. 그녀의 가족 중 누구도 미나만큼 사교적이지 않다. → 미나는 그녀의 가족 중 가장 사교적인 사람이다.
어휘 | hang out with ~와 시간을 보내다 sociable 사교적인

3 해설 | 「I wish 가정법 과거」로 현재 사실과 반대되는 소망을 표현한다.
해설 | 우리가 같은 동네에 살면 좋을 텐데.
① 우리는 같은 동네에 살아왔다.
② 우리는 같은 동네에 살았었다.
③ 우리는 같은 동네에 살아서 유감이다.
④ 우리는 조만간 같은 동네에 살 것이다.
⑤ 우리가 같은 동네에 살지 않아서 아쉽다.
어휘 | town 동네, 마을 someday 언젠가

[4-5]
지문 해석 | 오늘은 운동회 날이다. 나는 하루가 끝날 때 100미터 경주를 할 것이다. 나는 너무 긴장되지만, 전혀 걱정하지 않는 것처럼 보이려고 노력한다. 유진이는 나에게 말했다. "네가 꼭 이길 거야, 지나야. 넌 누구보다 빨라!"

4 해설 | 너무 긴장되지만 현재 사실과 반대로 걱정되지 않는다고 가정하는 내용이므로 「as if 가정법 과거」를 쓴다. be동사 am을 were로 고치고 '마치 ~인 것처럼'으로 해석한다.
5 해설 | No one is faster than you!는 You are faster than anyone else!와 같은 의미로 '네가 가장 빠르다.'라는 최상급 의미를 표현한다.
해석 | 유진은 지나가 어느 누구보다도 더 빠르다고 생각한다.

2주 3일 필수 체크 전략 ❶
pp. 52~55

전략 1 필수 예제
해설 | (1) that절이 be동사 뒤에서 보어절로 쓰였다.
(2) that절이 told의 직접목적어로 쓰였다.
해석 | (1) 그가 제안한 것은 우리가 그와 협력해야 한다는 것이다.
(2) 그가 나에게 동의한다고 말했다.
어휘 | suggest 제안하다 cooperate 협력하다

1 that
2 ③

1 해설 | hope 뒤에는 목적어 역할을 하는 that절이 이어진 것이고, the fact 뒤에는 동격절 that이 이어진 것이다.
해석 | ·나는 네가 이 그림들을 즐기기를 희망한다.
·네가 상을 받았다는 사실이 나를 기쁘게 했다.
어휘 | please 기쁘게 하다

2 해설 | know의 목적어절로 that절이 쓰였다.
해석 | 대부분의 사람들은 높은 곳에서 내려다보면 어지럼증이 생긴다는 것을 안다.
어휘 | height 높이, 키 dizziness 어지러움

전략 2 (필수 예제)

해설 | (1) 「It ~ that」 진주어-가주어 구문으로, that절이 진주어로 쓰였다.
(2) that절이 목적어로 쓰인 문장으로, 목적어 자리에 가목적어 it을 쓰고 진목적인 that절을 뒤로 보낸 형태의 문장이다.
해석 | (1) 그 아이가 이 그림을 그렸다는 것은 흥미롭다.

(2) 우리는 그들이 다음 주에 도착할 것이라고 생각한다.

확인 문제

1 It
2 ②

1 해설 | 주어인 that절을 문장 뒤로 보냈으므로 주어 자리에 가주어 it을 써야 한다.
해석 | 사람들이 자신과 닮은 사람들을 선호하는 것은 당연하다.
어휘 | prefer 선호하다 similar to ~과 닮다

2 해설 | 진주어 that절을 문장 뒤로 보냈으므로 문장의 주어 자리에 가주어 It이 와야 한다.
해석 | 내가 그에게 요구하기는 했지만, 그가 정말로 나에게 사과한 것은 놀라웠다.
어휘 | apologize 사과하다

전략 3 (필수 예제)

해설 | (1) 「It ~ that」 가주어-진주어 구문으로 that절이 진주어로 쓰였다.
(2) your congratulations를 강조하는 「It ~ that」 강조 구문이다.

해석 | (1) 그 보고서가 분실된 것은 내 실수였다.
(2) 내가 너에게 원했던 것은 네 축하였어.
어휘 | congratulation 축하

확인 문제

1 ②
2 It was at the restaurant that

1 해설 | 첫 번째 문장은 his novel을 강조하기 위한 「It ~ that」 강조 구문이 쓰였다. 두 번째 문장은 「It ~ that」 가주어-진주어 구문으로 that절이 진주어로 쓰였다.
해석 | ·나에게 영감을 준 것은 바로 그의 소설이었다.
·우리가 새로운 사무실로 이사 간다는 것은 거짓말이다.
어휘 | novel 소설 inspire 영감을 주다

2 해설 | 전치사구를 강조하기 위해, 「It ~ that」 강조 구문을 썼으며, It was와 that 사이에 강조할 말을 쓴다.
해석 | 우리가 만나기로 한 곳은 식당에서였다.

전략 4 (필수 예제)

해설 | (1) 부정문 뒤에서 '~도 또한 그렇지 않다'는 의미를 표현할 때 「Neither+동사+주어.」를 쓴다. 우리말 해석에서는 부정문에 대한 동감으로 '~도 그렇다'로 말한다.
(2) 긍정문 뒤에서 '~도 또한 그렇다'는 의미를 표현할 때 「So+동사+주어.」를 쓰며, 앞에서 조동사가 쓰인 경우 뒤에도 조동사를 쓴다.
(3) 앞에서 be동사가 쓰였으므로 뒤에도 be동사를 쓴다.
해석 | (1) 나는 그와 일하고 싶지 않다. 미래도 그렇다.
(2) 나는 중국어를 할 수 있다. 지나도 할 수 있다.
(3) 우리 아빠는 키가 크다. 나도 그렇다.

확인 문제

1 ④
2 So did I.

1 해설 | 부정문 뒤에 동감을 표현할 때 「Neither+동사+주어.」로 쓸 수 있으며, 앞에 조동사가 쓰인 경우 Neither 뒤에도 조동사를 쓴다.

해석 | A: 나는 나에게 어울리는 치마를 찾지 못했어.
B: 나도 그랬어.
2 해설 | 앞에 긍정문이 쓰였으므로 「So+동사+주어.」를 덧붙일 수 있다.
해석 | A: 나는 어제 과학 숙제를 끝냈어.
B: 나도 그랬어.

2주 3일 필수 체크 전략 ❷
pp. 56~57

1 did
2 ②
3 ⑤
4 It is my time and talents that I like to share with other people.
5 that the patients smile and forget their worries

1 해설 | 긍정문에 이어 동감을 표현하므로 「So+동사+주어.」를 쓸 수 있다. 앞에 일반동사의 과거형이 쓰였으므로 빈칸에는 did가 와야 한다.
해석 | A: 영화 "Kingdom" 봤어?
B: 물론이지. 정말 재미있었어.
A: 나도 그래. 내가 본 영화 중에 최고였어.
2 해설 | ② his advice를 강조하기 위한 「It ~ that」 강조 구문이다.
해석 | ① 그들이 새로운 계획을 세운 것은 흥미롭다.
② 내 인생을 바꾼 것은 그의 조언이었다.
③ 그가 음악가가 된 것은 놀랍다.
④ 우리가 그 선생님을 존경하는 것은 놀랍지 않다.
⑤ 내 결정이 그녀에게 영향을 미친 것은 이상하다.
어휘 | musician 음악가 respect 존경하다 decision 결정 affect 영향을 미치다
3 해설 | 「It ~ that」 강조 구문은 강조하고 싶은 어구를 It is〔was〕와 that 사이에 넣지만, 동사는 강조할 수 없다. 강조하고 싶은 어구가 사람일 경우 that 대신에 who를 쓸 수도 있다.
해석 | 지수는 나를 카페에서 봤다.

[4-5]
지문 해석 | 나는 내 시간과 재능을 다른 사람들과 나누는 것을 좋아한다. 예를 들어, 나는 매주 혼자 사는 노인들에게 나의 여가 시간을 두 시간을 쓴다. 나는 따뜻한 음식을 그들의 집으로 가지고 가서 그들과 이야기한다. 나는 그들과 함께 있음을 즐기고, 그들은 나와 함께 있는 것을 즐긴다. 나는 또한 지역 병원에서 환자들에게 내 재능을 공유한다. 내 친구들과 나는 무대에 올라 그들을 위해 춤을 춘다. 그것은 매우 재미있다! 환자들이 미소를 지으며 그들의 걱정거리를 잊는 것이 나를 행복하게 한다.

4 해설 | 강조할 어구를 It is와 that 사이에 쓰고, 나머지 부분은 that 뒤에 쓴다. that 뒤에 현재 시제가 나오므로 be동사는 is를 쓴다.
5 해설 | 진주어 역할을 하는 that절을 문장 뒤에 쓰고, 가주어인 it을 문장 맨 앞에 쓴 구문이다.

2주 4일 교과서 대표 전략 ❶
pp. 58~61

1 harder
2 as, as
3 am I
4 hadn't eaten
5 you were passionate
6 ⑤
7 (1) were an architect
   (2) had known the truth
8 that he forgot your name
9 Neither did I
10 It was the speaker that I wanted to buy.
11 It was in May last year that our school had a festival.
12 ① This → It
13 important that people have a sense of humor

BOOK 2 정답과 해설

1 해설 | 「부정주어 ~ 비교급+than」을 이용하여 최상급 의미를 표현할 수 있다.

해석 | 너는 그 연극을 위해 가장 열심히 노력했다. → 어느 누구도 그 연극을 위해 너보다 더 열심히 노력하지는 않았다.

2 해설 | 원급을 이용하여 최상급 의미를 표현할 때 「부정주어 ~ as+형용사·부사+as」를 쓴다.

어휘 | performance 연주, 공연 impressive 인상적인

3 해설 | 긍정문에 이어 동감을 표현할 때 「So+동사+주어.」를 쓰며, 앞의 동사가 be동사이므로 So 뒤에도 be동사를 쓴다.

해석 | 아빠: 이번 주말에 뭐 할 거니?

Todd: 스키를 타러 갈 거예요.

Mary: 저도요.

4 해설 | 과거(ate so much)의 사실과 반대되는 소망을 표현할 때 「I wish 가정법 과거완료」를 쓴다.

해석 | A: 괜찮니?

B: 약간 배가 아파.

A: 아마 너는 점심을 너무 많이 먹었나 봐.

B: 응, 나는 너무 많이 먹지 않았으면 좋았을 텐데.

어휘 | stomachache 복통

5 해설 | 현재 상황과 반대되는 소망을 표현하므로 「I wish 가정법 과거」를 쓴다.

해석 | 네가 너의 일에 열정적이지 않아서 유감이다. → 네가 너의 일에 열정적이라면 좋을 텐데.

어휘 | passionate 열정적인

6 해설 | the promise with her sister를 강조하는 문장이므로 「It ~ that」 강조 구문 형태를 쓴다.

어휘 | promise 약속

7 해설 | 〈보기〉 미나가 학생이 아니므로 「as if 가정법 과거」를 쓴다.

(1) 현재 사실과 반대되는 내용을 가정할 때 「as if 가정법 과거」를 쓴다.

(2) 과거 사실과 반대되는 내용을 가정할 때 「as if 가정법 과거완료」를 쓴다.

해석 | 〈보기〉 상황: 미나는 학생이 아니다. → 미나는 마치 학생인 것처럼 행동한다.

(1) 상황: James는 건축가가 아니다. → James는 마치 건축가인 것처럼 말한다.

(2) 상황: 그는 진실을 몰랐다. → 그는 마치 진실을 알고 있었던 것처럼 말한다.

어휘 | situation 상황 architect 건축가

8 해설 | that절이 주어로 쓰였으므로 문장의 주어 자리에 가주어 it을 쓰고 that절은 문장 뒤로 보낼 수 있다.

해석 | 그가 네 이름을 잊은 것은 분명 실망스럽겠다.

어휘 | disappointing 실망스러운

9 해설 | 부정문 뒤에 '나도 그렇다'라고 동감을 표현할 때 「Neither+동사+주어.」로 표현한다.

해석 | A: 넌 그 프로젝트에 참여했니?

B: 아니, 난 그 프로젝트에 참여하고 싶지 않았어.

A: 나도 그랬어.

어휘 | take part in ~에 참여하다

10 해설 | the speaker를 강조하기 위해 「It ~ that」 강조 구문을 쓸 수 있다.

11 해설 | 강조할 말 in May last year를 It was와 that 사이에 넣고 나머지는 that 뒤에 둔다. 과거 시제에 주의한다.

해석 | 우리 학교가 축제를 열었던 것은 작년 5월이었다.

어휘 | festival 축제

12 해설 | 'in 2000'를 강조하기 위해 「It ~ that」 강조 구문을 사용한 문장이므로 This 대신 It을 써야 한다.

지문 해석 | 나는 지난 주말에 "퍼펙트 스톰"이라는 영화를 봤다. 그 영화가 나온 것은 2000년이었다. 그것은 어선을 위험에 처하게 하는 대서양의 큰 폭풍에 관한 것이다. 나는 그 어떤 영화보다 장면들이 사실적이었기 때문에 그 영화를 좋아했다. 또한 주연 배우인 George Clooney의 훌륭한 연기가 좋았다. 영화를 통해 폭풍과 같은 자연재해가 매우 위험할 수 있다는 것을 배웠다.

어휘 | perfect 완벽한 storm 폭풍 in danger 위험에 처한 scene 장면 realistic 사실적인 acting 연기 natural disaster 자연재해

13 해설 | 사람들이 좋은 과학자가 되기 위해 유머 감각을 갖는 것(that people have a sense of humor to become good scientists)이 주어이므로 「It ~ that」 가주어–진주어 구문을 써서 진주어 that절을 문장 뒤로 보내고, 문장의 주어 자리에 가주어 it을 써야 한다.

지문 해석 | 영국 해군은 2000년에 이그 노벨 평화상을 수상했다. 돈을 절약하기 위해, 해군은 선원들이 실제 폭탄을 사용하는 대신 "쾅!"이라고 외치도록 했다. 그게 당신이 크게 웃을 만큼 충분히 재미있는가? Andre Geim은 또한 그 해에 상을 받았다. 그는 자석을 이용하여 살아있는 개구리를 공중에 띄우는 데 성공했다. "내 경험으로 볼 때, 사람들이 좋은 과학자가 되기 위해 유머 감각을 갖는 것은 중요하다."라고 그는 상을 받으며 말했다.

어휘 | navy 해군 sailor 선원 instead of ~ 대신에 bomb 폭탄 award 상 float 띄우다 in the air 공중에 magnet 자석 accept 받아들이다

2주 4일 교과서 대표 전략 ❷   pp. 62~63

1 ④ **2** ② **3** ③ **4** ①
5 nothing is as important as money
6 It is a letter of acceptance that I'm waiting for
7 So did I
8 hadn't thrown

1 해설 | ④는 a soccer ball을 강조하는 「It ~ that」 강조 구문이고, 나머지는 「It ~ that」 가주어–진주어 구문이다.
해석 | ① 그녀가 나를 배신한 것은 사실이다.
② 그가 기회를 놓쳤다는 것은 거짓말이었다.
③ 그녀가 유명한 가수라는 것은 사실이다.
④ 그가 사기를 원하는 것은 축구공이다.
⑤ 아이들이 부모를 닮는 것은 당연하다.
어휘 | betray 배신하다 chance 기회 resemble 닮다
2 해설 | ⓐ 최상급 구문이므로 more를 most로 고친다.
ⓒ 부정어로 시작하는 비교급 구문이므로 as를 than으로 고친다.
ⓓ 「비교급+than any other+단수명사」 형태이므로 strong을 stronger로 고치고, teams를 team으로 고친다.
해석 | ⓐ 이것은 세상에서 가장 맛있는 피자이다.
ⓑ 어떤 다른 슈퍼 영웅도 슈퍼맨만큼 위대하지 않다.
ⓒ 어떤 것도 너의 격려보다 나에게 더 힘이 되지 않는다.
ⓓ 우리 팀은 세계 어느 팀보다 더 강하다.
3 해설 | 현재 이룰 수 없는 소망을 나타낼 때 「I wish 가정법 과거」를 쓴다.
해석 | 나는 더 이상 아이가 아니어서 아쉽다. → 내가 아이라면 좋을 텐데.
4 해설 | 「as if 가정법 과거」는 '마치 ~인 것처럼'이라는 뜻으로 현재의 사실과 반대되는 내용을 가정한다.
어휘 | invisible 보이지 않는

5 해설 | 최상급 의미를 표현하기 위해, 원급 표현 「부정주어 ~ as+형용사·부사+as」를 쓸 수 있다.
해석 | 어떤 사람들은 그들의 인생에서 돈이 가장 중요한 것이라고 생각할지도 모른다. 하지만 가족, 친구처럼 돈보다 훨씬 더 중요한 것이 있다는 것을 기억해라.
어휘 | far 훨씬 such as ~와 같은
6 해설 | 강조할 말(a letter of acceptance)을 It is/was와 that 사이에 쓴다.
합격 통지서: a letter of acceptance / ~을 기다리다: wait for
어휘 | letter 통지서 acceptance 합격
7 해설 | 긍정문 뒤에 동감을 표현할 경우, '나도 그렇다'라는 의미로 「So+동사+주어.」를 쓴다. 이때, 앞에 나온 동사가 일반동사의 과거형 went이므로 do동사의 과거형 did를 써야 한다.
해석 | 당신의 친구가 지난 주말에 등산을 갔다고 말한다. 당신도 등산을 갔다고 말하고 싶다. 이 상황에서 친구에게 뭐라고 말할 것인가?
8 해설 | 과거에 이루지 못한 일에 대한 아쉬움을 나타낼 때 「I wish 가정법 과거완료」를 쓸 수 있다.
해석 | 나는 이 프린터의 사용 안내서를 이미 버렸다. 그것을 버리지 않았으면 좋았을 텐데.
어휘 | throw away 버리다 instruction manual 설명서

2주 누구나 합격 전략   pp. 64~65

1 that interest rates will go down in the future / 앞으로 금리가 내려갈 것은 분명해 보인다.

2 ③

3 I were with you

4 ④

5 busier than, city

6 the low birth rate / 우리가 현재 해결하기 위해 투쟁하고 있는 것은 저출산이다.

7 ③   **8** I wish I had charged it.

9 hadn't eaten / 마치 그들이 점심을 먹지 않았던 것처럼

10 Neither do I.

1 **해설** | 문장의 주어 자리에 가주어 It을 쓰고, 진주어인 that절을 문장 뒤로 보낸 「It ~ that」 가주어─진주어 구문이다.
어휘 | interest rate 이율, 금리   in the future 앞으로

2 **해설** | 〈보기〉와 ③은 「It ~ that」 가주어─진주어 구문이고, 나머지는 「It ~ that」 강조 구문이다. 강조 구문에서 that절은 완전한 문장이 온다.
해석 | 〈보기〉 네가 그런 걸 모르다니 이상하다.
① Jake가 파티에 데려간 것은 나였다.
② 휴가로 제주도에 간 것은 Ted였다.
③ 도서관에서 그를 만난 것은 행운이었다.
④ 우리가 게시판에서 본 것은 공지사항이다.
⑤ Jane이 드럼을 치고 있었던 것은 지난 일요일이었다.

3 **해설** | 현재 이룰 수 없는 소망을 나타내므로 「I wish 가정법 과거」를 쓴다.
해석 | 지금 너와 함께 있지 못해서 아쉽다. → 지금 너와 함께 있으면 좋을 텐데.

4 **해설** | 「부정주어 ~ 비교급+than」은 '어떤 ~도 −보다 …하지 않은'의 의미로 최상급 의미를 표현한다.

5 **해설** | 「부정주어 ~ as+형용사·부사+as」는 '어떤 ~도 −만큼 …하지 않은'의 의미로 「비교급+than any other+단수명사」 형태로 바꿔 쓸 수 있다. 둘 다 최상급 의미를 표현한다.
해석 | 어떤 다른 도시도 한국에서 서울만큼 바쁜 도시는 없다. → 서울은 한국에서 어떤 다른 도시보다 바쁘다.

6 **해설** | 「It ~ that」 강조 구문에서 강조할 말은 It is〔was〕와 that 사이에 둔다.
어휘 | birth rate 출산율   currently 현재, 지금   struggle 투쟁하다

7 **해설** | 현재 사실과 반대되는 내용을 가정하므로 「as if 가정법 과거」를 써야 하고, be동사는 주어와 상관없이 were를 쓴다.

해석 | Brandon은 마치 그가 나의 멘토인 것처럼 행동하지만, 사실은 아니다.
어휘 | mentor 조언자, 멘토

8 **해설** | 과거에 이루지 못한 일에 대한 아쉬움을 나타낼 때 「I wish+주어+had+과거분사」의 형태를 쓴다.
해석 | A: 뭔가 문제가 있니?
B: 응, 내 태블릿 PC가 켜지지 않아. 충전을 했으면 좋았을 텐데.
어휘 | charge 충전하다

9 **해설** | 과거 사실과 반대되는 내용을 가정할 때 「as if+주어+had+과거분사」를 쓴다. were full after lunch(점심을 먹어서 배불렀다)의 시점이 과거이고 과거 사실의 반대되는 내용을 가정하므로 가정법 과거완료 hadn't eaten을 써야 한다.
해석 | 그들은 점심을 먹어서 배불렀지만, 그들은 지금 마치 점심을 먹지 않았던 것처럼 간식을 먹고 있다.

10 **해설** | 부정문에 이어 동감을 표현할 때, 「Neither+동사+주어.」로 나타낸다.
해석 | A: 유나가 우리에게 화난 것 같은데, 나는 그녀가 왜 화났는지 모르겠어.
B: 나도 그래.

2주 창의·융합·코딩 전략 ❶, ❷   pp. 66~69

A 1 I wish I had met you last night.
  2 I wish I hadn't had such a heavy dinner so late.
  3 I wish I had a house next to the lake.

B 1 that you left your book on the bus
  2 that you read the book
  3 that she claims not to know him

C 1 more famous
  2 as famous as
  3 my classmates
  4 in the classroom

D 1 My parents acted as if they had known everything.
  2 He acts as if he were actually a pilot.
  3 She looks as if she didn't have any worries.

A 1 해설 | 과거(만나지 못한 것)에 이루지 못한 일에 대한 아쉬움을 나타내므로 「I wish 가정법 과거완료」를 쓴다.
해석 | 내가 어젯밤 너를 만났으면 좋았을 텐데.

2 해설 | 「shouldn't have+과거분사」는 '~하지 말았어야 했다'는 뜻의 과거의 일에 대한 후회이므로 「I wish 가정법 과거완료」를 써서 '~하지 않았다면 좋았을 텐데'로 바꿔 쓸 수 있다.
해석 | 내가 그렇게 늦게 저녁을 많이 먹지 않았으면 좋았을 텐데.

3 해설 | 현재 이룰 수 없는 소망(호숫가에 집이 있는 것)을 나타내므로 「I wish 가정법 과거」를 쓴다.
해석 | 호수 옆에 집이 있으면 좋을 텐데.

B 1~2 해설 | 명사절로 쓰인 that절의 주어가 길어지면 가짜 주어인 it으로 자리를 채우고 주어를 뒤로 이동한다. 이때 it을 가주어라 하고, 뒤로 이동된 주어를 진주어라고 한다.

3 해설 | 목적어로 쓰인 that절이 길어지면 가짜 목적어인 it으로 자리를 채우고 목적어를 뒤로 이동한다. 이때 it을 가목적어라 하고, 뒤로 이동된 주어를 진목적어라고 한다.
어휘 | careless 부주의한 claim 주장하다

C 1 해설 | 뒤에 than이 있으므로 비교급 표현인 more famous가 알맞다.
해석 | Columbus는 어떤 다른 탐험가보다 더 유명하다.

2 해설 | 「부정주어 ~ as+형용사·부사+as」를 이용한 최상급 표현이므로 as famous as를 써야 한다.
해석 | 어떤 다른 영화도 이것만큼 유명하지 않다.

3 해설 | 「It ~ that」 강조 구문으로 문맥상 '초대했던 사람'을 강조하는 상황이므로 my classmates가 알맞다.
해석 | 내가 파티에 초대했던 사람들은 반 친구들이었다.

4 해설 | 「It ~ that」 강조 구문으로 문맥상 시험을 치는 장소를 강조하는 상황이므로 부사어구 in the classroom이 자연스럽다.
해석 | 우리가 시험을 치른 곳은 교실이다.
어휘 | explorer 탐험가 invite 초대하다

D 1 해설 | 과거의 사실과 반대되는 일을 가정하고 있으므로 「as if+주어+had+과거분사」로 표현한다.

D 2~3 해설 | 현재의 사실과 반대되는 일을 가정하고 있으므로 「as if+주어+동사의 과거형」으로 표현한다.

어휘 | actually 실제로 pilot 비행기 조종사 worry 걱정

신유형·신경향·서술형 전략
pp. 72~75

1 (1) (which is the capital of Ireland) / 아일랜드의 수도인
(2) (who is sitting on the bench) / 벤치에 앉아 있는
(3) (which I bought last week) / 내가 지난주에 구매한
2 (1) (The emotions) / 우리가 음악을 통해 느끼는 감정은
(2) (Jisu) / 지수는 통역사가 되길 원하는데,
3 (1) who / that은 계속적 용법으로 쓸 수 없다.
(2) that / 선행사 a restaurant이 관계대명사절에서 주격으로 쓰였다.
4 (1) I will never forget the day〔when 또는 the day when〕 my son was born.
(2) Let's go to the park where the concert is taking place.
5 (1) ⓑ / 우리 마을에 어떤 다른 식당도 이 식당만큼 훌륭하지 않다.
(2) ⓐ / 수학은 나에게 가장 어려운 과목이다.
6 (1) ⓑ / 과거에 이루지 못한 일에 대한 아쉬움을 나타내므로 「I wish 가정법 과거완료」를 쓴다.
(2) ⓑ / 과거 사실과 반대되는 내용을 가정하므로 「as if 가정법 과거완료」를 쓴다.
7 (1) So do I. (2) Neither have I.
8 (1) It is the football match that
(2) It was your passport that
(3) It was because of a terrible headache that

1 해설 | 〈sample〉 who는 the boy를 선행사로 하는 목적격 관계대명사
(1) which는 the city를 선행사로 하는 주격 관계대명사
(2) who는 The girl을 선행사로 하는 주격 관계대명사
(3) which는 the car를 선행사로 하는 목적격 관계대명사
어휘 | capital 수도 break down 고장 나다
2 해설 | 〈sample〉 목적격 관계대명사 which는 The game을 선행사로 한다.
(1) we feel through music 앞에 목적격 관계대명사 which〔that〕가 생략되었고 The emotions를 선행사로 한다.
(2) 주격 관계대명사 who는 Jisu를 선행사로 한다.

어휘 | develop 개발하다 emotion 감정 depend on ~에 달려 있다 mood 분위기 interpreter 통역사

3 해설 | 관계대명사는 주격, 목적격, 소유격으로 사용되고 계속적 용법에서는 that을 쓰지 않는다. 관계대명사 뒤에는 불완전한 문장이 오고, 관계부사 뒤에는 완전한 문장이 온다.
〈sample〉 소유격 관계대명사
(1) 주격 관계대명사
(2) 주격 관계대명사
해석 | 〈sample〉 그의 아버지께서 우체국에서 일하시는 소년이 나를 도왔다.
(1) Philip은 지금 은퇴했는데, 이탈리아로 이사했다.
(2) 나는 채식 요리를 제공하는 식당을 찾고 있다.

어휘 | retire 은퇴하다 serve 제공하다 vegetarian 채식의 dish 요리

4 해설 | 〈sample〉 the way라는 방법을 나타내는 선행사가 나오므로 the way나 how 둘 중에 하나만 사용해서 문장을 연결한다.
(1) my son was born은 수식하는 the day 뒤에 시간의 관계부사 when절을 이용하여 쓸 수 있다. the day가 일반적인 의미이므로 the day 대신에 when이나 the day when을 쓸 수 있다.
(2) 장소를 수식하는 관계부사를 써서 the park 뒤에 where절로 문장을 연결할 수 있다.
해석 | 〈sample〉 그는 그 시스템이 작동하는 방법을 설명했다.

(1) 나는 내 아들이 태어난 날을 결코 잊지 못할 것이다.
(2) 콘서트가 열리고 있는 공원으로 가자.

5 해설 | 〈sample〉「비교급+than any other+단수명사」를 이용하여 최상급을 표현했다.

(1)「부정주어 ~ as+형용사·부사+as」를 이용하여 최상급을 표현했다.
(2)「부정주어 ~ 비교급+than」을 이용하여 최상급을 표현했다.
해석 | 〈sample〉 볼가 강은 유럽에서 가장 긴 강이다.
ⓐ Volga는 유럽의 어떤 다른 강보다 더 길다.
ⓑ Volga는 유럽의 어떤 다른 강만큼 길다.
(1) 이 식당은 우리 마을에 어떤 다른 식당보다 더 훌륭하지 않다.
ⓐ 우리 마을에 어떤 식당도 이 식당만큼 훌륭하다.
ⓑ 우리 마을에 어떤 다른 식당도 이 식당만큼 훌륭하지 않다.
(2) 나에게는 수학보다 더 어려운 과목은 없다.
ⓐ 수학은 나에게 가장 어려운 과목이다.
ⓑ 수학은 나에게 가장 어려운 과목이 아니다.

6 해석 | 〈sample〉 때때로 나는 미래를 알지 못하기 때문에 불안함을 느낀다. ⓐ 내가 미래를 알 수 있다면 좋을 텐데.
(1) 나는 배가 고프지만 먹을 것을 아무것도 가져오지 않았다. ⓑ 샌드위치를 가져왔으면 좋았을 텐데.
(2) 그녀는 마치 캐나다에 살았던 것처럼 말한다. ⓑ 사실, 그녀는 캐나다에 살지 않았다.

7 해설 | 앞에 긍정문에 동감을 표현할 때는「So+동사+주어.」를, 앞에 부정문에 동감을 표현할 때는「Neither+동사+주어.」를 쓴다.
해석 | 〈sample〉 A: 나는 새 롤러 블레이드를 샀어.
B: 나도 그랬어.
(1) A: 너는 방학을 어디서 보내길 원하니?
B: 난 스위스에서 방학을 보내고 싶어.
A: 정말? 나도 그래.

(2) A: 바빠 보이는구나.

B: 나는 과학 숙제를 끝내지 못했어.

A: 나도 그래.

8 **해설 |** 강조하고 싶은 표현을 it is〔was〕와 that 사에에 넣고 나머지 문장을 that 뒤에 넣는다.

해석 | (1) 그 소년들은 축구 시합을 이기기를 원한다. → 그 소년들이 이기기를 원하는 것은 축구 시합이다.

(2) 내가 너의 여권을 밖에서 발견했다. → 내가 밖에서 발견한 것은 너의 여권이었다.

(3) 나는 극심한 두통 때문에 병원에 가야 했다. → 내가 병원에 가야 했던 것은 바로 극심한 두통 때문이었다.

적중 예상 전략 | ❶

pp. 76~79

1 ④ 2 ① 3 ④ 4 ④

5 ① 6 ① 7 ② 8 ④

9 which is located at the southern tip of the state of New York, has been described

10 which

11 the places where the baby fish settle

12 Today is the day when I have an important exam.

13 ways how ➡ ways〔how〕

14 whose

15 which〔that〕 have lots of residents living together

16 that helps the queen produce these eggs

17 ⓐ that ⓑ that〔which〕 ⓒ that

18 to check the information (that) you're seeing

1 **해설 |** ④ the beach를 수식하고 뒤에 완전한 문장이 오므로 관계부사가 쓰여야 하며, 선행사가 장소에 해당하므로 where가 적절하다.

해석 | 이곳은 내가 내 개를 산책시키곤 했던 해변이다.

2 **해설 |** ①은 주격 관계대명사이므로 생략할 수 없다. 「주격 관계대명사+be동사」와 목적격 관계대명사는 생략할 수 있다.

해석 | ① 그는 이 파스타를 만든 요리사이다.

② 우리는 네가 나에게 말해 준 가게로 갔다.

③ 나는 우리가 찾고 있던 소년에게 말했다.

④ 나는 어제 구매한 책을 환불할 것이다.

⑤ 저기에 주차된 차는 내 것이다.

어휘 | chef 요리사

3 **해설 |** 득점을 한 소녀 the girl 뒤에 관계대명사절을 둬야 하므로 ④가 알맞다.

해석 | 나는 득점한 소녀가 우리 팀이라는 것이 자랑스럽다.

어휘 | score 득점하다

4 **해설 |** 장소를 나타내는 관계부사 대신 「전치사+관계대명사」인 at which로 바꿔 쓸 수 있다.

해석 | 우리가 지난달에 머물렀던 집은 10년 전에 교회였다.

5 **해설 |** 선행사가 사람이고 관계사절에서 주어 역할을 하므로 who가 알맞다. that은 계속적 용법으로 쓰지 않는다.

해석 | 나는 딸이 둘이 있는데, 둘 다 자라서 화가가 되었다.

6 **해설 |** 첫 번째 문장은 「It ~ that」 진주어-가주어 구문이고, 두 번째 문장은 목적격 관계대명사가 선행사 a postcard를 수식하는 문장이다. 빈칸에 that이 공통적으로 알맞다.

해석 | • 내가 휴대전화를 떨어뜨린 것은 운이 나빴다.

• 그는 그가 직접 만든 엽서를 나에게 보냈다.

어휘 | unfortunate 불운한 drop 떨어뜨리다 postcard 엽서

7 **해설 |** ② 선행사 the place가 일반적인 의미이므로 선행사나 관계부사 둘 중에 하나를 생략할 수 있다.

해석 | 나는 내 여동생이 사진, 그림, 편지와 같은 그녀의 보물을 숨겨둔 곳을 기억하지 못한다.

어휘 | treasure 보물 such as ~과 같은

8 **해설 |** 〈보기〉의 밑줄 부분은 선행사 a book을 수식하는 주격 관계대명사이고, ④는 선행사 the drawer를 수식하는 주격관계대명사이다.

① 의문사

②, ③, ⑤ 간접의문문으로 쓰인 의문사

해석 | 〈보기〉 나는 아주 오래 전에 쓰여진 책을 읽었다.

① 너는 여름과 겨울 중 어느 것을 더 선호하니?
② 나는 어느 것을 입어야 할지 모르겠다.
③ 그는 어느 것이 그를 화나게 하는지 나에게 말하지 않았다.
④ 공책이 들어 있는 서랍을 열어라.
⑤ 나는 어느 동아리에 가입할 것인지 질문을 받았다.

어휘 | prefer 선호하다 annoy 화나게 하다 contain 담다, 포함하다 join 가입하다

9 해설 | 고유명사인 New York City를 선행사로 하므로 계속적 용법의 관계대명사절이 이어져야 한다.

해석 | 뉴욕은 뉴욕 주의 남쪽 끝에 위치해 있는데, 세계의 문화, 금융, 미디어 수도로 묘사되어 왔다.

어휘 | describe 묘사하다 financial 금융의 capital 수도 be located at ~에 위치하다 southern 남쪽의 tip 끝

10 해설 | that은 전치사와 함께 쓰지 않으므로 which로 고쳐야 한다.

해석 | 오늘 오후에 새 차를 살 수 있는 곳을 보여주세요.

11 해설 | 「선행사＋관계부사(where)＋주어＋동사」의 어순이 되도록 배열한다.

어휘 | settle 정착하다

12 해설 | 시간을 나타내는 the day가 뒤의 문장에서 on this day로 부사구 역할을 하므로 관계부사 when을 이용하여 문장을 연결한다.

해석 | 오늘은 내가 중요한 시험을 보는 날이다.

13 해설 | 선행사 ways와 관계부사 how는 함께 쓰지 않으므로 둘 중에 하나를 생략한다.

해석 | 심리학을 통해, 우리는 다른 사람들과 상담할 수 있는 효과적인 방법을 배울 수 있다.

어휘 | psychology 심리학 consult 상담하다

14 해설 | 접속사와 소유격 대명사(and their) 기능을 동시에 할 수 있는 소유격 관계대명사가 와야 한다.

해석 | 나는 콘서트에서 많은 사람들을 만났다. 그들이 좋아하는 가수가 나와 같았다. ➡ 나는 콘서트에서 나와 좋아하는 가수가 같은 많은 사람들을 만났다.

[15-16]

지문 해석 | 개미들은 군락지에서 산다. 그 군락지에는 함께 사는 많은 거주자들이 있다. 한 집단 내에는 보통 세 가지 다른 종류의 개미들이 있다. 여왕이 있고, 여왕이 평생 하는 일은 알을 낳는 것이다. 두 번째 유형의 개미는 여왕이 이 알들을 생산하는 것을 돕는 수컷이다. 세 번째 유형의 개미는 일개미이다. 일개미는 모두 암컷으로 알을 돌보고, 군체를 방어하고, 음식을 모으는 것과 같은 매우 중요한 일을 한다.

어휘 | colony 군락지 resident 거주자 entire 전체의 lay egg 알을 낳다 male 수컷의 female 암컷의 defend 지키다 collect 모으다

15 해설 | colonies를 수식하는 주격 관계대명사절이 뒤에 이어져야 한다.

16 해설 | 선행사 the male을 수식하는 관계대명사절이 되도록 배열한다.

[17-18]

지문 해석 | Garcia-Fuller는 또한 때때로 똑똑한 뉴스 독자가 되는 것은 매우 어려울 수 있다고 말했다. 그녀는 나무 문어라고 불리는 동물에 대한 정보를 제공하는 것으로 보이는 웹사이트로 그녀의 학생들을 시험한다. 이 사이트는 나무에 있는 문어의 불명확한 사진 몇 장과 함께 이 동물에 대한 정보로 가득 차 있다. 하지만 무서운 광대들의 이야기처럼, 그것은 완전히 꾸며낸 것이다.
Garcia-Fuller가 그녀의 학생들에게 말하는 교훈은 당신이 보고 있는 정보를 한 번 더 주의 깊게 확인하라는 것과 모든 것, 심지어 내가 말하는 것까지도 의문을 가지라는 것이다.

어휘 | appear 보이다 provide 제공하다 octopus 문어 scary 무서운 clown 광대 totally 완전히 make up 꾸며내다

17 해설 | ⓐ는 said의 목적절을 이끄는 접속사 that이 알맞다.
ⓑ는 선행사가 사물이고 주격 관계대명사가 필요하므로 which나 that이 알맞다.
ⓒ는 선행사가 things이므로 관계대명사 that이 알맞다.

18 해설 | The lesson is to check ~ and to question ...에서 보듯이 보어로 to부정사 2개가 연결된 구문이다. 「선행사(the information)＋(목적격 관계대명사)＋주어＋동사」의 어순이 되도록 쓴다.

1 ② 2 ⑤ 3 ③ 4 ⑤

5 ③ 6 ① 7 ③

8 It was creatively that

9 She looks at us as if she didn't know us.

10 had

11 than ➡ as / 원급 표현을 이용하여 최상급 의미를 표현하고 있으므로, 「부정주어 ~ as + 형용사 · 부사 + as」의 형태가 되어야 한다.

12 It was eggs that

13 is not true that he doesn't believe you

14 do

15 as if

16 that he finishes his homework

17 the Grand Bazaar was built in Istanbul

18 larger than any other

1 **해설** | 문맥상 Amy가 가장 책임감 있다는 최상급의 내용이 되어야 하므로, 「비교급 + than any other + 단수명사」의 형태가 되어야 알맞다.

해석 | 나는 반장으로 Amy를 추천한다. 그녀는 우리 반의 어떤 다른 학생보다 더 책임감이 강하다.

어휘 | recommend 추천하다 class president 반장 responsible 책임감 있는

2 **해설** | 「부정주어 ~ 비교급 + than」은 '어떤 ~도 −보다 …하지 않은'의 뜻이다.

어휘 | sincere 진실한 praise 칭찬

3 **해설** | ③에는 「It ~ that」 강조 구문이 쓰였고, 나머지는 「It ~ that」 가주어− 진주어 구문이다.

해석 | ① 우리가 조금 늦은 것은 사실이다.

② 지도자가 다양한 의견을 경청하는 것은 중요하다.

③ 그가 결국 선택한 것은 바로 이 프로그램이다.

④ 내가 버스정류장에서 언니를 본 것이 분명했다.

⑤ Paul이 지난 월요일에 Jessica를 만난 것은 사실이었다.

어휘 | opinion 의견 eventually 결국 clear 확실한, 분명한

4 **해설** | 부정문에 이어 동감을 표현하므로 「Neither + 동사 + 주어」로 표현한다. 앞 문장에서 일반동사의 현재형을 썼으므로 동사는 do를 쓴다.

해석 | A: 이 문제는 해결하기에 매우 어려워 보인다. 나는 어떻게 대처해야 할지 모르겠다.

B: 나도 그래.

5 **해설** | 현재 사실과 반대되는 내용을 가정할 때 '신경 쓰지 않는 것처럼'의 가정이 되어야 하므로 「as if 가정법 과거」를 써서 do를 부정 의미의 과거형 didn't 로 고쳐야 한다.

해석 | 나는 James가 시험 결과에 대해 걱정하고 있다는 것을 안다. 하지만 그는 우리에게 시험 결과에 전혀 신경 쓰지 않는 것처럼 말한다.

어휘 | result 결과

6 **해설** | predict의 목적어절로 that절이 올 수 있고, 「It ~ that」 강조 구문에서 that을 쓸 수 있다.

해석 | • 어떤 사람들은 인구가 점차 감소할 것이라고 예측한다.

• 나에게 가장 크게 감명을 준 것은 심리학 수업이었다.

어휘 | predict 예견하다 gradually 점차로 decrease 감소하다

7 **해설** | 현재의 이룰 수 없는 소망(현재 성격과 반대되는 성격)을 나타내므로 「I wish 가정법 과거」를 쓰고, be동사는 주어와 상관없이 과거형 were를 쓴다.

해석 | 나는 낯선 사람들 앞에서 수줍음을 많이 탄다. 나는 이런 성격이 마음에 들지 않는다. 내가 사교적이면 좋을 텐데.

어휘 | shy 수줍은 stranger 이방인, 낯선 사람 personality 개성, 성격 sociable 사교성 있는

8 **해설** | 시제가 과거이므로 It was와 that 사이에 강조하고 싶은 말을 넣어 강조 문장을 만든다.

해석 | 내 학생들은 내가 전달하는 메시지를 충분히 이해하지 못했다. 나는 그들이 창의적으로 학습하기를 바랐다.

어휘 | fully 충분히 deliver 전달하다 creatively 창의적으로

9 **해설** | 현재 사실과 반대되는 내용을 가정하므로 「as if + 주어 + 동사의 과거형」으로 쓴다.

10 **해설** | 현재의 이룰 수 없는 소망을 나타내므로 「I wish 가정법 과거」를 써야 하고, 동사는 과거형 had를 쓴다.

해석 | 나는 지금 돈이 없어서 유감이다. 돈이 좀 있으면 좋을 텐데.

[17-18]

지문 해석 | 터키는 동양이 서양을 만나는 나라여서 무역의 오랜 전통을 가지고 있다. Grand Bazaar와 같은 대형 시장을 위한 자연스런 장소인데, 그것은 이스탄불에서 1455년에 지어졌다. 그 당시, 그 시장에는 두 개의 큰 건물이 있었고, 사람들은 그곳에서 옷감이나 금과 같은 상품들을 거래했다.

오늘날 Grand Bazaar는 훨씬 더 크고, 세계에서 가장 큰 지붕이 있는 시장이다. 그것은 64개의 거리와 4,000개 이상의 상점을 한 지붕 아래에 가지고 있다. 그 시장은 매일 25만 명 이상의 방문객을 끌어들인다. 여러분은 그곳에서 상상할 수 있는 거의 모든 물건을 살 수 있다.

어휘 | tradition 전통 trade 거래; 거래하다 goods 상품 roof 지붕 attract 끌어들이다

17 해설 | 「It ~ that」 강조 구문으로 'in 1455'를 강조한 문장이다.

해석 | Grand Bazaar가 이스탄불에 지어진 것은 바로 1455년이었다.

18 해설 | Grand Bazaar가 세계에서 가장 큰 지붕이 있는 시장이라고 했다.

해석 | Grand Bazaar는 세계에서 어떤 다른 지붕이 있는 시장보다 더 크다.

11 해석 | 이 강의실의 누구도 너만큼 수업에 열정적이지 않은 것 같다.

어휘 | enthusiastic 열정적인

12 해설 | 「It ~ that」 강조 구문에서 It is(was)와 that 사이에 강조하고 싶은 말을 쓴다.

13 해설 | that절이 주어일 때, 문장의 주어 자리에 가주어 It을 쓰고, 진주어인 that절을 문장 뒤로 보낸다.

해석 | 그가 너를 믿지 않는다는 것은 사실이 아니다.

14 해설 | 앞에 오는 긍정문에 동감을 나타내는 표현으로, 앞에 일반동사의 현재형이 쓰였으므로 do동사가 와야 한다.

해석 | A: 때로는 내가 가족을 위해 충분히 하고 있지 않다는 느낌이 든다.
B: 나도 그래.

[15-16]

지문 해석 | 민지: 민수야, 내가 사용할 수 있는 컵이 없어. 왜 설거지를 안 했어?

민수: 미안하지만, 나는 그것들을 하는 것을 잊었어.

민지: 뭐? 너는 마치 집안일이 너와 상관없는 것처럼 행동하는구나. 나는 참을 수 없어.

민수: 진정해! 나는 숙제하느라 바빠.

민지: 설거지를 먼저 하고 나서 숙제를 해.

민수: 난 못해! 나는 오늘 숙제를 끝낼 수 없을 것 같아. 과학은 너무 어려워.

민지: 과학? 내가 과학 잘하는 거 알잖아. 내가 도와 줄게.

민수: 좋아. 고마워. 지금 바로 네 컵을 닦고 남은 설거지는 이것을 다 하고 할게.

어휘 | Calm down. 진정해. rest 나머지

15 해설 | 「as if+주어+동사의 과거형」은 '마치 ~인 것처럼'의 뜻으로 현재 사실과 반대되는 내용을 가정한다.

16 해설 | 「It ~ that」 가주어-진주어 구문 형태로 구성하되, 진주어 자리에 that절이 쓰인 것을 유의한다.

해석 | 민수는 그가 숙제를 끝내는 것이 불가능하다고 생각하지만, 민지가 그를 도와주기로 한다.

첫!

내 성적의
비밀에는
이유가 있어

기본 탄탄 나의 첫 중학 내신서

체크체크 전과목 시리즈

국어

공통편·교과서편/학기서

모든 교과서를 분석해 어떤 학교의
학생이라도 완벽 내신 대비

수학

학기서

쉬운 개념부터 필수 개념 문제를
반복 학습하는 베스트셀러

사회·역사
과학

학기서/연간서

전국 기출 문제를 철저히 분석한
학교 시험 대비의 최강자

영어

학기서

새 영어 교과서의 어휘/문법/독해
대화문까지 반영한 실전 대비서

정답은
이안에
있어!